王學探微十講

本書講述大意

余早年研治王陽明哲學，完全以追求真理的精神，毫無功利色彩，總想探求陽明良知之學究竟有何真理？一睹王學之真面目。如此認真探討下去，卻發現王學種種難題，多爲近代學人無法解決者。由此向上探索，直到乾嘉考據之學興起以前，始知王學之失真走樣已歷三百餘年。

因一機緣，折入禪宗，從禪門功夫入手，甚爲得力；復以老友李君之故，得讀《虛雲老和尚年譜》及《憨山大師集》，皆能了然於心。所謂禪門之玄義密旨，從虛雲、憨山二位高僧證道經歷及其著作中，已洞徹無疑。於是以李二曲作橋樑，復返王學，欣悉往日之種種難題，多能破解冰釋，甚少疑慮，快何如之！

又一機緣，得現代高僧太虛大師之指點，覓得陽明成學全部經歷（即思想形成各個階段）後，於是王學種種難題，至此皆可迎刃而解。諸如陽明龍場「悟道」——「悟得良知」，以後「存省良知」、至江右揭「致良知」之教而「應用良知」，馴至晚歲「完成良知」，展示「天地萬物一體之仁」之極詣，皆能詳加闡釋，逐步說明，是爲思想縱剖面的探討，最能展現王學之深度。又由良知本體向外擴展（即良知之應用流行），即可測知王學之廣度，再配合陽明自身之卓越才能與知識條件，又展現出陽明「尊嚴無畏」的人格，以及何以創建烜赫的事功。人品與事功合而爲一，如此彪炳史册者，孔子以來，只有陽明一人而已。

我們如真解王學，必能上通陸學；如果真解陸王之學，必可橫通程朱之學，使整個宋明理學都可貫穿起來，決無滯礙。至此，不難發現宋明理學之核心思想，不外一個可實證的、形而上的光明靈知之本體而已。只緣各家命名不同，徒滋困擾。同時，必須認請「程朱近華嚴，陸王類禪宗」之歷史事實，故治宋明理學者必須通曉佛理；如是，朱陸、朱王異同之老問題，亦可迎刃而解。

我們探研至此，務必占在客觀公正的立場，詮釋王學與禪宗、華嚴、老莊及孔孟之思想關聯，又爲宋明儒極端避諱和時人多未道及者，從而即可深切瞭解王學對中國思想之重大貢獻及其缺失之所在，而王學之價值（即王學之真理）、王學之精神，均可一一展露於世人之前。

又陽明弟子滿天下，其學說影響力之普遍深遠，不難想知。因此，特標〈王學之傳承、演變與發展〉上下兩篇，將陽明弟子最出色者，如王龍溪代表浙中學派，私淑弟子羅念菴代表江右學派，三傳弟子羅近溪代表泰州學派。由這三派之傳承、演變與發展，可知王學於明代中葉以後傳播影響之一斑。而此三派領袖學者之密詣及其講學作風之不同，於陽明良知之學均有其貢獻，惜乎始終於乃師之學之缺失處，未能及時拯救與彌補，致造成王學末流空疏之大病，直到清初李二曲才把王學之缺失彌補起來，故作者謂「二曲爲陽明身後之知音。」

一般研究王學，至此結束終篇，我則不然。由於深入研究王學後，才發現中國思想自孔子以來，兩千五百年來層出不窮的難題呈現於目前，但經仔細推敲，於王學中亦可獲得合理解決，並且更可開出中國新文化、新思想之路向，爲現代中國學人所當留意者。余畢生學力薈萃於茲，眼見後繼有人，亦不負此生矣。

二〇〇一年二月廿五日於金山寓所

作者簡介

林繼平教授
四川遂寧人，一九二二年生
國立四川大學中文系畢業
前台灣東吳大學哲學系教授
現任陝師大中研所講座教授
北京人大東方文化研究所學術顧問

著作有：㈠《李二曲研究》，台灣商務初版、再版；㈡《陸象山研究》，台灣商務版；㈢《明學探微》，台灣商務版；㈣《孔孟老莊與文化大國》，台灣商務版；㈤《文史哲論集》，台灣書店出版；㈥《我的治學心路歷程》十二講，台北蘭臺出版社印行；㈦《宋學探微》，台北蘭臺出版社印行；㈧《王學探微十講》，台北蘭臺出版社印行；及㈨《禪學探微》；㈩《程朱哲學平議》；(十一)《中國哲學思想論集與中華文化出路》（以上三書，尚待絡續出版）等多種。

目次

敘言

畢生無論治學或講學，都深信「機緣」二字，尤其緣字最關緊要，如無緣的牽合，種種機遇就不會出現，故「機緣」二字，已成了我畢生的信念。

回憶少年時代，開始接觸王學，遭遇種種困境，無可奈何時，因偶一機緣，折入禪宗，致力禪理之探索，因與虛雲老和尚及明末憨山大師結緣，幸得解悟禪理，旁通華嚴。是時嘗有佛門中人譽我爲「法門龍象」，我即回答：「我是儒家學者，不作佛家居士，更不會出家當和尚。」就在此時，由一機緣，得讀《李二曲全集》，深覺二曲剖析理境之醒豁明朗，爲宋明諸儒所不及，於是昔日種種困境疑竇，皆因禪理之了悟和二曲之指點，得一一突破而霧釋冰消。又一機緣，得太虛大師之啓迪，於陽明成學之階段清晰歷歷，視黃梨洲陽明成學「後三變」之說，又高明多矣。區區學力至此，妄謂可與時賢並駕齊驅，於是着手撰寫陽明、白沙及宋明諸儒各類專文，前前後後於港、台學術期刊發表。又因機緣的牽合，得與當道政治學術人物結緣，即有「王學權威」之譽，徐復觀、曹愼之兩先生獎掖之功不可没。余妻張維學女士即來信云：「……慧眼識英雄。」忻喜之情，溢於言表。這些都是中年時代的往事，只堪回味而已。

廿年前，我的《李二曲研究》一書，台灣商務出版後，即獲中山學術著作獎及中正文化獎，一書雙獎，堪稱杏壇佳話，縱使美譽如潮，但真知我者，僅素昧平生之韋公靈隱而已。渠曾致書云：「……端賴先生之精研密詣，使宋明理學中之心性本體，隱晦三百餘年後才能大白於今日。」忻聞之餘，真有生我者父母，知我者韋公靈隱之嘆！

及到晚歲，又因重重機緣，先後得與陝師大中研所及北京人大、北大、北師大哲學系師生結締深厚淵源，緣乎？緣乎？甚不可解。復承人大東方文化研究所之邀請，去秋及冬，前往該校講學，住賢進樓，人大、北大、北師大哲學系碩士、博士研究生均踴躍前來聽講。隨講隨錄，新著《王學探微十講》於焉完稿，快何如之！於王學研究者或不無重要參考價值。

西安陝師大爲我講學發祥地，故北京三校講學結束，即飛西安陝師大繼續講學。開講之日，中哲、西哲、美哲、馬哲等研究生亦紛紛前來聽講，甚至有寶雞台電視記者某君亦來與會。我曾對林君樂昌言：「往者不追，來者不拒」，不占上課時間，一切聽其自然。樂昌教授云：「孟子講學之風，豈不重現於今日？」也許可爲中國自由講學別開生面。至於此次講學內容，可見〈本書講述大意〉一文，茲不贅敘。

時值桑榆晚景，所幸眼明、耳聰、身健，畢生治學心得，薈萃於茲，更把講學事業視同傳播學術慧命。講學不輟，著述不輟，不知老之將至也。

二〇〇一年二月二十八日於金山寓所

第一講　近人對王學之瞭解及王學種種難題之發現

諸位同學：今天是人大、北大、北師大的中哲、西哲、馬哲等等博士研究生濟濟一堂，聽我講王陽明哲學，我非常高興。只要你們願意聽，我就喜歡講，我會樂此不疲地講下去。我來講學就是傳道。傳什麼道？傳播中國人文思想。只要中國人文思想有了傳人，並能發揚光大，就是我最大的滿足，也就不負此生了。

我這次來講王陽明哲學，共分十講，五週講畢，書名就叫《王學探微十講》。第一講的講題是〈近人對王學之瞭解及王學種種難題之發現〉。我爲什麼要先講王陽明哲學呢？去年在陝師大中研所講《我的治學心路歷程》十二講，過後又在你們三個大學中國哲學博士班作專題演講，都是針對我畢生治學心血的結晶來講，自己深信有它的價值，可以傳世；而王陽明哲學又是它的重心所在。我研究中國哲學，就是從王學入門的，既是我學問的入門處，也是我學問的得力處。因此，我先要把它講出來，說明畢生治學的重要關鍵。這一關鍵處明白了，中國思想的核心及其重大價值也就凸顯出來了。這是我此次講學所以要先講陽明哲學之故。

根據我畢生的研究，王陽明的理學詣境已達到了極峯狀態，也就是理學的最高境界，而且門弟子滿天下，所以在明代中葉才形成朱、王對峙之局。所謂朱，就是朱熹——朱晦庵，過去被尊稱爲朱子。本來朱子在南宋時代與陸象山——陸九淵，學術上多有異同，而且象山對晦翁批評得非常厲害，門弟子相互攻擊，形同水火，形成南宋理學兩大派，故有「朱陸」之稱，或「朱陸異同」之說。就學術影響力來說，象山遠遠不及朱子，要等王陽明崛起，才旗鼓相當，形成朱、王對峙的局面。儘管朱子影響力非常大，但其理學的真實工夫與詣境，如與王陽明相比，實在有天壤之隔的差距。這點待我明年來講《程朱哲學平議》時，自有詳盡的剖析。所以在理學中甚至中國哲學思想裡，王陽明哲學都占有極重要的位置。這裡，我先說出結論，以後各講再來發揮和證明。

其次，談到王學自身，卻很不幸，王學已失傳三百多年了。這可用清初顧炎武——顧亭林的評語獲得有力證明。顧亭林在《日知錄》中說：

> 王夷甫之清譚，王介甫之新說，王伯安之良知，皆禍亂天下者也。

王衍字夷甫，是西晉末年的宰相，「清譚誤國」，貪婪成性。他的夫人把小錢一串一串地掛在床緣的周圍，王衍早上起床說道：「去卻阿堵物」，就是把那個東西拿開。「阿堵物」這個典故，由此而來。諸位想想，這是甚麼宰相？既貪污，又不負政治責任。只知清譚——含有玄理的空談，爲害國家，八王亂的結局，西晉滅亡，石勒帶兵入洛陽，把這位清譚宰相置於夾牆中，推倒夾牆，活活壓死。

王安石字介甫，是宋神宗時代的宰相。爲了變法，特寫《五經新義》一書，作爲變法的理論依據。王安石變法，值得訾議的地方雖然很多，但亦有良法，如保甲法，建立地方自衛武力，沿用至今。青苗法，就是現今的合作社。保馬法，立意甚善，卻行不通。因王安石是有名的「拗相公」，既不知人，也不容人，正人君子被排斥，小人用事，才造成變法失敗。然而王安石的政治動機善良，施政目標——富國强兵，想建立强大的國防軍事實力，來抵抗遼人的侵略，又是值得後人稱道的。我們論史，不可把這些處一概抹殺。

王陽明名守仁，字伯安，倡良知哲學，建立烜赫事功，都值得後人景仰和效法。平定宸濠之亂，是驚天動地的偉業，如果沒有陽明用世，明朝歷史勢必改寫。以後有關各講會有詳盡地闡釋。

我們如把王衍、王安石和王陽明的生平重要事蹟明白以後，立可判知上面顧炎武的評語擬於不倫，很不正確。顧炎武在理學思想上，是推尊程朱，貶抑陸王的，他卻與「關中大儒」李二曲交往甚密，他對李二曲非常敬重，他曾說：「堅苦力學，無師自通，吾不如李中孚（二曲字）」。他對李二曲這麼推重，卻對陸王罵得很厲害，而李二曲對陸王之學，尤其對王陽明更是五體投地於佩服，表面看來，是顧李之間的矛盾，實則不然，他不懂陸王哲學的底蘊，才造成這樣的矛盾。顧炎武雖然推尊程朱，實際上，他對程朱之學一無所知，對陸王之學，更是一片茫然。我們知道，顧炎武被梁啓超捧爲「清初三大儒」，與江南黃梨洲——黃宗羲，湖南王夫之——王船山齊名，又是清代考據學的祖師爺，他對程朱、陸王之學，一竅不通，無論褒也罷，貶也罷，都是瞎說，貽笑大方。考據祖師爺不懂理學，以後考據大師戴東原——戴震也不懂理學，直到清末民初，也是如此。晚近以來，真有解人者，不過一二人而已。尤其王學更甚。所以王學自清初李二曲以後三百多年來，早已失傳了。

這幾十年來，王學爲什麼會成爲顯學呢？這完全由於蔣介石的提倡。蔣介石大陸慘敗，退守台灣後，妙想天開，想藉王學來輔弼中興——反攻大陸，是含有濃厚的政治因素。當然，蔣介石有這樣的想法，固然有他的歷史背景。據說，他當年讀日本士官學校，每逢星期日，看見不少日本人在東京街頭讀王陽明《傳習錄》，才發現王陽明哲學對日本人的普遍影響，過後又知道王陽明的「知行合一」說，對日本明治維新貢獻很大，所以在台灣才大力提倡王陽明哲學，於是王學一變而爲顯學。

至於我本人接觸王陽明哲學，亦有很長一段歷史。記得對日抗戰期中，我讀川大時，黃建中先生講《比較倫理學》，爲我接觸王學之始。黃建中是個什麼樣的人呢？他是湖北隨縣人，北京大學畢業，因受北大校長蔡元培的扶植，留學英國。抗戰初期，曾任湖北省教育廳長，學人從政，政績並不理想，於是回到教育界作中央大學（今天南京大學）師範學院院長，以後黃季陸任川大校長，把他挖過來作川大師範學院院長。黃建中不苟言笑，道貌岸然，十足一副道學先生面孔，在川大有「黃聖人」之稱。可是他女兒講「三角戀愛」，他亦無可奈何，在川大校園中引爲話柄。

黃先生在川大講《比較倫理學》是負名一時的。一天晚上，我也去聽聽他講的什麼？湊巧正講王陽明學哲學。他在黑板上把《傳習錄》一段話寫出來，大意是說：王陽明帶著門弟子一天遊南鎮，一友指著岩中花樹問道：此花自開自落，與吾人之心何干？陽明回答：你未看花時，此花與汝心同歸於寂；當你來看花時，一時明白起來，故知此花不在汝心之外。《傳習錄》這段文字大意如此。黃先生當時怎麼解釋？我毫無印象，現在想來，不外乎以西方哲學的唯心論來解釋陽明思想，對不對？我可以肯定地說，大錯特錯，陽明思思，絕對不是唯心論。西方哲學的唯心論，創始於希臘柏拉圖，心是個什麼東西？就是「觀念」（Idia）。觀念是形而下的，是可以認識的，當年把觀念譯成「心」，尤其是理學中如陽明哲學所言之心，絕不妥當。陽明所言之「心」究竟是個什麼東西呢？簡單地說，就是一個形而上的、無限大的光明本體世界。道佛二家的神通智慧，理學家的前知、前識，都是從這裡發射出來的，試問西方的觀念論或唯心論有這種能耐嗎?王陽明是以他自己的修證工夫達到的境界——形而上的光明透頂的本體世界來解釋這則故事的。當你未看花時，此花與汝心同歸於寂，意思與「悟後六經無一字」（陽明詩）是一樣的。一旦開悟了，本體現前，眼前的人與物甚麼也沒有了，那裡去了?隱避了，同入於寂靜無聲無影的境界——本體世界。當你來看花時，汝心與花一時明白起來，意思是說，從你的本體世界（心）中顯現出花樹來。這一境界，禪宗叫做「涵蓋乾坤」。陽明根據他實際證驗工夫所呈現出來的本體世界，作一結論：「心外無理，心外無事，心外無物。」如果認定為西方哲學的唯心論，就錯了，而且錯得離譜。（案：有位女同學某某問道：我的老師講馬列主義時，說客觀事物是絕對存在的，你說客觀事物不見了，這個問題如何解釋?我回答：客觀事物是絕對存在的，只在本體世界中，它們隱避不見了。這種情景，他人不知，唯己獨知。這是形而上的本體世界，與形而下的經驗世界（客觀事物的存在）沒有關聯，這二者是不可混為一談的。）

當然，以上的解釋，是若干年後的領悟，當時是茫然一片，那裡知道什麼陽明哲學啊!不過，黃先生講這則故事，印象是很深刻的。去年在陝師大講學時，有位朋友林君對我說，黃建中的《比較倫理學》，目前大陸上多有翻印，作為各大學的教本，這是黃先生身前想像不到的。

其次，我過後接觸王陽明哲學、是讀馮友蘭的名著《中國哲學史》。馮先生寫這部巨著時，正在教清華大學，民國廿五年（西元一九三六）上海商務印書館出版，精裝本道林紙，非常美觀。馮先生引我入哲學之門，就是從這部書開始的，我花了很多時間去閱讀，如獲至寶，愛不釋手。那時年輕，似懂非懂，讀來讀去，只有一個模糊的印象，這就是哲學——中國哲學，此外一無所知，一團爛麻似的、說不清楚的種種觀念而已。我還記得，他講陸象山是本心哲學，因爲陸象山倡「發明本心」，故以本心哲學名之。他引象山的名句：「宇宙即是吾心，吾心便是宇宙，」使我的印象最爲深刻，如何解釋？我就記不得了。王陽明倡「致良知」，又時時提到良知，因名其學爲良知哲學，爲我正式接觸王學之始。王陽明說的「良知」和「致良知」，使我畢生不忘；但良知究竟是個什麼東西？我不懂，「致良知」又是什麼意思？我更不懂，只是囫圇吞棗，强記名詞而已。那時的馮友蘭，令人高深莫測，高不可攀，正是我崇拜的偶像，也是一般青年人的心理。殊不知四十年以後，我對他的認識徹底改觀了，他不過以西方哲學的唯心論來解釋陸王哲學，跟黃建中一樣，錯得沒有底底，有時不禁惋惜道：這位當年極負盛名的「正統派哲學家」，錯得太離正統了。我去年在陝師大講學時，第一位被我大肆抨擊的前輩先生，就是馮友蘭。至於陸象山的本心哲學，王陽明的良知哲學，究竟是個什麼東西？正是我這次要講的主題，下邊慢慢道來，這裡就此打住。

接著講孫中山反對「知行合一」，特創「知難行易」說：蔣介石倡「力行哲學」，欲以「知行合一」會通「知難行易」說。這些思想與政治攪合一起的複雜問題，經我多年深入思考後，不僅與國民黨的理論家們相左，而且和孫蔣二人的見解亦南轅北轍，值得諸位重視，值得現代中國人重視，更值得後代中國人重視，決不可等閒視之，聽我慢慢道來。這是我的創見，民國以來，無論哲學家、史學家、政論家們，似乎都没有這麼講過。

孫中山領導革命，嚴格講，並没有成功，所以他的〈遺囑〉上說：「革命尚未成功，同志仍須努力。」這又是千真萬確的事實。孫中山檢討他自己，革命爲什麼没有成功？在思想上，他認爲他的徒衆們深受「知易行難」說的影響，都認爲知道爲什麼要革命？是很容易的；但實際作起來，卻是很難的，所以革命了十次，都是失敗，都没有成功。因此，孫中山在思想上追本溯源，認定《尚書·僞孔傳》載傅說對殷高宗說：「知之匪艱，行之惟艱。」濃縮起來，就成了「知易行難」說，影響了中國人的思想幾千年，他的革命事業也深受其害，所以革命十次都没有成功。現在除去病根，改弦易轍，反其道而行，特創「知難行易」說，作爲革命成功的唯一法寶。他的《孫文學說》，在論證上，根據科學觀點也有些道理，不可全盤否定；但是，最多只能說「知難行易」是相對的，不是絶對的。有好些事例，卻是「知易行難」的，甚至還有知也難，行也難的，怎麼可以「知難行易」說包括一切呢？而且這篇理論依據的《尚書》〈僞孔傳（有〈說命〉三篇）〉，可能是戰國末年人寫的，假托傅說對殷高宗的建言，來表達他自己的思想。現在孫中山把它引來，在思想考正上，是占不住腳的；好多事例，卻是「知易行難」的。故就純理論觀點說，孫中山的「知難行易」說，只有片面理由，絕非科學真理，只是人文真理。根據愛因斯坦的「相對論」，連科學真理也是相對的，人文真理就更不用說了。況且「知行問題」，是個純思想問題，是思想上的認識問題和方法問題，嚴格講，與孫中山的革命事業沒有密切關連。可是，孫中山自以爲是，在思想上，認定王陽明的「知行合一」說，與他「知難行易」說相左，是絕對衝突的，因此，他反對王陽明的「知行合一」說。嚴格說來，王陽明的「知行合一」說，是哲學的，是中國哲學，尤其宋明理中言工夫與本體問題的。孫中山的「知難行易」說，卻是科學的，與陽明之說，風馬牛不相及，所以孫中山反對王陽明的「知行合一」說，實在反對得沒道理，孫中山是不懂王學的。

其次，我們談蔣介石倡「力行哲學」的問題。蔣介石認爲孫中山的「知難行易」說，重點在行易，不在知難；行易，就是一件事情做來很容易，於是引申出「力行」的意義來，也就形成「力行哲學」的理論依據。同時，他又接納王陽明的「知行合一說」，他深信王陽明的「知行合一」說對日本明治維新的貢獻；他又認定「知行合一」的重點，仍在强調「行」的一面工夫，跟他的「力行哲學」一拍即合，並以行的工夫貫通了「知行合一」說與「知難行易」說，於是王陽明與孫中山關於知行問題的衝突矛盾，也就調和了。如此調和，姑且認定就是蔣氏本意，那蔣先生也太不瞭解王陽明哲學中的「知行合一」的意義了。這方面，等我們正式講王陽明哲學時，自有深入的剖析。

我現在作客觀公正的評斷，孫中山反對王陽明的「知行合一」說，但他並不懂王學；蔣介石縱然採納王陽明的「知行合一」說，實際上，他對王學一無所知。他不瞭解王學，猶有可原，他旗下的王學專家們，没能一個真正懂得王學的。這裡姑且不談，下邊講到王學時，我會引用他的首席幕僚長來作例證。

實在講來，孫中山反對王陽明「知行合一」創「知難行易」的政治目的，和蔣介石採納王陽明的「知行合一」又創「力行哲學」的政治目的，都是一樣的。目的何在？完成「國民革命」——統一中國，建設富强康樂的新中國。這一遠大政治目標，不但無可厚非，確實值得現代中國人的嚮往，爲什麼他們會失敗呢？這個問題，就值得深入探討了。孫中山革命失敗，蔣介石想統一中國，最後還是失敗，問題的癥結在哪裡？至今爲止，快百年了，非但孫中山、蔣介石的「革命同志」，不知其所以然，即孫先生、蔣先生也未必知其所以然。原因何在？我可以肯定地說，他們的史學知識太欠缺了。他們自身的史學知識不足，猶有可說，而他們旗下擁有的「國學大師」如章炳麟——章太炎，錢穆——錢賓四二先生，好像這一關鍵問題，都懵然不知，這就無從解釋了。實則是清末的「經學」、「考據學」把他們害慘了。偉大史學家司馬遷說：「窮天人之際，通古今之變」。這兩句名言，他們似乎未深入理解，亦未身體力行，才造成他們在學術思想上的先天不足症。如論國學知識之淵博，章太炎、錢賓四，近代中國學人中罕有其匹，但他們都忽略了開創歷史新局——打天下——統一中國的關鍵問題。這是屬於史學「識見」的問題。我們的史學家們，只會算歷史舊帳，卻對這古今不易的歷史法則，已茫無所知，「通古今之變」的通識，他們太欠缺了。國學大師尚且如此，領導革命的孫中山、軍人出身的蔣介石，更不必苛責了。

這一打天下——開創歷史新局——統一中國的唯一關鍵問題，只有中國歷史上的天才皇帝漢高祖劉邦最清楚。當他消滅項羽後，置酒洛陽南宮，大宴群臣，興高采烈地問道：衆卿們，我爲什麼會得天下？項羽爲什麼會失天下？你們講講這個道理吧！下邊二三流將領王陵答道：陛下很仁慈，對部屬很愛護，而且很大方，有功必賞；項羽作風剛剛相反，只知婦人之仁，又非常吝嗇，有功大將，吝於封賞，刻的印信遲遲不願發給人家，所以項羽失敗了。劉邦接口道：

君祇知其一，不知其二。鎭國家，撫百姓，糧餉不匱，吾不如蕭何；運籌帷幄之中，決勝千里之外，吾不如張良；帶百萬之衆，戰無不勝，攻無不取，吾不如韓信；此三人者，皆人傑人也，吾能用之，此吾所以取天下也。項羽僅范增一人而不能用，此所以爲我擒也。

這段最具關鍵性的精采文字，歷史記載，均見《史記》、《漢書》〈高祖本紀〉，班固把司馬遷的記載文字，略加删潤，更爲簡鍊，我這裡是照《漢書》〈高祖本紀〉，抄的。漢高祖劉邦確不失爲一天才皇帝，是一位有超人智慧的政治領袖。他能用「漢初三傑」——蕭何、張良、韓信，所以能消滅項羽，統一中國，這就鑄成了打天下——開創歷史新局——統一中國的模式。班固根據這一模式和其他有關史料，又歸納爲三句重要的話：「寬宏大度，知人善任，從諫如流。」的確，這絕非班固的溢美之詞，漢高祖劉邦都一一做到了。這一打天下的模式，可視爲歷史法則，有之必然，無之必不然。從漢到清，兩千餘年來，凡是能夠統一中國的歷代開國帝王、政治領袖，大體上，是符合這一模式，把握這一法則的。今後中國的演變，亦必如此，絕無例外者。（按：洪秀全只合一條，楊秀清近似韓信，洪秀全絕非領袖人才；反觀曾國藩陣營，與此歷史法則大體吻合，故洪秀全失敗，曾國藩成功。近人評史，均未抓住成功失敗關鍵處。）

我們根據這一模式——歷史法則，民國以來這幾十年的歷史演變，就有正確答案了。孫中山先生只符合了一條——寬宏大度，所以革命失敗；蔣介石先生幾乎一條都不合，甚至背道而馳，所以他的革命事業徹底失敗；而毛澤東先生，大體上，非但條條吻合，甚至被稱爲有史以來第一流陰謀家，所以他能擊敗强敵，他成功了。我這一識見和論斷，深信今天的或後代的具有「卓識」的中國史學家，是必然首肯的。

以上所說，決非借題發揮，只是想把這面隱藏歷史長河裡的「大圓鏡智」，磨得光光的，來照耀歷史人物罷了。

現在，書歸正傳，繼續講以下各個子題。第五個子題是〈錢賓四走黃梨洲、全謝山的史學路線，僅能見及王學之表層，尚未深入王學之核心〉。先說黃梨洲——黃宗羲的理學造詣。黃梨洲，只是一位理學化的史學家，而不是理學家，他的理學造詣是有限的。他是劉蕺山——劉宗周的學生。劉蕺山是明朝末年的理學大師，明崇禎時官拜左都御史，相當於國府的監察院長，略似這邊的人代會委員長，官是很大的。他因政見與崇禎帝不合，上朝時激怒了崇禎，削藉爲民，返回江蘇老家講學，清兵入關，餓死殉國。劉蕺山的思想與陸、王接近，造詣很高，不過，他的衛道精神特別强烈，排斥佛老不遺餘力，我很不贊成，以後還要提到他。黃梨洲拜他爲師，深受他的影響，在理學思想上走陸王路線。《明儒學案》——明代哲學史或明代理學史，就是他的傑作，抄錄各家資料豐富，很有參考價值。《宋元學案》——宋元理學史，是他與稍後的全謝山——全祖望合著的，在學術上也很有名，我們今天要研究宋明理學，這部鉅著和《明儒學案》就非讀不可。話又說回來，真要讀懂這兩部書是不容易的。如果沒有深厚理學基礎，讀起來跟讀有字天書差不多。你們今天的程度不必說，即被譽爲「國學大師」、「哲學大師」的先生們，也有些處讀不懂啦！甚至全盤誤解，貽誤當代學子及後生，罪不可逭，跟他帶個「學術殺人」的帽子，也不爲過。

現在來說黃梨洲的理學造詣。黃梨洲說：「讀書不多，不足以知斯理之變化。」他在這方面讀書之廣泛，學問之淵博，是令人欽佩的，他蒐羅靡遺的著作，也是驚人的。今天好多原著找不到，只有靠他的學案史大量抄錄下來，留傳至今，我們才能讀到。在部份史料保存方面，黃梨洲是很有貢獻的。話得說回來，史料的保存與理學的造詣，是兩碼子事，不可混爲一談。黃梨洲因偏重史學，尤其理學史的研究，他對理學的造詣，始終是有限的。他自命對陽明哲學研究最爲精深，實際上，他對王學深度的了解，還是不夠的。因此，他對王陽明成學的全部過程。就說不清楚，說不完全。他的「前三變，後三變」之說，是根據陽明大弟子錢德洪的〈刻陽明先生文集叙〉說的。尤其「後三變」是指陽明成學後的全部經歷，說得非常籠統，並不完全，甚至還有誤解，如他講陽明思想達到巔峰詣境時，有這麼一句話：

如赤日當空，萬象畢照。

這一比喻，並不十分恰當，甚至是錯誤的。今人有好些不解其底裡，跟著錯下去，常常愛引用，認爲很恰當，很滿意，實則是錯誤的。即使肯定黃梨洲這句話的正面意義，就可看出他理解王學的深度，最多只能達到禪宗「涵蓋乾坤」，華嚴「事理圓融無礙」的境界。更上層樓，他就不知道了，所以他對陽明全部成學經歷說不清楚，毛病就出在這裡。後邊正式講陽明哲學時，更有詳盡的剖析，這裡就不多說。

其次，說全謝山——全祖望的理學造詣。黃梨洲著《宋元學案》，只寫了一部份，就去世了，他的兒子黃百家想繼承父親遺志，完成這部鉅著，惜乎學力不夠，只有部份記述和評語，要等到再後的全謝山窮畢生之力，才完成了這部鉅著，所以《宋元學案》是黃梨洲和全謝山合著的。全謝山跟黃梨洲一樣，史料搜集極爲豐富，可是謝山的理學詣境遠遜於梨洲，就更不足道了。全謝山是進士出身，思想上，當然走程朱路線，但他對程朱理學瞭解得太有限了。如以陸王哲學作標尺，陸象山的「發明本心」，王陽明的「悟得良知」，全謝山懂不懂？我都表懷疑的態度。我前年寫《宋學探微》一書時，對全謝山批評得很多，是沒留學術情面的。老實講，近代以來，敢於批評黃梨洲、全謝山理學造詣的，似乎只有我一人。學術爲天下公器，學術上的公正批評，是不容人情包圍的。

最後提到錢賓四——錢穆的理學造詣。我爲什麼要這樣安排呢？因爲錢賓四研究宋明理學和王學，是走黃梨洲、全謝山的史學路線的。黃梨洲、全謝山早把理學史學化了，也可以說他們寫的明儒和宋元學案史，就是理學化的史學，這在前面已經提過，他們的理學造詣是很有限的，尤其是全謝山最差。錢賓四從考據學入門，折入理學，又致力於王學之研究，才與黃梨洲、全謝山思想掛鉤，才發生思想關聯，又不解黃、全理學造詣的底裡，所以他走黃、全路線，理學的造詣就更有限了。他僅能觸及到理學和王學的表層，連全謝山都不如。謝山還能觸及到理學一點核心，而賓四連這點核心也茫然，就更不足數了。但是，他亦有優勝處。黃梨洲、全謝山是走宋明儒的理學路線，錢賓四步其後塵，還能保留一線生機，理學的入門路徑，從錢氏學中即可窺出，我研究理學和王學，即從錢氏學入門，向上追索，才探出宋明儒入學門徑的。儘管我對錢先生有很多非難，但「吾愛吾師，吾更愛真理」，學術評論雖不容情，但我對錢先生始終是敬佩的。老實說，比起西化理學或以西學會通理學的先生們，錢氏又高明多了。這是我對錢氏理學研究的定評。

下邊繼續講評張君勱《比較中日陽明學》及牟宗三有關王學諸著。張君勱在中國學術界資格很老，在民初「科玄之戰」時，你們的毛主席還沒展露頭角哩！張君勱跟梁啓超很要好，張君勱自稱他們之間是師友關係。張君勱早年是留德的，對中國哲學思想的造詣，實在有限得很。他深受梁啓超的影響，是熱愛中國文化思想的。他既然早年留學德國，對康德哲學啦，以及西方哲學中的唯心派，自然有相當深度的理解，惜乎他對中國思想的真相，知道得太少、太皮毛了。以他對西方哲學思想了解的程度，來衡評中國思想，認定：凡是西方哲學中有的東西，中國也不缺，樣樣具備，他是以西方哲學比附會通的方法來解釋中國哲學的。當然，他這樣詮釋，比西化派又高明一些；但是，中國思想的真相昧失了，中國思想的價值在哪裡？也指不出來。這是我對張氏中西思想會通的方法，是很不以爲然的，甚至是持否定態度的。他曾寫《比較中日陽明學》一書，與蔣介石提倡王學有密切關聯，但是，我認爲他對王學知道得太少了。書中曾引述日本學者的話說：

「日本汲取王學實踐的因素，所以興國（指明治維新）；中國汲取王學枯禪的因素，所以亡國（指明朝覆亡）。」（大意如此。）

日本某學人的觀點，我很不以爲然，他也只知王學的皮毛，近乎胡說八道。據說，日本造成明治維新，王陽明的「知行合一」說，確有助力；而明朝之覆亡，原因很多，豈能歸咎於陽明學的「枯禪因素」呢？日本人要通不通，我很反感。

其次，說牟宗三。牟宗三走張君勱路線，是主張中西思想會通的。他那樣會通，近乎笑話。牟氏目空一切，其實眼高手低，他寫的有關宋明理學及王學的著作，是大有問題的。牟氏早年清華大學畢業，自詡是熊十力的學生，據我看來，熊十力對他沒有一點影響。熊十力研究禪學和唯識哲學，是走修證路線，爲深入佛理之正確路線；牟宗三則不然，他研究理學、王學，甚至中國思想，都是走西方的邏輯路線，與乃師的修證路線，是背道而馳的。在研究方法上，熊十力與理學家最爲接近，牟宗三就南轅北轍了。因此，牟氏這方面的大量著作，都是大有問題的。牟氏何以會如此？時人多半無從辨解，實際上，就是他的方法路線錯了。

去秋我在陝師大中研所講學時，一位研究生俞秀玲問我，她說：我看到牟宗三的書裡說，宋明理學可與西方基督教融合，林老師，你看可不可能？我驚訝地回答，牟宗三大錯特錯！這怎麼可以融合呢？我相信基督教的教義，他懂得；宋明理學，他就不懂了。他真正懂得宋明理學，就不會發出這種論調了。他早年寫了一本小册子，叫《王陽明致良知教》，我一時好奇，買來看看，發現他以法國什麼主義來會通王陽明「致良知」，來解釋王學，簡直錯得太離譜，王學被他西化了，王學没有價值了。

去年夏天，我在台北，特別搜羅牟氏諸著，想普遍瀏覽一次，好藉陝師大講學之便，作客觀公正的批評和論斷。首先翻了一本《從陸象山到劉蕺山》，專講陸王派哲學。第一篇講陸象山的本心哲學，開頭即引王陽明批評陸象山的話說：「象山是用箇心地工夫的，只是粗些；如細看，有粗處。」（按：引語見《傳習錄》）你猜牟宗三怎麼解釋呢？東找理由，西找理由，都不是，最後認爲比較妥當的理由，認定是「陸王風格的不同。」什麼陸王風格不同？簡直是遁詞，是胡謅！我爲這位「哲學大師」惋惜，爲他悲哀。對牟宗三的批評，暫時就此打住，後邊借行文之便，還要評論，還要批判。

以上講了這麼多話，目的何在？目的在說明一種學術思想演變的事實。就陽明哲學而論，從清初以來，王學早就失傳了，上自國家元首，下迄學界名流，無論反對也吧！提倡也吧！附和也吧！詮釋也吧！僅能觸及王學的表層，都是皮相之見，甚至以西方什麼主義來附會，胡說一通，連王學的影子都沒有一點點，徹底把王學西化了。一句話歸總，這就是近人對王學普遍瞭解的情形及其瞭解的程度，很不禮貌地說，太不夠水平，程度太差了。中國思想之所以走樣失真，就此研究王學一端，不難明白看出來。在此學術風氣籠罩之下，我以曲高和寡的姿態，追求真理的精神，才開出了我自己的治學路徑，才發現了王學種種難題，進而經過艱難曲折的過程，破解了這種種難題，才有我今天獨特的造詣，這已是後話了。現在把這種種難題列舉一部份作為例證，便可窺知其難題之所以為難題了。

㈠以王陽明龍場驛「悟良知」為例

王陽明卅七歲在龍場驛「悟良知」，《王陽明年譜》記載的，叫做「大悟格物致知之旨」，惜乎年譜作者——陽明私淑弟子羅洪先秉筆直書，沒有解釋，這就造成陽明「見道」的迷惘。見的什麼道？就是「悟良知」。悟的什麼良知？如猜啞謎一般，誰也說不清楚。而「悟良知」，換詞言之，就是「大悟格物致知之旨」，中間怎麼可加等號呢？格物致知為朱子的學說主張，與王陽明又有什麼關連呢？想到這種種問題，都不可解，於是陽明這段慘痛經歷，不去研究，不去追尋，抹去不管，這就形成王學最主要的難題。這一主要難題不能破解，縱使千言萬語，成篇屢牘，都是廢話，是不着邊際的。

㈡以王陽明《傳習錄》爲例

陽明《傳習錄》是語錄體，跟口語比較接近，比較容易閱讀。我最初接觸時，讀了好幾遍，用紅鉛子筆（那時原子筆還沒發明）在字裡行間圈圈點點，密密麻麻，畫了很多符號，當然用功甚勤，有些文義淺近處，自認爲懂了，只是深玄處不甚了解。可是，到後來王學真正入門了，非但深玄處莫測高深，其實淺近處，自認爲懂了，還是不懂。比方說，王陽明卅八歲去貴陽講學，創「知行合一」說，「知行合一」，究竟是個什麼東西？在我們日常生活中，經驗世界裡，知與行明明是兩件事，兩個階段，怎麼會合一呢？又陽明解釋「知行合一」的意義說：「知之真切篤實處便是行，行之明覺精察處就是知。知行本體，原是合一的。」

老實講，陽明這幾句話，幾乎成了老僧常談，個個都會引用，可是真正懂得它的本義的，又有幾人？我們如以虛心的態度面對這幾句話，無異讀有字天書。儘管孫中山反對王陽明的「知行合一」說，我可以肯定地說，孫中山不懂。蔣介石提倡王學，常常提到「知行合一」，他還是不懂。「幫閒人物」的「國學大師」——錢賓四照樣不懂。大家都不懂，這就可難了。

㈢以陽明遊南鎮、見岩中花樹故事爲例

這個故事，前面早就引述過，載於黃建中的《比較倫理學》中，儘管他指着黑板，翻來覆去地解釋，這位「黃聖人」還是不懂。他不過以西方的唯心論作註腳罷了。越說越糊塗。在近代學人中，敢碰這則故事的，似乎只有黃建中一人。雖然如荀子所說：「持之有故，言之成理」，但陽明哲學也被他西化了。再者，黃氏中西比較倫理學的命名，也是有問題的。大概他不了解西方倫理學與中國倫理學，性質根本不同，是無從比較的。西方倫理學是作純哲理的研究，是哲學家的專業知識，與西方人的行爲規範，是沒有關連的，是屬於哲學範疇。而一般人的行爲規範，是受基督教教義的約束，是屬於宗教範疇，中國倫理學，當然可作純哲理解析，但以實踐爲主，是要勉人去行的，是屬道德範疇，可以孔子作代表。孔子與耶穌，主管了人們的行爲，哲學不與焉。所以西方倫理學與中國倫理道德規範，風馬牛不相及，怎麼可以相提並論，可以比較呢？黃氏早年留學英國，對西方人的風俗習慣、宗教信仰，茫無所知，才有這樣的見解。據說，近來大陸學界翻印黃氏此書，作爲大學教本，與黃氏如出一輒，是值得商榷的。這在前邊已經提過。

(四)以陽明論晝夜死生問題爲例

據《傳習錄》記載：

蕭蕙問死生。陽明答道：「知晝夜，即知死生。」蕭蕙說：「晝夜豈有不知乎？」陽明又回答：「汝是夢晝。要通乎晝夜之道而知。」

陽明的解釋，蕭蕙並不了解，也就不便再問了。這則故事從明末以來，三百多年沒有合理解答，蔣夢麟先生又把它提出來，在文章裡說，我不懂。去年冬天，我在陝師大講學完畢，北上，應邀去人大中國哲博士班演講，算把這謎樣的故事徹底說清楚了，難題破解了，書也印出來了，你們仔細看看，悉心揣摩，大意可能明白，我這裡就不再作解釋了，我所以不憚其煩地把它引出來作例證，說明這是王學中的難題。

(五)以陽明哲理詩爲例

陽明哲理詩甚多，茲錄數首如次。

①送蔡希顏三首，其第三首云：

……悟後六經無一字，靜餘孤月湛虛明。從知歸路多相憶，伐木山山春鳥鳴。

這首詩是陽明四十三歲在滁州督馬政時，送他的學生蔡希顏赴南宮應試（參加禮部會試）寫的。在此之前，有關龍場驛的悟境及此後補述當時的悟境，寫詩甚多，但總不如這首詩叙述得清楚、明白、完整，手法細膩，我寫王學專文時，總愛引用它。如不真懂王學，這首詩，如讀有字天書一般，絶對無法理解。諸位不信，你們可試試。這就是王學的難題。

②陽明《詩錄》卷三有〈登蓮花峰〉一詩云：

蓮花頂上老僧居，脚踏蓮花不染污。

夜半花心吐明月，一顆懸空黍米珠。

這首詩是陽明五十以前的作品，含的境界最爲高遠，如以這首詩來代表王陽明的最高哲學詣境，似無不可。華嚴哲學的最高境界「一多相涵」，也從詩語中表顯出來。當年爲蔣介石寫陽明哲學的王學專家們和今天研究陽明學者，能真解這首詩的意義嗎？這就形成了王學的難題。

③又陽明《詩錄》卷三有〈書汪進之太極巖二首〉云：

一竅誰將混沌開，千年樣子道州來。

須知太極元無極，始信心非明鏡臺。

始信心非明鏡臺，須知明鏡亦塵埃。
人人有箇圓圈在，莫向蒲團坐死灰。

這兩首詩，也是陽明五十以前的作品。表面看來，從道州來的周濂溪，創太極本無極之說，以及六祖慧能「見道」的偈語詩，一齊穿紐，統統連貫起來，來表顯陽明自己的哲學詣境。是的，就詩語分析，的確是如此；然而，其中一句「人人有箇圓圈在」，確切的意義——詩的本旨到底是什麼？王學專家們和「哲學大師」能明白指出嗎？這又形成研究王學的難題。

④陽明《詩錄》卷三〈詠良知四首示諸生〉，其第一首云：

箇箇人心有仲尼，自將聞見苦遮迷。
而今指與眞頭面，只是良知更莫疑。

其第三首云：

人人自有定盤針，萬化根緣總在心。
卻笑從前顚倒見，枝枝葉葉外頭尋。

又第四首云：

無聲無臭獨知時，此是乾坤萬有基。
拋卻自家無盡藏，沿門持鉢效貧兒。

這三首〈詠良知詩〉是陽明五十以後的作品。寫詩的對象，示諸生——晚一輩的門弟子，想必他們都能懂得；可是今天的王學研究者，就未必真正懂得了。尤其第一首「箇箇人心有仲尼」，仲尼，當然指的這位孔聖人，爲何人人心中有個孔聖人呢？而孔聖人與陽明的「良知」爲何可以畫一等號呢？如不真正洞知王學的底蘊，這些問題都是無法解決的。

又《詩錄》卷三有〈中秋〉詩云：

> ……吾心自有光明月，千古團圓永無缺。山河大地擁清輝，賞心何必中秋節？

又〈長生詩〉有句云：

> ……中歲忽有覺，九還乃在茲。……本無終始究，寧有死生期？……乾坤由我在，安用他求爲？千聖皆過影，良知是吾師。

這兩首詩，都是陽明晚年的作品，其思想已登峰造極，從這些詩中都可看出來。如不真解王學者，碰上這些詩句，可以說一籌莫展，不知它的意旨爲何？到底說的是什麼？這又是王學的難題了。

總之，只要細讀《陽明年譜》、《語錄》、《詩錄》、《文集》等等，處處都會發現難題。這種種難題如不設法解決，我可以肯定地說，陽明哲學是無從瞭解的。而近人的王學著作又很多，是怎麼寫出來的呢？我在這裡不妨告訴諸位一個秘竅。徐復觀先生說得好：「通觀全書，抓住要點。」再以邏輯思考來展開，專文也罷，專著也罷，就是這麼完成的。比方說，要寫王學論文，王陽明倡「知行合一」，說「良知」或「良知本體」，最後大力鼓吹「致良知」學說，把《傳習錄》有關資料嵌進去，再摻入其他資料，作適度配搭，用邏輯方法加以展開，再用文字論述成篇，洋洋大觀的專文「出籠」了。外行看來，洋洋灑灑，體大思精；內行看來，都是胡說八道，不着邊際。諸位，你們瞭解這個寫文章的秘竅，就可成爲專家了。我懷疑近代國人研究王學之失真，即由此而來，我從懷疑著手，發現了王學種種難題，進而經過艱難曲折過程，解決了這種種難題，所以我好像獨樹一幟，看法、講法都與時人不同了。

第二講　折入禪宗破解王學種種難題

一、發現王學種種難題，我該怎麼辦？

上次講得很多，一句話歸總，這三百多年來，王學失傳了。從清初顧亭林——顧炎武算起，是一關鍵人物。顧亭林儘管推尊程朱，尤其尊崇朱子，其實亭林並不真解程朱之學。他竭力排斥陸王，尤其對陽明良知之學痛恨到極點，認爲明朝之亡國，陽明良知之學要負全部責任。這樣史評，絕對不公正。明朝亡國，有它嚴重的先天不足症，這裡不去討論。我們要特別說明的，顧亭林既不真解程朱之學，更不認識陸王之學，就嚴重抨擊良知之學爲天下罪魁禍首，痛朱明之亡國，即加罪於陽明，是絕對不公平的，甚失史評家的客觀立場。而與亭林同時代的李二曲，又極端推崇王陽明，而二曲又與亭林爲友，且博得亭林之敬重，如云：「堅苦力學，無師自通，吾不如李中孚（二曲字）。」

顧亭林既對李二曲這麼欽佩，又對王陽明如此痛詆，爲什麼？顧亭林不真解理學及王學之故也。

亭林以後，直到乾嘉時代，有考據大師戴東原崛起，反對理學最爲激烈，並斥理學家「以理殺人」（指程朱理學）。程伊川要求過於嚴苛，認爲「餓死事小，失節事大」，我亦持反對意見；但戴東原對程朱理學一竅不通，也是不可否認的事實。與戴氏同時代的章實齋——章學誠，以史學名世，並自認繼承陸王學統，依我看來，章實齋對陸王之學亦只知其表層。以後就是曾國藩——曾滌生，從程朱之學入門，也做個理學工夫；但曾氏老於軍旅，對程朱之學知道得太少了。民國以來，真通宋明理學者，如鳳毛麟角，尤其在西潮衝擊之下，不是走西化路線，就是走會通路線，經過西化、會通的結果，使理學大大失真走樣，跟著王學也就失傳了。

我是在這樣的時代背景、思想背景下研究王學和理學的。早年在大陸時代，是跟著馮友蘭的路線走。我是中文系出身，對馮先生的哲學著作，非常感興趣。如他的名著《中國哲學史》，愛不釋手。讀來讀去，也只懂點皮毛。再加我讀高中是成都石室中學，古文根基不差，馮先生的著作，都是引錄原文，正合我的胃口。雖然不全懂，總要懂一點嘛！這樣下來，對哲學發生濃厚興趣。有什麼收獲，根本談不上，只是發生興趣而已。有友人彭君問道：你研究哲學到底有什麼心得呀？我回答：心得談不上，只是一點模糊概念而已。你要我說個所以然，我的確說不出來。大概這是學問未入門之前的一種困境，凡是做過學問的人，一定會有同樣的體驗。譬如陸象山說的：「宇宙即是吾心，吾心便是宇宙。」縱然背得滾瓜爛熟，但究竟是什麼意思？我不懂。又如王陽明倡「致良知」，良知是個什麼東西？我還是不懂。知道理學中有個程朱派，程朱派哲學講的是什麼？更是一片茫然。不懂就是不懂，要提問題，還提不出來。學問要入門，真是難啊！

在對日抗戰時期，馮友蘭先生被新聞記者封爲「正統派哲學家」，怎麼正統法？我一竅不通。過後想來，可能是指他的《貞下起元之書》，以後稱爲《貞元六書》中之《新理學》吧！這六本書，如《新原人》、《新原道》、《新理學》、《新知言》、《新事論》、《新世訓》等等，我是五體投地的佩服。馮友蘭，簡直成了我青年時代崇拜的偶像。青年人崇拜大師的心理，大體都如此。哪知以後我走的學術路線，就跟馮氏相左了。

青壯年時代，影響我最大的，除馮友蘭先生外，第二位就是錢穆——錢賓四先生，回憶五十年代，錢先生在台灣紅得發紫，有「錢穆型」、「胡適型」的美譽。錢穆與胡適二位大師已成了青年人崇拜的偶像。在當時潮流的激盪下，不是跟著胡適走，就是跟著錢穆走，二者必取其一。至於政治上的影響力，一下子就過去了。以我原有的學問基礎，跟著錢穆走，最合我的胃口。於是，我遍讀錢氏諸書，用功最勤，收獲亦多。錢氏理學，我用力最深，以爲「道在是矣！」我以追求真理的精神，毫無功利色彩，去探求學術是非，人生真理。哪知以這種求真的精神去面對學術問題，去求理學、王學之深入理解，首先王學種種難題，就被我發現了。發現了王學種種難題，到底是喜還是憂？很難說。我該怎麼辦？可以說一籌莫展。從此以後，我真的墮入學問困境中、無以自拔。事後想來，這一困境是必經的階段。我把我的治學經歷告訴諸位是很有意義的。我們要在學問上取得輝煌的成就，是很不容易的。孔子說：「先難而獲」，我算徹底明白了。

二、要解決王學種種難題，似無前例可循

我跟著錢穆路線走，是治學路線的一大轉變，由馮氏學折入錢氏學，似乎才找到了治學的門徑。有關錢氏諸書，我都細心研讀，如《中國思想史》、《宋明理學》、《陽明學述要》、《中國通俗思想講話》、《文化學大義》、《論語要略》、《四書釋義》、《莊子纂箋》等等，以及史學諸著，凡是我能搜羅的，都應有盡有。我一直讀下去，幾乎廢寢忘食，甚至坐火車忘記下車，用心也夠專一了。尤其《中國思想史》，我不知讀了多少遍，讀一遍，記上年月日，直到讀厭了，才放下書本。殊不知幾年後，我的學問大進，再看錢氏此書，就發現問題重重，態度改變了。讀書要讀到這步田地，才算真有心得。過去所謂收獲，不過記誦之學罷了。

陸象山說：「學問要會疑，小疑則小進，大疑則大進。」這又是千真萬確的治學秘訣。我對

錢氏學從此開始懷疑了。如果認爲錢氏之說都是對的，那我們後人做學問就没有「金礦」可開了。從懷疑著手，是最重要的一步。如果一味炒陳飯，依門傍户，那就没有自己的發現、自己的學術園地了。這是治學邁向成功之路的一個轉捩點，值得諸同學深思。我們懷疑，不是要把前人一壁推倒，是要鑑别對與錯，是與非的問題。這好比沙中淘金一樣，只取真金，不要沙礫，這樣做學問就可貴了。有時真金少，沙礫多，甚至全部都是沙礫，你們不必失望，另一金礦可能就被你們發現了。換個說法，學術寶庫也快要打開了。

我治錢氏之學，就是如此。我先持肯定態度，儘量去求理解；次一步則採懷疑態度，懷疑他說的到底對不對？怎麼鑑别呢？現在以王學爲例作說明。

陽明成學經歷，也就是陽明思想形成的階段，黄梨洲有「前三變、後三變」之說，前三變容易懂，後三變可就難了。所謂王學種種難題，就發生在後三變這一大段經歷中。例如：

㈠龍場悟良知作何解釋？

王陽明貶龍場驛丞，在千死百難中才悟出「良知」來。縱然我們不識「良知」的真面，但起碼可以了解，要「悟得良知」，是很難很難的。作《陽明年譜》的羅念菴記載說：「忽中夜大悟格物致知之旨。」想必是寫實；但要了解這句話的真實意義，可就難了。錢書是照鈔《年譜》原文，什麼意思？也就不去管了，在陽明未悟得良知前，怕劉瑾派人追殺，坐石棺中，生死置之度外，「日夜端居澄默，以求靜一。」稍知理學工夫者，即可明白這是南宋朱子老師李延平「默坐澄心，體認天理」的證驗工夫。錢書卻解釋爲：陽明此時以不怕死之心來抵擋那怕死之心，恐怕就有問題了。問題何在？這樣能悟得良知嗎？

㈡陽明倡「知行合一說」的疑團

王陽明卅七歲在龍場「見道」，悟得良知後，次年應貴州提學副使席元山的邀請，去貴陽講「知行合一」說。對照《傳習錄》有「知行本體」、「知行工夫」等術語，該作何解釋？陽明雖說：「知之真切篤實處就是行，行之明覺精察處即是知」。這與知行本體、知行工夫有何關聯？「知行合一」說，就是疑團，就夠惱人了。

㈢陽明四十三歲在滁州督馬政，〈送蔡希顏詩〉有云：「悟後六經無一字，靜餘孤月湛虛明。從知歸路多相憶，伐木山山春鳥鳴。」就詩論詩，後兩句顯然又是高一層境界，姑且不提；前兩句與「龍場大悟格物致知之旨」，關係就密切了。甚至可以說，就是龍場悟境的詮釋，錢書卻隻字不提，爲什麼？

㈣承襲宋儒舊說，在工夫本體上作何解釋？

陽明在滁州督馬政後，不久即升南贛巡撫，上任途中，與門弟子講「靜處體悟」，「事上磨練」等工夫。之後，「存天理，去人欲」，就成了口頭禪。並强調：「主一就是主一箇天理。」

又提「動靜合一」之說。這些話，都是宋儒的舊說。王陽明爲什麼要提這些舊說呢？這與陽明思想的形成有何關聯？錢書則說，陽明只提宋儒舊說而已，似無新意，那陽明的工夫又做在哪裡去了？這顯然與事實不符。工夫與本體有何關聯？錢書均未闡釋。

㈤陽明倡的「致良知」，到底作何解釋？

王陽明五十歲升江西巡撫，平定宸濠之亂，才正式提出「致良知」學說來。其分量之比重與陸象山底「發明本心」，等量齊觀。近人說，王陽明把〈大學〉的「致知」和《孟子》的「良知」拼合起來，就是「致良知」。文義的來源也許如此；但是，陽明「致良知」的哲理，絕非如此簡單。如僅從「知是知非」的良知去理解，那陽明「龍場見道」後，直到此時爲止，他的工夫做到哪裡去了？「良知本體」又如何變化？處處都令人惶惑不解。而且陽明和理學家們見個什麼「道」？不僅錢先生未作詮釋，即現今研究陽明學者，亦無法詮釋，這就令人更迷惑了。

㈥錢氏驚詫王陽明說「草木皆有良知」的話

王陽明在《傳習錄》中說：「草木瓦石皆有良知」。一般研究陽明學者，多半不提這句話，錢先生獨挑大樑，卻把它提出來了。他是以形下學的經驗世界知是知非之良知作標尺，來衡評陽明這句話的真實性。無怪他驚訝地說道：「怎麼草木瓦石都有良知呢？」這個問題卻把錢先生難倒了。他不便批評王陽明亂說，卻抱持懷疑的態度。事後想來，錢先生並不了解陽明哲理之所在，他對王學的認識太有限了。

㈦陽明講「天地萬物一體之仁」的哲理根據是什麼？

程明道〈識仁篇〉開頭就說：「仁者渾然與物同體。」這句話，不知難倒多少人無法解釋。現在王陽明卻說「天地萬物一體之仁」，哲理如何？姑且不提，僅從文義上看，境界顯然比程明道擴大得太多太多了。這句話，見於出征思（恩）田（州）前寫的〈大學問〉一文。稍稍對理學有所涉獵者，即知此文是針對朱子《大學集註》而發。而錢先生卻說陽明此文文字繳繞，近乎不通。到底是這位理學大師寫文章不通，還是「國學大師」不通王學？我當時就無從判別了。至於陽明講「天地萬物一體之仁」的哲理根據是什麼？非但錢氏無法解決，即現今中國學術界似乎也無法解決。

好了，王學的難題，如虛心面對，實在太多了。只舉以上七個例證，就不知要難倒學術界多少人了。我如果老是跟著前輩先生走，從文義上去鑽研，或者靠邏輯來推理，最多只知道王學一點皮毛，甚至是牽強附會，對王學還是不懂，那我發現的王學種種難題，根本無法解決。因爲沒有前例可循，不僅很爲難，而且更嚴重的是，推車碰壁，此路不通，我的學問也就做不下去了。

三、因偶一機緣，折入禪宗，專從功夫入門

我由細讀錢氏王學諸書，進一步檢覈《王陽明全集》，就發現了無數的難題。《傳習錄》，粗看，好像容易懂，當細讀幾遍之後，潛心思索，處處都是難題，根本不懂。《陽明文錄、詩錄》，凡是與哲理有關部份，如讀有字天書一般，真懂嗎？未必然。卻有人這麼大膽，對王學一無所知，偏偏要寫《王陽明詩教解》，我爲他捏把冷汗！我做學問是腳踏實地的，不懂就是不懂，不必勉强說懂。《王陽明全集》，我看不懂，《陸象山集》，更不要談了。我的學問還做得下去嗎？心灰意冷之餘，真有艱困如此、悔不當初之嘆。我的信心動搖了，意志灰頹了。下一步人生道路怎麼走？我實在不知道。

我深信佛家說的緣份，真是「山窮水盡疑無路，柳暗花明又一村」，我的緣份到了。的確因偶一機緣折入禪宗，事先毫無安排。一日馬君跟我閒聊，談到禪宗的修持功夫及禪宗「破三關」的修道階梯。馬君是佛教居士，禪修功夫說得相當仔細，至於「破三關」的問題，他知道得很少，只說說破三關的名稱而已。我對禪宗當時是一知半解的，早年從馮友蘭的著作中得到一點粗淺的知識；以後跟著錢穆路線走，從他的《中國思想史》裡有關禪宗部份，又得到禪宗思想發展

的源流、及唐代六祖以下禪宗思想的演變情形、和引述趙州和尚與馬祖道一等等有名的禪宗術語，惜乎他没有詮釋，我只好囫圇吞棗了。我的禪學知識就是這麼一點點，而且還是一知半解的。可是，自折入禪宗後，情況就不同了。

我研究禪學與一般學者的研究路線不同，一般學者研究禪學，多半從禪宗語錄或禪宗公案著手，我卻反其道而行，不讀禪宗語錄，不究禪宗公案，專門從修禪的功夫入門。這條路徑最爲得力，也可說是禪宗入門的捷徑。自從了解參禪的功夫後，我即著手禪功的修持。因爲「人生到頭一場空」，我早就看穿了，没有什麼閒思雜念的困擾，所以做起功夫來，多半輕快省力，而且靜中的智慧時時出現，人生妙景，立現眼前，有時亦可看到外邊的種種事物，王陽明少年時代在陽明洞中行「導引術」——修鍊神仙，所顯示的初級神通智慧，我也明白了。

有時達到「入定」的境界，其樂無窮，真有飄飄欲仙之感，於是《莊子·逍遙遊》的玄義，我也明白了。如何逍遙法？還是自己去體會罷！

禪門教人與一般世俗不同，他不教小和尚讀佛經，因爲佛經哲理高深，很難懂，高僧們卻想出一條捷徑來，不讀佛經，只做功夫，去求參悟；一旦開悟了，本體現前，再讀佛經也就明白了。禪宗從功夫入門，容易「見道」，其故在此。

但是也有例外的，神會和尚就是一個特殊的例子。據《六祖壇經·機緣第七》記載：

一日師告衆曰：

「吾有一物，無頭無尾，無名無字，無背無面，諸人還識否？」

神會出曰：

「是諸佛之本源，神會之佛性。」

師曰：

「向汝道無名無字，汝便喚作本源佛性。汝向去有把茆蓋頭，也只成箇知解宗徒。」

我們要問神會的答話對不對呢？對極了！只因神會聰明絕頂，不能真參實悟，故六祖才說出「有把茆蓋頭」的話來，將來只成箇知解宗徒。以後神會果然不出六祖所料，去京都洛陽一帶弘法，成爲禪宗的荷澤禪師，並著《顯宗記》一書，對闡揚禪宗的宗旨及記叙禪宗的歷史貢獻很大。現在我們來研究神會超穎神悟，他究竟知道的是什麼的問題。六祖的話是比喻。比喻什麼？就是六祖在湖北黄梅寺舂米時所悟的道：「本來無一物，何處惹塵埃？」就是禪宗說的「真我」、「真心」等等，也就是「即心即佛」的佛，不過，這只是成佛的初階，以後還有多少功夫在。十三歲的小和尚神會能解悟至此，實在是很難得了。由神會這個故事說明了什麼？佛不在西方，只在我們各人心中去求。「佛」不是別的神妙的東西，只是「真如本體」，只是永恒不變的「真我」，人人都具足的，只要人人證諸吾心，人人都可成佛。禪宗能大衆化、社會化，六祖、神會卻有莫大的功勞。胡適之先生十三歲讀《資治通鑑》，可謂聰明絕頂，他佩服神會寫禪宗的歷史，卻沒有神會對禪宗哲理的悟解，由此可以說明從文義上去解悟禪理是很不容易的。

我走禪宗的修證路線，幾年禪功做下來很得力，加上我的慧根不差，有些禪宗文字富於哲理，別人不知，我一看就懂。因此，才奠定了禪學基礎，經過以後的摸索，禪宗哲理自信搞通了。

四、禪宗「悟道」的境界，我徹底明白了

禪宗「悟道」的境界，是很迷人的。悟道的術語又很多，真令人眼花撩亂，不知道他們說的什麼東西。悟道的境界到底如何？佛教居士們可能說不清楚，即好多法師、禪師們，也未必說得很清楚。至於教禪學的教授們，我看有些連邊都沒沾上。難道禪宗悟道真是這麼難懂嗎？不！研究的方法有問題。如果僅從文字的解悟入手，就連講經的法師們都說不清楚，一般作學術性的研究，那就更難了。我曾爲台灣商務印書館審核一部禪學方面的著作，就發現問題了。這位先生對禪宗語錄文字，確實很有興趣，積二十年的功力，編成《曹源一滴水》一書。搜集資料豐富，如

《弘明集》、《廣弘明集》、《五燈會元》等等，都搜羅進去了。而且是按得「道」深淺的程度編排的。我看了很欣賞。惟一的缺點是，既按得道深淺程度編排，在每篇開頭，編者應該寫一段說明文字，把這篇大意介敘出來，讓讀者容易了解。我如從這方面提出審核意見，那位先生就很費功夫了。是否能夠出版？都是問題。我爲筆下留情，只要求他寫一〈編後記〉，說明禪宗「破三關」的哲理，並引述各篇警語爲證，這樣簡敘一下，讀者便可一目瞭然。這部禪學書，想必早就出版了。去夏因事去商務印書館，赫然發現該書已二刷、三刷了，可見銷路不錯嘛！不少讀者對禪學已有濃厚興趣。我順便買了一冊，看他的〈編後記〉寫的什麼？讀完，大失所望，這位先生只叙述他研究禪宗的經驗和心得，對我審核意見要求說明「破三關」的哲理，卻隻字不提。這說明了什麼？這位先生花了廿年的功力去研究禪宗語錄文字，對禪宗哲理卻還沒入門囉！

由我親身經歷的故事，說明禪宗要了解「悟道」的境界，是很不容易的。單從文字解悟入手，是很難的。說實在的，我對禪宗的悟道，早年也一竅不通。因爲走捷徑，從功夫入門，就容易得多，輕快省力了。再加慧根不差，一目了然，縱然碰上深奧的玄義，經過思索後，也可獲得解決。現在尅就本題，來說說禪宗「悟道」的境界吧！

當我做禪功得力時，曾有佛教居士李君贈送岑學侶編的《虛雲老和尚年譜》一冊，我細讀後，卻有意外的收穫。收穫的是什麼？禪宗悟道的境界，我徹底明白了。

虛雲老和尚，是現代禪宗的高僧大德。在國府時代，蔣介石委員長對他都十分崇敬，在中國佛教界，是有崇高地位的。他當然是我取法的對象，他的「悟道」，對我來說，確有莫大的啓發，禪宗「破初關」，我算明白了。據年譜記載：那是前清光緒年間，虛雲五十左右，一夜跑香堂，他開悟了。這時，虛雲和尚正在揚州皐旻寺掛單，參加「打禪七」的禪修功課，正得力時，就悟道了。開悟前有何朕兆？值得在此一提。當開悟前夕，虛雲看見兩位師兄，一個在入廁，一個正在花園剪草，次晨詢問兩位師兄的行蹤，一點不差。同時，又看見江帆點點，來往如織。這些說明了什麼？就是開悟前夕，靜中慧光放射出來了。所謂看見之「見」，並非肉眼之見，而是「慧眼」之見，可由慧眼觀照近距離的一切事事物物。說穿了，也沒什麼神秘的，還是自己去體悟吧！

現在須細說虛雲「悟道」時的情景。虛雲正在跑香堂時，一位師兄送茶來，虛雲一不小心，碰到茶杯，茶杯墮地，虛雲就開悟了。因此，說偈道：

茶杯打碎也，山河大地是如來。

這一偈語很簡單，須得加以解釋。所謂「山河大地是如來」，是什麼意思？此時的虛雲、人我、物我雙忘，主觀與客觀的界線和意識及其所及之對象，統統不見了。哪裡去了？就證道者來說，一切都忘了，也可說退避不見了。當然是存在的，只是在慧眼觀照下，一切顯不出來罷了。而此時，山河大地也不見了，惟一所見的，就是一個無限大的光明本體而已。非山河大地變成了「如來」，而是「真如本體」放射出來，連山河大地也不見了。這只是「破初關」的景象，到了破二關——金鎖玄關時，山河大地又可從真如本體中一一顯示出來，已是後話。現在的問題是，虛雲悟道，跟打破茶杯有何關聯呢？這是功夫的激勵作用。當功夫到家時，只須外在任何事物的激發，頓時也就開悟了。

禪宗「悟道」，就是悟得這個無限大的光明本體而已。這個光明本體，就是「道」，也就是「佛」。除此以外，就没什麼道和佛了。禪宗「悟道」或「見道」術語很多，如「打破漆桶」、「枯木逢春」、「枯木龍吟」、「一口吸盡西江水」等等皆是。詩句又有「行到水窮處，坐看雲起時；」「不經一番寒徹骨，那來梅花撲鼻香；」「踏破鐵鞋無覓處，得來全不費工夫；」都是以文學的手法，用詩句把悟道的情景表顯出來。一般人最常用的詩句：「山窮水盡疑無路，柳暗花明又一村，」不知者以爲是寫景抒情，實際上，仍是悟道境界的描寫，只是用景物來比喻罷了。

五、禪宗全部修道過程——破三關，並可會通華嚴哲理

提起禪宗「悟道」，很神秘，悟個什麼道？更神秘。現在把謎底揭穿了，就沒有什麼神秘了。然而禪宗的全部修道過程，又該如何去理解呢？也就是說，從初關悟道到成佛作祖，又該如何去修證呢？不是一悟即了，天下沒有這麼便宜的事。果真是這樣，那到處都是佛菩薩了。從初關悟道後，還有好多艱難曲折的過程向上躍升。這和登山一樣，初關悟道，不過從山腳才開始爬啊！一直爬上去，經過山腰到山頂，登山行程完畢，思想也就達到巔峰了。現在，我們探討禪宗的全部修道過程，情況就是如此。

禪宗有「破三關」之說，實在爲修道人提出了方便法門；不然，如何修下去？仍是一個謎呀！要使禪宗破三關的哲理明白了，那華嚴哲學也就通了。因爲由禪理可會通華嚴哲學，兩方面用的名稱儘管不一樣，可是，要證會到的境界卻是一樣的。比如說禪宗初關的悟道，其所悟之「道」，就是華嚴的「理法界」，而華嚴的「法界觀」哲理，亦由此開創出來。

現在專說禪宗「破三關」的哲理。第一、破初關，叫悟道。禪宗有個術語，叫「截斷衆流」。顧名思義，要超拔流俗也。六祖和馬祖都叫「即心即佛」。什麼叫「即心即佛」？就是說，佛從自心來，不從西方（印度）來。對不對？絕對正確。於是解決了佛的來源問題，只要潛心修持，從自己心中就可顯出佛來了。這個「佛」，華嚴稱爲「理法界」。爲什麼叫「理法界」呢？因爲這是一個形而上的光明透頂的東西，簡稱「理」，又叫「理體」或「性體」。就西方哲學觀點來劃分，這就是本體界，與此對應的，有形而下的物質世界、經驗世界，統稱為「事法界」，也就是現象界。華嚴用哲理可以說明，禪宗用工夫可以證實，這個高深莫測的佛菩薩，也沒什麼神秘了。

其次，說禪宗破二關，叫「金鎖玄關」，所以如此命名，謂修證工夫之不易也。由初關悟道進入第二關，用的是保任工夫。無論靜中或動中都能顯出這光明本體來，就達到保任工夫的目的了。在這一階段，禪宗有「指月」的說法，因有《指月錄》一書流傳出來。以明月來比喻光明本體，最為恰當。指月者，無論在靜中或動中，皆可指引修道者時時呈現光明本體之意也。有時因魔障發生，假的本體顯現出來，故有「魚目混珠」的警惕。惟恐魚目混珠，誤入邪道，又有「莫入陰界」的喝斥。總之，要衝破這一關，是很不容易的。一旦工夫到家，把這金鎖玄關衝破了，又是什麼景象呢？禪宗術語叫做「涵蓋乾坤」。試問：乾坤代表天地，代表宇宙；天地多麼大，宇宙又是無窮無盡的，能夠涵蓋嗎？不！它的意思是這樣的：因此時宇宙萬象都可從證道者的本體中一一顯露出來，故云「涵蓋乾坤」。理學家「理一分殊」的理論，即由此衍生出來。這時，馬祖的術語叫做「非心非佛」。顯然在思想上又躍升了一層，既沒有心，也沒有佛，惟一所見的，只此無限大的光明的東西而已。這時，華嚴的名稱叫「事理圓融無礙法界觀」。因為一切宇宙現象都可從證道者的本體中一一顯示出來，故云「事理圓融無礙」也。

另有日本道元禪師著《正法眼藏》一書，爲禪宗寶典之一，值得在此一提。道元禪師，日本人，南宋初期渡海來中國，師事圓悟佛果禪師，詣境精進，遂著《正法眼藏》一書，爲禪門所珍視。該書有這樣的名句：

見山是山，見水是水，只是凡夫。
見山不是山，見水不是水，才是智者。
見山仍是山，見水仍是水，已是聖者。

道元這幾句富於禪理的話，膾炙人口，好多人都愛引用，卻不知其意義何在？視爲高深莫測，也就馬虎過去，不去管它了。實際上，只要我們懂得禪宗「破三關」的哲理，道元這幾話也可理解了。第一句：「見山是山，見水是水」，道元已經點明了，就是沒修道的凡夫俗子。其次：「見山不是山，見水不是水，才是智者。」由禪宗破初關的「悟道」，和虛雲老和尚在揚州皐旻寺悟道情景的證明，即可判知是初關悟道時的景況。至於「見山仍是山，見水仍是水」，只達到禪宗「涵蓋乾坤」的境界。真要「超凡入聖」，作爲聖者，還要繼續修證，破了第三關，了生脫死，才算聖者的極詣。道元學禪，似乎還沒達到中國佛學的最高境界。道元這部書——《正法眼藏》，對禪宗影響很大，它的缺失，我們今天站在學術批評立場，是必須指出來的。

又次說禪宗破第三關，叫「生死關」。禪宗有一術語叫「隨波逐浪」，波是波濤，大家想想，我們人能在波濤裡面行走嗎？不能。但禪宗的高僧很聰明，他用這麼一件具體的事物來說明所證悟的玄理。打個比方說，破第三關是什麼意思呢？就等於證道者可在波濤裡行走，「隨波逐浪」去；不會被淹死，證道者照樣走得平平穩穩的。這是什麼意思呢？先就哲理分析，宇宙萬物的本體可從證道者的本體中一一顯示出來，互相涵攝，各個平等，了無差別，最後仍可統攝於證道者的本體中。要領悟這個哲理不簡單，我花了很長時間，從禪宗哲理沒有領悟出來，我是從理學裡面領悟出來的。王陽明有一個不出名的弟子叫蔣道林，我從他的〈絶筆詩〉中領悟出來的。蔣道林晚年在湖南常德桃花岡講學，他在去世前寫了一首〈絶筆詩〉，專門闡釋這個深玄哲理的問題。我的書裡（按：指《我的治學心路歷程》）把它解析得很清楚，你們可細細參閱。馬祖道一對這一境界又有三句精要語：

不是心，不是物，不是佛。

你說是心嗎？不是心。是物嗎？不是物。是佛嗎？也不是佛。那到底是個什麼呢？我們只能說，是個絶對玄妙的境界。修道者的功力能達到這一境界，就能「了生脫死」，所以稱爲「破生死關」。禪宗高僧或居士不是都有「坐亡」的本領嗎？證道至此，就可「了生脫死」，就沒生死的牽掛和糾纏。回頭來看「隨波逐浪」也就明白它的意義了。非但禪宗如此，理學家也有這個本領。南宋朱熹的老師李延平——李侗，一面種田，一面做理學工夫，名重一方，當時福建地方長官汪應辰，很敬佩他，派專使請他去福州講學，主客寒暄畢，把這位地方長官的使命傳達了，李延平無意前去講學。當與專使話畢後，李延平立刻說：「我走了」。這個故事看來有點神秘，如懂得禪宗「破生死關」後，說走就走，也沒什麼神秘了。

另外，陽明泰州學派的三傳弟子羅近溪——羅汝芳也有這個本領。羅近溪晚年在家中講學，一夕大風拔樹，次日羅近溪對他的門弟子說：「我要走了」。突如其來，弟子們十分驚慌，毫無心理準備，只得苦苦挽留道：「老師，你不能走呀，書還沒講完，還有好多問題請教你，順延一天走如何？」羅近溪回答：「好嘛！我就順延一天走」，書照講，並說：「你們快提問題。」！到了第三天，弟子們把問題問完了，大家心安了，羅近溪派個弟子去看日晷，說：「午刻（正午十二點）走」。明朝還沒有時鐘，只好把日晷放在太陽下計算時間。羅近溪曾作過雲南參政退休，就把官服穿上，坐在堂屋正中央，弟子們圍成一團，就這樣，送這位道高的老師走了。這種「坐亡」的本領，跟佛教高僧、居士沒有什麼區別，並能控制生死，就現代醫學來說，是不可思議的。我們進一步追問：「他們離開這紅塵世界，到哪裡去了」？到另外一個世界去了。不過，佛家不講，理學家也不講，一定到另外一個世界去了。馬祖道一僅就禪宗哲理解釋：「不是心，不是物，不是佛」。這不僅是中國佛學的最高境界，也是中國哲學的最高境界。那麼，你說是唯心吧！絕對不是唯心的；說是唯物吧！也不是唯物的。佛教學佛，連佛都否定了，那它是什麼呢？就是這樣一個境界，佛學裡最玄妙的一個境界，具足神通智慧的一個境界。這個境界，不但佛學有，理學也有，理學家很多都能達到這個境界。這在華嚴哲學裡，叫做「事事圓融無礙法界觀」。事事，就是指宇宙萬象。宇宙萬象的各個本體可從修道者的本體中一一顯現出來；而宇宙萬象各個本體又完全一樣，可以相互涵攝；而修道者的本體和宇宙萬象的本體也是一模一樣，並可把宇宙萬象的本體一齊攝入修道者的本體中，又能一一放射出來，因此，「圓融無礙」。華嚴的名句，叫「一多相涵」，「一」指的什麼？就是指證道者的本體，「多」是指宇宙萬象的各個本體。「一多相涵」意思是說，從證道者的本體可以顯現宇宙萬象的各個本體，而且相互攝，叫做「一多相涵」。另外有一句話，叫做「一即一切」，「一切即一」。宇宙萬象的各個本體，叫做「一切」，證道者的本體，叫做「一」。已如前說，宇宙萬象的各個本體都可以從證道者的本體中一一顯示出來。而證道者的本體又跟宇宙萬象的本體一模一樣，了無差別，所以叫「一即一切」；反過來講，就是「一切即一」。這是華嚴哲學的名句。諸位不可等閒視之。

我把禪宗、華嚴哲學裡高深的東西懂了，再回到王陽明哲學來，透過李二曲作橋樑，我才徹底明白：王陽明「龍場見道」，「知行合一」，「良知本體」及「致良知」等等，究竟是什麼東西？我懂了。陸象山倡「發明本心」，本心是什麼東西？我也懂了。並且由陸王哲學會通程朱，程朱哲學我也懂了。

諸位，我一面講哲理，一面講我自己的親身經歷，也是很艱難、很曲折。今天講來很快，可是我卻用過多年功夫去修證，去磨煉，去思索，最後才用文字把它寫出來。我經歷多少艱難曲折過程，才把高深哲理弄懂了。就連理學家們，甚至王陽明好多門弟子也弄不清楚。三百年後的今天，一般人當然不懂，就連過去好多王學專家，也是胡謅一通。我花了這麼多功夫才弄懂。懂得後，我不願做高僧，我要把這高深哲理講出來，傳給中國人的下一代。

在此，我要特別强調，研究這門高深哲理是方法問題。我先走禪宗路線，折回來，成一現代理學家，不願當和尚。我們要懂艱深的哲理，只看文字不行，一定要從修證功夫入手，有了心得，再看文字，一看就懂了。中國哲人有個缺陷，就是不注重邏輯觀念。像王陽明、陸象山這些大師們不寫有系統的文章，他們的門弟子問東答東，問西答西，所以，語錄看來没有什麼頭緒。禪宗語錄也是一樣。但是，只要你們把禪宗「破三關」的哲理懂得了，一看語錄就懂了，哪些是破初關，哪些是破二關，哪些是破三關，清楚明白，了無滯礙。這才是工夫呀！如果僅從語錄文字着手，情況全然不同。前邊我舉的例子説，有位先生把禪宗語錄讀得很多。他花了二十年時間編成一部書，叫《曹源一滴水》——曹洞宗的精神所在。書稿送商務出版，經我審核後，我看書稿有點欣賞。他把禪宗語錄分類摘抄，可以看出禪宗證道境界一步一步地上升，很有價值。唯一缺陷，他没有扼要説明。我審核過後，認定抄錄文字符合禪宗破三關的境界。我提審核意見説，希望該書作者能把禪宗「破三關」的哲理，根據抄錄的資料作一扼要說明，使讀者更易明白。兩年後，書出版了，我看他寫的牛頭不對馬面，爲什麼？他寫不出來。商務負責人不懂，看他寫篇東西交來，就出版了。一刷二刷，銷路很廣。這位先生花了二十年功夫，只會摘抄禪宗語錄，禪理還是不太懂啊！這說明他研究方法有問題，白白花去了二十年功夫。又如一位教禪學的老教授，曾經把《大藏經》讀了兩遍，就教起禪學來了。我懷疑他教的禪學有問題。我曾經向他提到禪宗「神通智慧」的問題，他說：「講禪學，不講神通智慧。」試問神通智慧的來源、作用都不講，那禪學怎麼講得下去？從此，我懷疑他講的禪學了。今天這種情形很普遍，大學跟著洋人走，一窩蜂教起禪學來；可是，又有幾人真懂禪學啊！

六、以李二曲作橋樑，由禪宗返回王學

平生做學問都是機緣。已如前面所說，我由王學折入禪宗，是機緣，現在以李二曲作橋樑，由禪宗又返回王學，也是機緣啦！

一日去圖書館隨意查書，東翻翻，西翻翻，毫無目的。偶爾發現書架上有部線裝書，封面都快壞了，拿下來一看，是《李二曲全集》，很少人看，我借回去一看，赫然發現如獲至寶。一口

氣讀下去，理學中的秘密，他都全部道出來了。我愛不釋手，翻來覆去讀了好幾遍，收獲可多了。有關理境闡釋之細密周詳，在宋明儒中沒有一個趕得上李二曲。尤其自述成學經歷之完整。工夫階段劃分之明確，在宋明理學家中沒有哪一個可以和他比擬。描述本體內涵之清悉明白，以及工夫本體之緊密關連，在理學中，除了李二曲外，就沒有第二人可數了。別人讀《李二曲全集》，可能一知半解，我讀來卻心領神會。後來才發現好些前輩先生，對這部「奇書」未必真的讀懂了。事後想來，我讀這部書爲何這麼輕快省力、了無滯礙?完全是由於禪功和禪學奠的基礎吧!

宋明理學中的「本體」，究竟是個什麼東西?始終是個謎，除用西方哲學唯心論、唯物論、唯理論來解釋外，就一籌莫展。現在李二曲把本體的內涵作明確的界定，理境就豁然開朗了。他以「虛明寂定」四大特性，來詮釋本體的內涵。如說：

虛若太空。明若秋月。寂若夜半。定若山嶽。

當然，本體的特性還很多，除了這四大特性外，還有其他種種特性，我的《李二曲研究》一書，可以參閱。台灣商務印書館出版，年前已再版。單就本體具足「虛明寂定」這四大特性來說，還能附會西方哲學的唯心論嗎?有人說，王陽明哲學是絕對唯心論，陸象山哲學是主觀唯心論，程朱哲學是唯理論等等，說法很多，不必一一列舉。都由於他們不懂理學之「理」或心學之

「心」，以及道學之「道」，究竟是個什麼東西？才造成這種種誤解，他們如對李二曲有關本體內涵的界定，能了解幾分，可能就不會發生這種種誤解了。

李二曲不僅對本體的內涵解說得清晰明白，更可貴的，他這套學問是怎做成的？他的成學階段，自敘得這麼清清楚楚，在理學中也沒有第二人。他卅一歲前，博極群書，都是形下學——經世之學；至於形上學，只從書本中得來，他叫「紙上道學」。惟有從卅一歲起，一個秋天，因患病靜攝，確實做了一番理學工夫，於是他「見道」了。理學中所謂的「道」究竟是個什麼？他徹底明白了。「道」不外乎「虛明寂定」之本體。他稱爲「明性見道」。性又是什麼？不外乎這個本體的代號。理學中的「見道」或「見性」的謎底，從此揭開了。

李二曲成學後的第二階段，就叫「虛明寂定」，這是理學中的存省工夫。所謂「靜時存養，動時省察，」就是在做動靜交養的工夫。目的要使這個形上光明本體，不分靜中或動中都能一樣地展現出來，這叫做「動靜合一」。李二曲這項工夫達到什麼程度呢？他說：「寐猶不寐，晝夜昭瑩如大圓鏡。」這項工夫之之精湛，力度之强大，真是驚人囉！王龍溪所謂：「行住坐卧，皆在覺中，」也是這一意義。

李二曲成學後的第三階段工夫，叫做「經綸參贊」。就是要用世的意思。他把〈中庸〉「經綸天下之大經」及「參天地，贊化育」等思想汲取過來，濃縮成「經綸參贊」一語，作爲他要用世的標誌。李二曲這一創見，最爲卓越，理學家在這一面好多都忽略了。

李二曲成學後的第四階段，叫做「無聲無臭」。這仍取義〈中庸〉末章：「上天之載，無聲無臭，至矣。」而來。這是什麼意思呢？當用世之後，一定要回復到「無聲無臭」之本體世界，始爲學問之全功。無聲無臭，是形容本體的。因本體之性質，聲臭俱無也。這是理學家的共同見解。惜乎二曲當時格於民族大義，就沒有用世機會了。但他這全部成學經歷或思想形成的各個階段，對整個理學來說，貢獻太大了。我們今天對宋明儒的成學階段，還能依稀可尋，全靠李二曲的啓發啊！

我以李二曲作橋樑，再回到王學，王學好多難題，也就容易解決了。

七、破解王學難題的關鍵在哪裡？

我研究王陽明哲學，就有這麼多艱難曲折的過程，透過禪宗工夫和李二曲的研究，前邊所舉的王學種種難題，算是大體解決了。又經過多年的琢磨和理解，就我今天看來，王學對我真的沒什麼難題了。現在，我可以告訴你們，破解王學難題的關鍵在哪裡？就在陽明「龍場悟道」的問題上。這個問題如果徹底解決了，那你們研究王學就算入門了。至於陽明龍場怎麼「悟道」？悟得的什麼「道」?正是下一講要說的主題。現在不妨透露出來,好讓大家有個初步的認識。說穿了,陽明龍場悟道,也沒什麼秘密,不過李二曲的「明性見道」,虛雲老和尚揚州皋旻寺悟得「山河大地是如來」而已。換成我的術語說,就是悟得一個形而上的光明靈知之本體世界。這就是「我」的自身或「真我」,是永遠存在的,不隨時空推移而變化的。我研究王學到這一步,陸象山的本心之學,我也明白了。再由陸王會通程朱,程朱理學到底講個什麼東西?也難不倒我了。於是整個理學都可以貫穿起來,程朱理學之稱爲「理」,陸王心學之稱爲「心」,至此,我有徹底認識,不會像過去那樣迷糊了。現在把我的心得告訴諸位,諸位以後研究王學和理學,也就省力了。

還有前面講李二曲證驗出來的形上光明本體,理學家說法很多,名稱很不一致,一般人看了並不了解。周濂溪先叫「太極」,過後《通書》又叫「誠」,是把〈中庸〉裡的「誠」搬出來命名。如果没有下過一番功夫,單是周濂溪的「太極」是什麼?就很迷人了。邵康節換個說法,講的是「先天」,是把《易傳》裡的「先天而天弗爲」一語,單取「先天」二字,拿來做他思想的核心。「先天」一詞指的什麼?照樣令人迷糊。張橫渠講「太虛」,二程又講「天理」,北宋這幾位理學大師使用的名稱都不一樣。到了南宋陸象山講「本心」,把《孟子》的「本心」拿來做他思想的核心。明代中葉陳白沙講「自然」,他竟把《老子》的「自然」搬出來命名。王陽明倡

「致良知」，又把《孟子》的「良知」搬出來了。明末高攀龍叫「中庸」，劉蕺山又叫「慎獨」。我們看看從宋到明，使用名稱之多，真令人眼花撩亂。如果沒有真實功夫，單是這麼多名稱，就夠困擾了。一般講理學、講王學，都受這些名稱的困擾，不知到底講些什麼？所以覺得理學很紛繁，很難理解。但我經過一段曲折艱難過程後，才恍然大悟，原來都是指的一個東西。李二曲講得最清楚。只從文義上去了解，很難！很難！一定要下番功夫；待下番實證功夫後，才能深入理解。從周濂溪到劉蕺山宋明六百年，用的名稱好多個，實際上指的就是一個東西。所以標立名稱不同，由於入門時與自己學問那方面很接近，就用儒家古典文獻中的精要文字來代表他的核心思想，這是一個重要理由。此外，還有一個理由，就是在學術上想獨樹一幟。像邵康節講「先天」，不跟周濂溪走；二程又講「天理」，不跟他老師周敦頤走。當然，這個用心是我揣測的。我想作用很大，獨樹一幟嘛！我這麼揣測也很正確。從宋到明末清初，理學家們講得五花八門，令人眼花撩亂，李二曲下過很深的證驗功夫，才把它們歸納起來。這個形上光明本體特性很多，李二曲歸納爲「虛、明、寂、定」四字。他說：「虛若太空」，「明若秋月」。（按：黃梨洲說王陽明的最高境界「如赤日當空，萬象畢照」。這個說法，好多人都愛引用。我說黃梨洲講得不對。因爲此光明本體不像赤日，不像夏天的太陽，所以李二曲形容「本體」像秋月一般的皎潔、柔和，最爲貼切。）「寂若夜半」，因本體是靜寂無聲的。又說：「定若山嶽」，本體又如山嶽般的固定不動。李二曲只用虛明寂定四字，把本體的特性描述出來。此外，還有好多特性，他沒包括進去。

我從李二曲的成學經歷中，才了解理學大師們，與流俗不同。我的《李二曲研究》一書裡，把李二曲開始「見道」，思想逐步躍升，以致達到最高境界，都說得很清楚。我由李二曲了解王陽明，又由禪宗了解李二曲。所以李二曲是我研究王學、理學的支柱，離不了它。而我的《李二曲研究》一書，講學時，更是不離左右。

前面已經講過，破解王學難題之關鍵，就在「龍場悟道」，這不僅是了解陽明哲學的關鍵，而且也是了解整個宋明理學的關鍵，甚至了解禪學的關鍵，了解老莊哲學的關鍵。老莊，你們看文義覺得懂了，其實不懂呀！如錢穆著的《莊子纂箋》，搜羅古今莊子注釋之多，無出其右者。他自信他深懂莊子。我看他只解莊學的表層，莊子哲學到底講的是什麼？宋明儒何以深解老莊？我看他還是茫然。「國學大師」尚且如此，其他的人們，也就不必提了。

最後我不妨復述一遍，我們要了解王學難題，陽明「龍場悟道」才是唯一關鍵所在。我兜了一個大圈子，才真正懂得「陽明龍場悟道」；究竟悟得什麼東西？我真懂了，王學種種難題也有了正確的答案。這麼一來，陸王、程朱我都懂了。今天，不管王學裡什麼東西，語錄呀！詩呀！文呀！根據我艱難曲折的研究過程，深度的理解，講王學不會有什麼困難，這是我的最後的結論。

第三講　由陽明成學經歷可瞭解王學的深度

——思想縱剖面的探討

上週五講了那麼多，不外乎這麼幾句話：我研究王陽明哲學，發現了很多難題，遭遇種種困境，這些難題我是怎樣解決的。困境是怎麼衝破的？因爲時間關係我講得很粗略。修改錄音稿時我會補充。明年書印出來就很詳細了。其中艱難曲折過程，朱康有同學知道一些，這部書（指《我的治學心路歷程》）裡也說了一些。待書印出來，每人送你們一册，可仔細看，耐心看。去冬在人大、北大、北師大三校三個專題演講，我把其中部份難題一個一個地講出來，我又怎麼去破解？又有什麼價值？等等。我這部書裡講得很清楚，你們空了把這部書看一看，要仔細看。要把這部書看懂了以後，就知道我做學問的艱難，實在不簡單。我自己做學問很艱難、很曲折，經過種種艱難曲折過程，自信把陽明哲學搞通了，才敢寫文章。自己深信超過很多前輩先生，很多名教授，無論是香港的或台灣的，自信超過他們很多很多。不幸當時碰上「攔路虎」，把我的大文章〈王學真相之探討〉從香港攔回來，我好洩氣。這篇大文章事先經徐復觀先生審核過的，他的回信說：「先生堅苦好學，用力之深已在錢賓四先生之上，……」要我寄香港《民主評論》發表，牟宗三先生任主編，徐先生老是說，牟先生的造詣比他高得多。過後才知道「錢（穆）、唐（君毅）、牟（宗三）」三先生，被港台人士捧爲新儒家學者，所以「錢、唐、牟」並稱，至於徐復觀好像吊車尾，還沾不上邊。其實，徐先生很得我的敬重，他曾對我說：「他是中年做學問，造詣有限，但對青年人抱很大希望」。徐先生這樣坦白熱誠，愛護青年無微不至，一般人對他都有好感。可是牟宗三先生就不一樣了，他是我的「攔路虎」，擺起一副名教授的架子，原稿退回，在回信中又教訓我一番。他說：「……浮光掠影，望先生慎重」。我一時對這位丈二金剛，摸不著頭腦，不知道他的學問路數。以後寫陳白沙專文，在香港《白沙學刊》發表，指明牟先生講「本體」只有平面的描述，没作立體的剖析。（按：指牟著《才性與玄理》一書，是專講魏晉玄學的。過後深入探討，玄學中哪來什麼「本體」呀！我把理學中的「本體」看成是玄學中的，不無張冠李戴之嫌，牟氏亦犯此病）。牟氏看到我的專文後，輕描淡寫地教訓我：「某某對理學還有一點造詣，只是缺乏邏輯訓練」。他的指責我接受部份，以後寫文章注重邏輯分析，並且還重視文學修養，文章手法—寫作技巧，要筆隨心轉，運用自如，比起他那佶屈聱牙的文章又高明得多了。

我這篇「大文章」（以後輯入《明學探微》一書）不久遇上了知音—香港人生雜誌督印人兼主編王道—王貫之先生非常欣賞，立即發刊，以後好多文章都在該誌發表。那時，余英時還在讀新亞書院研究所，成中英正讀台大研究所，也有「小文章」在《人生》發表。若干年後，我把牟宗三的學問路數摸清楚了，才恍然大悟他反對我的王學見解的理由。說實在的，他認爲邏輯萬能，正是他學問上的敗筆，他對王學、理學有關理境的剖析，似是而非，才是浮光掠影，不着邊際，皆由强調邏輯所造成，至死不悟，哀哉！經過很多艱難曲折的過程，自信把王學搞通了，才寫專文發表。其他的人不是這樣，發表慾特別强，認爲有點心得趕快寫文章發表。這是近幾十年來一般青年學人的通病，我的治學態度不如此，自信在學術造詣上超過某些大師們，才開始寫文章，我把王學搞通後，寫了不少專文發表，均輯入《明學探微》一書，只嫌明代理學範圍太廣，王學部份分量不足，於是才有今年《王學探微十講》之擬專題，開列子目，借講學之便把它講出來，就可代替我的專著了。根據我畢生治學的經驗，要真正瞭解王陽明哲學，必須從兩方面着手，一方面要瞭解王學的深度，另一方面要瞭解王學的廣度。這一講的主題就是〈由陽明成學經歷瞭解王學的深度〉。這是思想縱剖面的探討，如果在學問上沒有造詣的人，是不會知道它的重要性的。我們中國哲人很多，試問：他們的思想是怎麼形成的？我可答覆這個問題。打個比方說，就像登山一樣，登山是從山腳一步一步地向上攀登，經過山腰一直爬到山頂，才算登峰造極。這個比方容易懂，思想的形成也是一樣，是比喻它的深度。

這方面，幾十年前我就領悟到了。現在給諸位講王陽明哲學，首先就要從瞭解王陽明哲學的深度說起。要瞭解它的深度，王學就有門徑可循了。

試問：王學深度的研究要從那裡開始呢？我認爲要從王陽明「亭前格竹」開始，因爲這是他步入朱子學的起點。王陽明聰明絕頂，他的性格豪邁不羈，又極富於詩人的想像力。如《年譜》記載：陽明十一歲時，隨他祖父王倫去北京，路過金山寺，賦詩曰：「金山一點大如拳，打破維揚水底天。醉依妙高台上月，玉簫吹徹洞龍眠」。又賦「蔽月山房詩」：「山近月遠覺月小，便道此山大於月。若人有眼大如天，還見山小月更闊」。不僅像詩人，又像哲人了。又曾問塾師道：「何爲第一等事」？塾師回答：「惟讀書登第耳」。陽明疑曰：「登第恐未爲第一等事，或讀書學聖賢耳」。十一歲的王陽明即以學聖賢自命，就很不平凡了。這時陽明父王華已中狀元，入翰林院做官。他的祖父王倫秀才出身，來北京就養。陽明隨行路過金山，賦詩如上云。陽明居官署，見亭前多竹，遂與友人錢友同取竹格之。少年時代的王陽明走朱子格物窮理路線，他以認真的態度去格亭前竹子的道理，這就是「亭前格竹」的故事。錢友同想了三天，病了，陽明接著又想來想去想了七天也病倒了，還是想不出道理來。他認爲朱子格物窮理的路線走不通啊！我們現在來分析，朱子說的格物窮理是近乎科學方法，王陽明卻用的哲學方法。王陽明格竹子是用哲學方法去沉思默想，所以想不出竹子的道理來。「亭前格竹」的故事就此結束。朱子格物窮理的路線走不通，於是他的興趣轉變方向，閱讀兵法，一年之內讀盡古今兵家秘笈。王陽明所以會帶兵打仗，掛帥出征，就在這時奠定了兵學基礎。他這幾年時間除結婚、練書法、讀兵書外，又泛濫於詞章，從事文學方面的研究。不久步入仕途，考取進士做官，想走作官路線；厭煩了，又去學神仙，在陽明洞中行導引術，有「前知」的功夫。過後又放棄神仙思想，回頭來仍走作官路線，在官場中陽明爲戴銑等上疏抱不平，下詔獄，被宦官劉瑾打得死去活來，貶到貴州修文縣龍場驛做驛丞，那時他已三十六、七了。陽明這一大段經歷，黃梨洲在《明儒學案》〈姚江學案〉裡因有「前三變」之說。前三變，黃梨洲是這麼說的：先生始泛濫於詞章，繼而從朱子入門，懷疑吾心與事物之理爲二，之後，向那佛老思想走去，是爲「前三變」。大概經歷十年奠定了他的學問基礎，但就陽明思想形成來說，不很得要，這只是王陽明成學前的一段經歷。最重要的是黃梨洲說的「後三變」。

王陽明成學後的「後三變」，黃梨洲是怎麼說的呢？龍場見道後以「默坐澄心」爲學的，在江西做巡撫，提倡「致良知」，過後功夫入於化境，黃梨洲說：「開口即得本心，無須假借湊拍，如赤日當空，萬象畢照」黃梨洲的評語對不對？我看不完全對，等以後再分析。黃梨洲自命精通王學，但從這兩句評語來看，他了解陽明哲學的深度不夠啦！因爲陽明哲學的最高境界，黃梨洲好像還沒沾到邊，他這個比喻，不十分恰當。這兩句話雖然很有名，但比喻不貼切，就可證明黃梨洲對陽明哲學瞭解得有限。以後講到有關地方，我們會提出這個問題來。

下面講第三個子目陽明成學經歷之探索。早年我對王陽明成學經歷，一片茫然，後來我是怎麼懂的呢？我是從李二曲的著作中領悟出來的。因爲李二曲對他自己的成學經歷說得最清楚（見《歷年紀略》）。開始是「明性見道」，其次是「虛明寂定」，又次是「經綸參贊」，最後到登峰造極是「無聲無臭」；還有「到頭學力」，「心如太虛，本無生死」。這各個階段劃分釐然，只有李二曲說得最清晰，最完整。此外，沒有任何人可以比擬，就連王陽明也沒說清楚。陽明本來想寫篇完整的東西，無奈晚年又奉世宗「溫旨」，作四省總制，「征思田」，把五嶺山區思恩、田州百年逋寇平定後，剛班師回朝，在途中（江西南安）就去世了，造成陽明終生遺憾。他的高足弟子那麼多也寫不出來。其他理學大師如高景逸—高攀龍的「爲學次第」既欠明確，也不完整。如果不是李二曲的指引，我對王學的瞭解也不會到今天這個程度。我把《李二曲研究》這部書寫成後，才恍然大悟，理學家們的思想是一步一步形成的，以致登峰造極。我今天跟你們講，很有系統，你們聽來就容易入門了，我一生心血的結晶都在書裡面。我的文字流暢、清新、有條理、重邏輯，看起來很舒服。宋明理學家六百年來，沒有完成的東西，我把它完成了。我花了很多心血才把它寫出來。我的文字很考究，字斟句酌，一點不馬虎。

由李二曲的啓迪，才知道王陽明的成學經歷亦應如此。問題在哪裡？完整資料哪裡來？我們遍讀《陽明全集》縱然可以找到湛甘泉、錢德洪敘述陽明成學經歷，過於簡略，難窺全豹；黃梨洲承襲錢德洪之說，因造成陽明成學「前三變」、「後三變」的雛型，但其「後三變」詞指含義太籠統，令人難以捉摸。黃梨洲的文章寫得好，又是劉蕺山—劉宗周的的弟子，以他的生花妙筆，也把陽明全部成學經歷寫不清楚。錢賓四—錢穆寫《王學述要》時，只把黃梨洲「前三變」、「後三變」的原文照抄了事，没有解釋，比起梨洲來，就更差了。所以我們只從黃、錢二先生的書中，没法解決這個問題。這個問題不解決，我的那篇「大文章」—〈王學真相之探討〉就無法動筆。正當「山窮水盡疑無路，柳暗花明又一村」的光明前景出現了。

我平生做學問，遇到很多機緣，事先毫無安排，碰上機緣來，就把問題解決了。一日在圖書館裡看書，東撿西翻，毫無目的，偶然發現「中華文化事業出版委員會」印行的《王陽明論文集》，正是蔣介石提倡陽明哲學時印的。當時隨便翻翻，翻到一篇專文，題目不復記憶，作者是陳政忠教授（？）寓居美國。我讀這篇專文受益多多。文內提到現代高僧太虛大師曾寫〈王陽明論〉一文，陳教授把太虛專文的要點摘錄出來，一是龍場驛「悟得良知」，二是「存省良知」，三是「應用良知」，四是「完成良知」。這幾句話是解決王學難題的關鍵語。有了這幾句關鍵語，我的問題解決了。我要看太虛大師的原文，一位和我極爲投緣的佛教居士馬君告訴我說：台北善導寺有「太虛大師文庫」你可前去查原文。那時我在台灣南部一所空軍學校教書，家住台中，從南部坐火車直往台北，下車後找到善導寺，果然有「太虛大師文庫」，洽詢值日僧，就可查書了。惜乎，當時只有油印，還沒發明複印，好在原文不太長，細讀一遍，摘抄要點，滿載而歸。喜出望外，我的王學難題解決了。我的大作了〈王學真相之探討〉一長文，就可動筆了。史學家黃梨洲不能解決的問題，現代高僧太虛大師把它解決了。王陽明成學的全部經歷，即是陽明思想形成的各個階段，我徹底明白了，只待引證王學原著去闡釋了。已如前面所講，此文曾寄香港《民主評論》雜誌發表，碰上攔路虎牟宗三，原稿退回，還教訓我一頓。從此以後，我留意牟氏著作，偶爾發現他寫了一本小册子，叫《王陽明致良知教》。我一讀很生氣，還沒讀完就把書丟掉了。爲什麼？他把法國什麼主義搬來解釋王陽明「致良知」，真是牛頭不對馬面，我看了還不生氣嗎？王陽明的「致良知」跟法國什麼主義有何關連？他自信說得頭頭是道，我認爲他是胡說八道。

當時，我不知道牟宗三的思想淵源，他爲什麼要這樣寫呢？我始終不解。十多年後才發現這個秘密。張起鈞教授告訴我說，唐君毅、牟宗三都是以康德哲學來解釋中國哲學的。幾年前吳自甦教授也對我說，牟宗三跟張君勱氣味相投，是主中西思想會通的。張君勱早年留德，對日抗戰期中曾作民主同盟主席，主張民主自由，跟蔣介石唱反調，名氣很大。他認爲西方思想有什麼，中國也有什麼，所以，他主張中西思想會通。牟宗三跟他一個論調，所以才如此解釋王陽明「致良知」，殊不知這條思想線路是錯誤的。經他會通的結果，王陽明甚致中國哲學思想徹底西化了。假使牟宗三把王陽明龍場「悟良知」懂得幾分，他的見解會全盤改觀。因牟宗三不懂王學，才把法國什麼主義搬來附會解釋，王學西化，面目全非，就不成其爲王學了。王學是「内聖外王之學」，是「爲己爲人」的有用之學，是帶兵打戰的最高統帥學，這一面，恕我直言，牟氏一無所知。他是强不知以爲知，亂解王學，害盡港台後生。尤成其被捧爲「哲學大師」後，可能影響力更大了。

去年秋天，我去陝師大講學前，在台北市各書局花了幾千元新台幣，搜集牟宗三各種著作，其中一册叫《從陸象山到劉蕺山》，裡面自然提到王陽明，他主要在解釋陸王哲學。先看首篇陸象山，他是怎樣説法呢?他先把王陽明批評陸象山的話引出來。引語見《傳習錄》。王陽明對他的門弟子説：「象山用過心地功夫底，只是粗些」。「如細看，有粗處」。牟宗三不解王陽明批評象山的話的真意所在，東想想，西想想，到處找理由，發現都不妥當，最後找到了，他認定「可能是陸王風格不同」；我説不是胡謅一通，就是隔靴搔癢，不著邊際。什麼風格不同?真是胡説八道！我看完全篇，至此，才發現他對象山哲學一無所知。我不禁爲這位大師惋惜。陸象山他不懂，陸王這一派理學，他也不懂，到劉蕺山，他還是不懂，我把書都扔了。記得去年在陝師大講到這個問題，王陽明批評陸象山的話是對的，王陽明爲什麼要這樣批評陸象山呢?陸象山講「本心」，跟王陽明講的「良知」没有什麼區别，都是理學中的形上光明本體。陸象山從《孟子》入手，《孟子》不是講「本心」嗎？講「良知」嗎？陸象山就把《孟子》的「本心」拿來，把他自己的思想融貫進去，做爲他思想的中心，作學問的標的；因此，他的學說叫「發明本心」。陸象山的「本心」與王陽明的「良知」意涵上都是一樣的，都是指謂的這個形而上的光明本體，只是命名不同，內涵完全一樣，王陽明用《孟子》的「良知」，陸象山用《孟子》的「本心」來代表他們的中心思想，如此而已。

陸象山哲學思想實在講得很粗獷，一點不細膩，舉例來說吧！他十三歲寫了兩句有名的話：「宇宙即是吾心，吾心便是宇宙」。諸位想想，十三歲還是一位青少年，還不懂事啊！可是象山十三歲就寫出這樣的名句，實在令人太驚奇了！今天你們修博士，不懂，恐怕有好多名教授，大師們也未必懂啊！你們真的懂得，陸學就入門了。今天真懂的有幾人？陸象山又愛說：「此理充塞宇宙」這個「此理」就是象山本心的代號，我們在此略加解釋。陸象山的功夫起步很早，幾歲時就愛「靜坐」，「這個圓陀陀光燦燦的東西」（羅近溪語）早就出現了，只是書讀得少，不知是個什麼東西？更無法解釋？後來他書讀多了，才知道宇宙二字的意義：「上下四方曰宇，古往今來曰」。象山既懂宇宙二字的意義。就把他領悟的哲學境界（應稱「哲學智慧」）用宇宙二字來形容。於是執筆疾書：「宇宙即是吾心，吾心便是宇宙。」他領悟得的這個無限大的形上光明本體，叫「吾心」。他的意思是說，他領悟得的光明本體，就跟宇宙一般大。他的這顆本體心跟宇宙的量一般大，但質不同。他是用宇宙來形容本體心之量之無限大，所以才寫出「宇宙即是吾心，吾心便是宇宙」的話來。經我這樣解釋後，象山這兩句話的玄義就很明白了。象山以後隨時講「此理充塞宇宙」，又說：「此道充塞宇宙」，「此理不隔限人，卻人自限了」，都是一個意思。象山又把本體心或本心另取一個名稱，叫「此理」，「理學」命名就是這麼來的。他說：「此理充塞宇宙」，諸位想想，理怎麼會充塞宇宙呢？照常理講是不可能的。象山又說：「國朝理學」，理學的名稱，也是象山取的。近人說象山是「唯心論」或「主觀唯心論」，很不妥當，甚至是錯誤的。

陸象山十四歲又說：「稍一警策，此心便與天地相似」。這句話如果不懂，那陸象山哲學是什麼，也不懂。他說：「稍一警策」這是在功夫上稍加警惕、稍加激勵的意思，此心（體）之大，便與天地相似了。這句話很重要，如果懂得，那陸象山哲學就懂了。

陸象山講宇宙，講本體，大體上就是這麼講的。可是王陽明就不一樣了，王陽明龍場悟道後，他說：「悟後六經無一字，靜餘孤月湛虛明」。這詩的意思是說，他在龍場驛悟道時，六經沒有一字了。爲什麼？等我們講龍場驛悟道時，再仔細講。所謂「靜餘孤月湛虛明」是說，惟一的、靜靜的、只有一個孤月似的東西。「孤月」是什麼？比喻本體。禪宗愛這麼形容，王陽明也拿來形容他的本體。這「虛明」的虛字，是指無限大的虛空，「明」就是佛道二家的光明智慧。

「湛虛明」是指這孤月似的本體，像無限大的虛空，而又光明透頂，普照什方。這麼形容，妙極了！王陽明長於寫詩，他以寫詩的手法，把他悟得的東西寫得非常細膩，惟妙惟肖。他只用七個字就把龍場悟境寫出來了。跟陸象山比，完全不一樣。陸象山說，他悟得的本體像宇宙一樣大，而此本體又可充塞宇宙，或者說，稍加激勵功夫，他的本體顯發出來，就像天地一般。翻成白話，就是這樣。可是王陽明就不同了，「靜餘孤月湛虛明」的詩句多麼微妙，多麼細膩，多美呀！可是，他講的意思跟陸象山一樣，絕無差別，只是手法互異而已。所以王陽明批評陸象山粗些，一點不錯。陽明說「象山粗些」，是指象山描述的哲理粗獷，一點不細膩。因象山不長於寫詩，直截了當，把他領悟的哲理說出來。所以王陽明批評象山粗，「祇是粗些，但用過心地功夫。」牟宗三說是陸王風格不同，實在曲解到極點，無可原諒。由此可以判斷牟宗三對陸王哲學一無所知。不懂陸王，他的《心體與性體》，解釋程朱哲學，也是錯誤的。惜乎今天能指出牟氏錯誤的人，實在太少了。

我們要真正了解王陽明，關鍵在哪裡呢？關鍵就在王陽明龍場「悟良知」，這時陽明三十七歲，正是他學問上一大轉捩點。他悟得的良知究竟是個什麼東西？一定要搞清楚。這一關鍵問題懂了，其他如程朱理學、禪學、老莊等等都懂了。要使不然，即窮畢生之力，亦茫茫一片，不知其所以。

陽明龍場悟良知，年譜記載得太簡單，只說「忽中夜大悟格物致知之旨」，這句話頗費猜疑，很難解；可是，他四十三歲在滁州督馬政，給蔡希顏寫的詩，如前面引述的「悟後六經無一字，靜餘孤月湛虛明。」就醒豁明朗得多了。那時，王陽明否極泰來，官運亨通。從龍場驛丞（九品芝麻官）後，三十九歲升江西廬陵知縣。廬陵是歐陽修的家鄉。知縣做了六個月，調回北京升户部主事，不久又升郎中。以後步步高升，及到四十二歲調升南京太僕寺少卿，不久，又升鴻臚寺卿，也算部長級的閒官了。（按：王陽明由龍場驛丞，五年之間即作上部長級的大官，算是官場中的異數）。去滁州督馬政，這時陽明四十三歲，有〈送蔡希顏詩三首〉，其中一首說：「悟後六經無一字，靜餘孤月湛虛明」，這在前面已經引過。諸位想想：《六經》書本明明在那裡放著，怎麼會没有一字呢？爲什麼？本來《六經》是有字的，當陽明「悟道」時，早已入於人我雙忘、物我雙忘之境，連王陽明自己也忘了，不見了，《六經》也不見了。那在不在呢？客觀事物應該是存在的，只是他本人看不見罷了。就證道者看來，《六經》隱退了，所以說「六經無一字」。（按：這絕非唯心論、主客觀事物仍是存在的）。「靜餘孤月湛虛明」怎麼解釋呢？這時，唯一的只見靜靜的、極其明朗的、虛空般的、又像孤月似的東西照耀人間，瀰漫宇宙，這就是「良知本體」顯現出來了。這句詩如此詮釋，絕對正確無誤。王陽明在龍場驛悟良知，其所悟得的就是這個東西。下一步功夫又描述出來：「從知歸路多相憶，伐木山山春鳥鳴」。這證明王陽明的思想在一步一步地躍升。「歸路」是知道思想回歸的路線，「多相憶」，要隨時回憶它，想到它。後面一句比喻思想一步一步的向前推進，像伐木一般，一重山過了，又是一重山。其中春鳥爭鳴，熱鬧非凡，這又是比喻，比喻以後還會出現很多蔚爲大觀、令人驚奇不已的境界。從這四句詩裡，可以明白一個事實，就是王陽明的良知哲學從「龍場悟道」後，一步一步地向上躍升，以至登峰造極。而陽明龍場「悟道」實際情景就是這樣。這是研究王學、了解王學的一大關鍵。要是徹底明白了，寫起論文、專書來，就不離譜，因爲王學算你入門了。

在此還要强調：王陽明龍場「悟道」，悟的什麼道？就是以後說的「良知本體」，但陽明當時提不出來，還是沿用朱子的術語「格物致知」，所以說「大悟格物致知之旨」，名稱一樣，內涵卻與朱子全然不同了。惜乎羅念菴寫《年譜》時，這一條没有詳加注釋，才造成後世學人無窮的困擾。我今天把它講清楚，如撥雲霧見青天，你們研究王陽明哲學就容易入門了。

王陽明次一階段成學經歷叫做「存省良知」，也就是陽明思想形成的第二階段。存省功夫如何做法？良知本體如何顯現？是要確切解説的。王陽明三十七歲龍場「悟道」後，次年貴州提學副使（相當於教育廳副廳長）席書——席元山歡迎他到貴陽去講學。講的是「知行合一」說。這與陽明上年「悟良知」在思想上緊密關聯。我們研究「知行合一」說，必須緊貼龍場「悟良知」去探索，去理解，去分析，要使不然，就是胡謅，亂說一通。已如前說，王陽明從此否極泰來，官運亨通，一直作到南贛巡撫，任方面大員，掛帥出征，平定福建汀州、漳州一帶土匪盜賊，安定地方，但仍講學不輟。這一段經歷太虛大師叫做「存省良知」。這是什麼意思呢？就是對良知本體做「存養、省察」的功夫。宋朝理學家程伊川說：「靜時存養，動時省察」簡稱「靜存動察」。這是「見道」後必須要做的存養、省察功夫，使那個道——那個本體不要昧失，還要使它時時顯發出來。那麼該怎麼辦呢？就要繼續做功夫了。一個是靜中做功夫，一個是動中做功夫。所謂「靜時存養，動時省察」就是指這項功夫說的。前者是繼續做靜坐功夫，涵養本體，後者則是做反省的功夫，切實檢討自己，改正錯誤。一加反省，不免有矛盾衝突，過愆屢屢，一經改正後，心境泰然，恢復寧靜，功夫才能繼續做下去。理學家的「靜時存養，動時省察」，禪宗叫做「保任功夫」。就是當本體顯現出來後還要繼續保持，不讓它昧失，進一步還要讓它繼續擴大，逐步躍升，達到高一層的境界，就叫「保任功夫」。這是王陽明成學後的第二階段，也是陽明思想形成的第二階段。這一階段《傳習錄》裡講了很多話，大體上不外乎動與靜兩面做功夫。如靜坐、靜臥，或休憩一室，閉目養神，是做靜中的功夫；上班工作，處理政務軍務，以及講學等活動，時時省察，有無錯誤，有無過失，是做動中的功夫。理學家爲什麼要求自己這麼嚴格呢？不這樣規範自己，要求自己，功夫就做不下去。一定要用「靜存動察」的功夫，使本體要繼續光明，不斷擴大，不斷躍升，這就合符功夫的標準了。

這項功夫籠統講，叫做「主一」。「主一」功夫是程伊川發明的。程明道叫「主敬」，程伊川叫「主一」。什麼叫「主一」呢？就是靜坐時，不要讓意念亂跑，「心猿意馬」，外向奔馳，能把意念凝聚一點，這就是功夫了。靜坐是從禪宗入手的。禪宗有一句話叫「參話頭」，這項功夫與理學家的「主一」功夫，無甚差別。去年初冬在北大演講時，博士生查梅問我，功夫是什麼？你講這個本體可否證明，我回答：這個東西（指本體）我不能證明給你看，但有一個簡便方法，立見功效。朱熹有首詩說：「半畝方塘一鑑開，天光雲影共徘徊；問渠那得清如許？爲有源頭活水來」。這首詩很有名，很多人都愛引用，認爲這是朱子見道詩。其實哪有什麼道呀！要證明很簡單，你只要靜坐三十分鐘，意念集中一點，達到忘我的地步，這個境界就會出現了，跟朱子詩的意境一模一樣。這沒什麼道呀！功夫淺得很。「主一」就是做功夫，要把意念集中一點，不要心猿意馬，向外奔馳，這就有點功夫了。王陽明在這方面下了很深的功夫，又加以改良。如說：「主一，就是主一箇天理」。「天理」名稱是程明道提出來的，程伊川這麼講，朱晦庵〈朱熹〉也這麼講。「天理」有何稀奇？不是別的，就是陸象山的「本心」，王陽明的「良知」，也就是我常說的這個無限大的形上光明本體。陽明詩說的：「靜餘孤月湛虛明」即是指的這個東西，絕無差誤。所謂「主一，就是主一箇天理」，功夫有了，本體也有了，面面俱到，算是王陽明對宋儒主一功夫的一大改進。

縱然「天理」没有看見，只要心志專一，用力深厚，功夫到家，心裡默默地念，功夫一到，「天理」就會出現了。陽明說：「靜處體悟，事上磨練」。是指動靜兩功夫。靜坐、靜臥等等就是做「靜處體悟」的功夫。「事上磨練」是做動中的功夫。凡是一切人事活動都可以做功夫。我舉個例子來說明。南宋大儒張南軒——張栻，他父親張浚作樞密使，岳飛抵抗金兵就是張浚大力支持的。後來南軒做湖北地方長官，既要管理行政，又要處理軍務，還要講學、怎麼忙得過來呢？我們看這位理學家的現身說法：不管辦政治、理財務、練兵打仗、接見賓客，他都在做功夫。這麼多事，繁忙已極，怎麼做功夫呢？比方處理政務就一心處理政務，練兵就一心練兵，休息就好好休息，這就是做功夫。什麼功夫？就是變相的主一功夫。無論作何事，只要專心一意去作，就是做功夫，就是做動中的功夫，也是王陽明說的「事上磨練」的功夫。張南軒把功夫加以具體化，不管幹啥事？只要專心一意去作，就是做功夫，到了休息時間就休息，也是做功夫。一天二十四小時，不管公事、私事都在做功夫。這是張南軒講他自己功夫如何做法，很有道理，做理學功夫也不難呀！

現在又以王陽明爲例，看他如何做功夫？王陽明由南京鴻臚寺卿（相當於外交部長）調任贛南巡撫，掛帥出征，清剿福建汀州、漳州一帶土匪盜賊，一面指揮軍隊作戰，一面講學不輟，靈感來了，還要寫些詩篇。這位王巡撫真是羽扇綸巾，諸葛再世，每戰必捷，還謙虛地說：

將略平生非所長，也提戎馬入汀漳。
數峰斜日旌旗遠，一道春風鼓角揚。
莫倚貳師能出塞，極知充國善平羌。
瘡痍到處曾無補，翻憶鍾山舊草堂。

這就是王巡撫的風格，在用兵作戰期間，仍做動中的「主一」功夫。

陽明「存省良知」，我們把它歸納起來不外乎兩句話：一是在靜態環境中要把良知本體隨時顯現出來，一是處動態環境中也要把良知本體顯現出來，叫做「動靜合一」。這就達到「存省良知」的目的了。無論動態環境或靜態環境中都要把良知本體放射出來，才達到存省良知的目的，這是我從明末《憨山大師集》中領悟出來的。

王陽明成學經歷的第三階段叫「應用良知」。我是根據太虛大師這樣劃分的，也是陽明思想形成的第三階段。什麼叫「應用良知」？即是講良知哲學的用處。諸位試想，假如王學没有用處，我們去研究它幹什麼？那王陽明千辛萬苦，在九死一生中悟得良知，豈不付諸東流、白費功夫了嗎？所以我們要講良知哲學的用處。去年冬天我在北大演講時，提到藝術人生境界，是指人生高度精神享受。宗教人生境界，是講人生的歸宿。這兩方面乃爲己之學的核心，至於道德人生境界，那是講爲人之學了。道德人生境界，把經世之學與良知哲學結合起來，就可發揮它的大用。這三種人生境界，都是以我們中國哲學裡的形上本體作基礎，可以發揮它的大用，透顯出它的崇高價值。

現在把範圍縮小，專講王陽明良知哲學的應用。陽明五十歲時，平宸濠，升江西巡撫，倡「致良知」學說。什麼叫「致良知」？過去一些先生們這麼講：〈大學〉上不是講「格物致知」嗎？王陽明的確也講「格物致知」；《孟子》不是講「良知嗎？」王陽明把《孟子》的「良知」和〈大學〉裡的「格物致知」結合起來，「致良知」口號不就出來了嗎？諸位，也許在文義來源上，王陽明有這樣的想法，把〈大學〉的「格物致知」和《孟子》的「良知」結合在一起，才創出「致良知」這個名詞來；但在思想鎔鑄過程中，絕不是這麼簡單。否則，王陽明哲學還有什麼價值？這都是外行話。「致良知」到底是什麼意思呢？「良知」雖然源於《孟子》，但陽明的「致良知」已非《孟子》原意所能包括。《孟子》的「良知」不過是一般講的「良心」，是非判斷力，是形而下的。王陽明把《孟子》的「良知」拿來，變成他的學說宗旨。於是「良知」由形而下的是非判斷力一下躍升到形而上的光明本體世界，意義和內涵大不一樣，意義改變了，內涵加深了，範圍擴大了。那麼「致」字怎麼解釋呢？致字就是功夫，就是要把本體顯發出來的功夫。前面講了靜中怎麼做功夫？動中怎麼做功夫？就是講「致良知」的功夫。陽明五十歲以前儘管他的功夫很深，但他還是沿用宋儒的老話，自己沒有一套說法，作爲他學說的宗旨。他要到這時才領悟出來，要創立自己的學說宗旨。爲什麼？諸位，我們可以這麼講，他早年從朱子「格物致知」入手，以後又經過很多曲折艱難，才把《孟子》的〈良知〉和〈大學〉的「格物致知」聯結起來，思想的內涵加以多番錘煉，「致良知」學說就這麼創出來了。經過十七、八年磨練功夫，他的哲學境界就很高深了，用三個字歸納起來，就是「致良知」。這與《孟子》良知的境界不啻霄壞之隔。一個是形而下的是非判斷力，一個是形而上的光明本體世界，具有神通智慧，這就大不一樣了。那麼，他們之間有沒有關連處呢？有。王陽明的「致良知」落實在形而下的經驗世界，就和《孟子》的「良知」意義和作用無殊，可以說很接近，甚至一樣了。

王陽明底「致良知」，陸象山底「發明本心」，意涵一樣，絕無差別。只要把你的本心發明出來，就是「致良知」。陸象山講得粗疏簡略，王陽明講得細密真切，好像陸王之間就有些不同了，實則是一樣的。陸象山把這本體顯發出來，稱爲「發明本心」，王陽明就叫「致良知」，只是命名不同，作用一樣。如陸象山在「制局」寫〈輪對五劄〉，建議宋孝宗恢復中原——統一中國的宏偉構想和具體方略，明知孝宗爲中材之主，不能採納，但象山處在臣屬地位非建議不可，這跟陽明良知的是非判斷有何區別？再就形上境界請，象山說「此理充塞宇宙」，陽明則說「靜餘孤月湛虛明」，識者一看，了無差別，不識者就不知其底蘊了。又如王陽明平宸濠，繫天下安危於一身，這副擔子可沉重了。陽明不計個人安危、身家性命，本於忠君愛國思想，義無反顧地，就把改造歷史的鉅艱大任擔起來。如果沒有湛深的良知哲學修養，要擔起這副重擔，是很難很難的。須知寧王朱宸濠絕非簡單人物，他是明武宗的叔父，他精明能幹、野心勃勃，很想做明成祖第二，而明武宗又是一個昏君，不問朝政，到處玩樂，荒淫到極點。面對這樣的昏君，當然宸濠見有機可乘，想取而代之。只須大軍北上，除掉昏君，就當起皇帝來。行不行呢？行！假如沒有王陽明這位傑出人物一柱擎天，削平大難，朱宸濠就奪得皇帝寶座，那明朝歷史勢必改寫。有關陽明平宸濠戰役經過，下一講再說。

我們以王陽明平宸濠作例証，主要講良知哲學的用處。陽明以是非的判斷力及忠君愛國思想，他非擔此鉅艱不可。這與象山本心哲學並無不同。形上本體與形下作用一樣，陸王哲學就沒多大差別了。我們必須這樣講，才能說明陽明哲學、象山哲學、甚至宋明理學之大用所在。

下面講王陽明成學經歷的第四階段「完成良知」。到了這一階段，陽明思想已登峯造極。在這階段，宸濠平了，官也升了，（南京兵部尚書），年紀也五十多歲了，又封伯爵（新建伯），可謂榮寵一身，又回越中（浙江餘姚）講學去了。門弟子滿天下，孔子以後沒有第二人可比。這時，正是王陽明完成良知哲學的階段，陽明思想已登峰造極。可用兩篇大文章作說明。一篇叫〈拔本塞源論〉，是一封長信，給江西顧麟——顧東橋寫的，顧東橋後來成爲王陽明的大弟子之一。什麼叫「拔本塞源」呢？簡單地講，就是王陽明在這封長信中把他的良知哲學，在形而下的經驗世界發揮到極點，要由家天下回復到公天下，如堯、舜、禹之世一般。王陽明跟孟子一樣把堯、舜、禹捧爲大聖人，完美無缺。實際上是在發揮他的民主政治思想。他舉例子說，像堯、舜、禹禪讓一般。他把堯、舜、禹禪讓政治視爲民主政治的典型，使中國政治朝向完美的長治久安的目標前進。這雖然是王陽明的政治理想，但他的理想絕不是空的，而是以他高深的良知哲學作基礎的。他雖然講的是政治問題，而政治哲學的最高境界由良知本體顯發出來的作用，可主導現實政治走向，民主政治也就開拓出來了。（按：王陽明這一見解，應視爲他身處明代黑暗政治環境中有感而發）孟子美化堯、舜、禹爲「禪讓」政治，但據陽明看來，卻是理想的民主政治。因此，王陽明極端推崇堯、舜、禹三位大聖人之理想民主政治，說道：「舜禹有天下而不與焉」。政治上的權力問題很難解開，一旦掌握大權，就放不下來，要幹到死爲止，搞終身制。只有美國的民主政治不一樣，四年一任，可連任一次，時間一到，就得下台。像美國現任總統柯林頓今年才五十出頭，明年屆滿，也得下台，這是民主政治的好處，元首不能終身幹，任期一到，就得下台。王陽明時代沒有「民主」的觀念，但他說舜王、禹王都把權力看得很輕，「有天下而不與焉」。「有天下」用現代語說，就是掌握政治上的最大權力。儘管大舜爲帝王，有最大的政治權力，但他能把這政治權力看成和他自己沒有什麼關係似的，要下來就下來，並且主動地下來，把繼承人大禹物色去。這是不是歷史事實，屬於歷史考證，不去管它。我們把它看成王陽明的民主政治理想就可以了。陽明先生他把政治權力看得這麼輕，與其說是舜、禹把權力看得輕，「有天下而不與焉」，到不如說是王陽明「有天下而不與焉」，還恰當些。這跟去年冬天在北大講演有緊密關聯。北宋理學家周濂溪說：「塵視軒冕，芥視珠玉」。爲什麼一般人把權力、財富看得很重、很重，而理學家卻看得這麼輕呢？王陽明這方面無異周濂溪的翻版。把權力看得很輕，把財富看得一文不值。爲什麼？因爲理學家有高度的哲學修養，有逍遙自適的、極度快樂的精神享受，所以才把權力、財富看得這麼輕，這就是理學家的藝術人生境界。周濂溪做到了，王陽明做到了。所有理學家都做到了。我們研究王學，研究理學，不到這一步，是不會懂得王學、理學的。

最後講王學的最高哲理境界，就是王陽明的宗教人生和道德人生，可以「天地萬物一體之仁」一語作標誌。大家都知道，孔子講「仁者愛人」，沒什麼高深哲理，容易懂；可是王陽明講「天地萬物一體之仁」，境界很高玄，就很難懂了。只有用華嚴「一多相涵」的理論，才說得清楚。還有〈天泉證道記〉可代表陽明晚年對功夫路線的看法和作法，不必去深究。唯有〈大學問〉這篇大文章可代表陽明晚年思想達到巔峰狀態。我們只有用華嚴「一多相涵」的哲理來解析。爲了解說方便起見，特引陽明弟子蔣道林的〈絕筆詩〉作說明。詩是這麼寫的：

吾儒傳性即傳神，豈向風塵滯此身？

分付萬桃岡上月，要須今夜一齊明。

蔣道林湖南常德人，晚年在常德桃花岡講學，他的〈絶筆詩〉我最愛引用。後兩句很重要，是詩的靈魂。「月」比喻「本體」，禪宗愛這麼使用，理學家也如此。蔣道林要桃花岡上萬樹桃花的本體，今夜一齊顯發出來，這怎麼辦得到呢？須知，此時蔣道林的道功極爲高卓，他的理學詣境早已達到華嚴「一多相涵」的境界，根據禪宗的實證功夫破第三關後，證道者的本體可把宇宙萬物的本體一一顯示出來。現在把萬樹桃花擴大成宇宙萬物，那宇宙萬物的本體就可從蔣道林的本體中一一顯現出來了。而萬樹桃花或宇宙萬物的本體跟蔣道林的本體一般無二，了無差別。這各個本體又可互相涵攝，並且還可一齊回攝於蔣道林的本體中，這種玄妙的境界，稱爲「一多相涵」，是中國佛學的最高境界，王陽明、蔣道林都達到了這一境界。不但達到了佛學極詣，也達到了理學極詣。試問：達到極詣境界又怎麼樣呢？他可「了生脱死」。預知生死，說走就走，毫無牽掛。至於去到哪裡呢？他們秘而不宣。至於種種神通智慧之顯現，就更不必說了。這就是王陽明、蔣道林和其他深造有得的理學家們的宗教人生境界。有此人生境界，諸位想想，權力要來做什麼？財富又要來做什麼？陽明先生既然達到華嚴、禪宗的哲學最高境界，當然，「舜、禹有天下而與焉」的隱喻，也就明白了。這是王學的終極境界，也是陽明思想達到極峰狀態。至於由形上學落實到形下學的道德人生境界，待下一講剖析。

第四講　由良知本體向外擴展可瞭解王學的廣度

——思想橫斷面的探討

上一講，我們講了〈由陽明成學經歷可瞭解王學的深度——思想縱剖面的探討〉。今天我們講第四講〈由良知本體向外擴展可瞭解王學的廣度——思想橫斷面的探討〉。

上次我們講到王陽明龍場驛的悟道，他悟得的道究竟是個什麼東西？這是個很重要的問題。在台灣，蔣介石提倡王學，講王學的人很多，我看的也不少，就沒有一個人把王陽明龍場驛究竟悟得了什麼東西講清楚，甚至連這個問題碰都不敢碰。大陸上也是一樣。錢穆對這個問題作過解釋，看來，錢先生也不怎麼瞭解。一般講王學的人，也提到王陽明在龍場驛「大悟格物致知之旨」，但是王陽明悟得的究竟是個什麼東西？一片茫然，沒有答案。他們怎麼講呢？講《傳習錄》中的「知行合一」啦！講「良知本體」啦！講「致良知」啦！好了，三個綱領一講就完了。蔣介石提倡王陽明的「知行合一」有他的政治目的，至於真正的「知行合一」是什麼？恐怕連皮毛都不懂。在台灣研究陽明哲學的，對陽明哲學的價值是什麼？對現代人生有什麼啓發？對中國文化思想的發展有何關連？都是一片空白。被台港學界封爲「哲學大師」的牟宗三，自認爲對王學研究通了，我看他還不通啊！他對陽明「良知本體」的高深哲理似乎一無所知。看來，對王陽明的龍場悟道究竟悟得了什麼？他不懂，那他對王陽明哲學就不可能懂了。大家都談中國哲學的精神，但對中國哲學的精神究竟是什麼？誰也說不清楚。台灣有位老教授方東美先生，寫了一本書，叫《中國哲學精神之發展》雖然冠冕堂皇，可惜他以前是搞西方哲學的，他用西方哲學來講中國哲學，他是根據西方哲學的思路來研究的。提到禪宗時，他說：禪宗語錄沒有頭緒，我就不講了，單從這一點，我就看出他對中國哲學還是一片茫然。禪宗哲理很難懂的，如果你對禪宗哲理不一步一步去了解，你是很難讀懂禪宗語錄的。我在這方面下了很深的功夫，我是通過李二曲的研究才真正懂得禪宗的。方先生文章寫得好，文詞典雅富麗，講話溫文爾雅，是標準的文士風格。可是文雅是回事，講的道理不對呀！他講華嚴哲學，只敘述華嚴歷史，對華嚴宗的「法界觀」隻字不提；爲何不提？講不下去了。他對中國哲學懂的不多，他是以西方哲學解釋中國哲學的，我不知道他那《中國哲學精神之發展》是怎麼寫下去的？他在台灣大學講學幾十年，在台灣、海外名氣很大哩！要真正懂中國的哲學，首先要跟著中國哲人路線走，要具有高深的哲學修養，另外還要注重個人的事業發展，這可以放大，也以縮小。你把修養做好了，中國哲學入門了，才有成績可觀。李二曲跟着前人走，有高深的哲學修養，他才真解王學，成爲陽明先生身後的知音。

以上我講了這麼多，就是要你們明白，王陽明龍場驛悟道，究竟悟得的是個什麼東西。這一關通過了，才真正懂得王陽明哲學。將來你們做博士論文時，如果按照我的研究路線走去，對你們會有很多啓發。我說的，跟你們哲學教授講法都不一樣，跟台灣、海外的先生們講的也不一樣。

今天的講題是〈由良知本體向外擴展可瞭解王學的廣度—思想橫斷面的探討〉。打個比方說，好像從中間劈開，從橫斷面去看龍場驛悟道，悟得了一個東西後，再經過一階段、二階段、三階段思想怎樣發展？又有什麼廣度？陽明學問精深淵博，對良知本體之發揮，既有深度，又有廣度，有了深度不瞭解它的廣度，你也沒辦法瞭解他的全部思想。從橫斷面剖析他的思想，對他的思想根源作一廣泛探討，用這種方法去瞭解這位大師究竟有什麼學問。這樣深度有了，廣度有了，他的思想才算透徹瞭解。這種方法是我自己找出來的，沒有第二人像我用這種方法去研究陽明學的。朱瑀，你在台灣政治大學讀書時，你們的哲學教授是怎麼講的？我可不贊成他們的講法，他們都是按老一套講的。他們是怎麼講陽明學的？他們把王陽明《傳習錄》看幾遍，看了以後，就講「知行合一」。王陽明的「知行合一」究竟是什麼意思？他們未必真懂。王陽明本人的意思他們不管。講「良知」，「良知本體」是什麼東西？他們不管，因爲「良知本體」的真諦，他們無法瞭解。一般教授講「致良知」都是這麼講法，講得很抽象。有同學問：林老師，是不是從王陽明的文字含義中看不出他的真正思想？他的文字意義是不是不代表他的思想？我答：文字意義肯定代表思想！文字意義不代表思想，那文字意義還有什麼用啦？王陽明用的文詞很艱深，很簡練，不像我給你們翻來覆去的講，當時用的語錄體，含義很深，你把它的含義理解了，那字面上的意義也就顯示出來了。王陽明在「龍場悟道」，悟得「良知」，《陽明年譜》怎麼寫的？「忽中夜大悟格物致知之旨」，他把這高深哲理親自見得了，他當時高興得跳躍起來。他以前是相信朱子哲學的，朱子講「格物致知」，但他此時講的「格物致知」和朱熹截然不同。朱子講「格物」是去研究每件事物的道理。現在王陽明講「格物」是要悟得「良知本體」的。他在「龍場悟道」時才把這項哲理悟出來，還是講「格物致知」。他爲什麼要這樣講呢？陽明曾說：他致的知是「良知」，是《孟子》的良知，就跟朱子完全不同了，他是通過「龍場悟道」的實證功夫後才瞭解的。他講的太簡單，他只講了兩件事：一是良知，一是功夫。這項功夫怎麼做法呢？他講要「端居澄默，以求靜一」。這時有同學問道：王陽明思想在文字上表述很混亂，您是否是一點一點把它理解並理出一個頭緒來的？是的！王陽明晚年本來想寫一篇文章，自述他的思想系統，惜乎還未動筆，又接到皇帝——明世宗的「溫旨」——措詞溫和的詔書，要他即刻掛帥出征，即征「思（思恩）、田（田州）之役」。半年後「思田」盜匪平定，做好安定地方事宜，即班師回朝，不幸病逝江西南安。陽明這一寫作計劃沒法完成，他的大弟子們似乎也沒這個能耐，於是造成王學無可彌補的損失。到了清初，李二曲對王學研究得非常精深，我是通過李二曲思想，才把陽明思想一步一步瞭解的。好多人都看不清楚，只是瞎猜。要透徹瞭解陽明哲學，李二曲的研究是很重要的。我花了好多功夫，自信把他的書看懂了，而且還花工夫去實證。怎麼證法？以後再說。理學家都花了很深的功夫去實證的，所以他們的語言文字有味，跟一般文人學士不同。牟宗三只靠邏輯，沒有這項功夫，他講的王學實在太離譜了。李二曲的書也不易讀，我讀懂了，今天給你們講是翻來覆去講的，講得很清楚很仔細。你如果讀《二曲集》，單憑他幾句話也不知道他講的是什麼！我花了很多功夫，才從李二曲書裡對「良知」是個什麼？算徹底明白了。惜乎王陽明「龍場悟良知」，「良知」究竟是個什麼東西？他本人似乎也沒說清楚。李二曲用四個字，把「良知」的特性概括起來，就是「虛明寂定」。我相信你們看了這四個字一定不明白他的意思。他寫的很好啊！四個字就把「良知本體」是個什麼東西的問題說清楚了。你們當然看不懂，我懂得，是下了很深功夫的。他講「虛若太空，明若秋月，寂若夜半，定若山嶽」。他的意思是說：本體的量是無限大的，像太空一般，他放射出來的光芒，像秋月一樣，那麼皎潔，那麼明亮。這個光明本體別人不知，只有他自己才知，在理學叫「獨知」，禪宗叫「光明智慧」，佛道的「神通智慧」就是從這裡顯出來的。「神通」一般人不了解，我知道他的來源，是花了很多功夫的。這個問題你懂了，回頭再看王陽明的「龍場悟良知」，就知道他悟得了個什麼東西。但千萬不要看今天王學專家寫的東西，他們沒有懂，只是胡說一通，不著邊際。要自己去研究，到我這個程度，你們寫出來的文章比他們就內行，就深入多了。我初到陝師大時，中研所有位研究生快畢業了，我問她準備寫什麼畢業論文？她說：準備寫王陽明的「知行合一」。她反問我：林老師，你……？（她的意思是說，你懂不懂王陽明哲學？很含蓄，沒說出來。）我回答：我要是不懂王陽明哲學，我敢來你們陝師大講學嘛！我又反問她：你要寫王陽明的「知行合一」：你知不知道王陽明「龍場悟道」究竟悟得了什麼東西？她說不知道。我問：那你寫「知行合一」從哪裡入手？她給我列舉了好些參考書。其實，這些參考書恐怕對王學還沒入門囉！靠不住，沒有用。當然這不能怪她，好多大學教授都是如此，對王陽明哲學還沒入門，就指導學生寫論文，居然論文也能通過，我實在不懂。前面提到馮友蘭先生，我是他的私淑弟子，馮友蘭是西化王學、西化理學、西化中國思想，在我看來，他真的不懂；但是，他在學術界的聲望高得很，蜚聲中外，他的確做到了。但名望歸名望，不懂歸不懂，然而他對海內外中國思想的影響力很大，又是千真萬確的事實。有時，我真感到曲高和寡，回首前程，無限悲嘆！無限蒼涼！今天能傳道給你們，就是我唯一的希望了。

現在書歸正傳，繼續講王陽明困居龍場驛在石棺中「端居澄默，以求靜一」的問題。這個問題，廿年前，只有張起鈞教授有解答。他說：王陽明在龍場驛「端居澄默，以求靜一」，就是李延平的「默坐澄心，體認天理」，對！張教授答對了！張教授是早年北大治政系畢業的，在台灣師範大學教書，《老子》特別擅長，人稱「張老子」。他是馮友蘭的學生，受馮先生影響很深，但在這一面，比他的老師高明是很難得的。至此，我們可以斬釘截鐵的說：王陽明的龍場驛悟良知，就是悟得「天理」悟得「良知本體」——形而上的、無限大的、光明透頂的本體世界，王學中一切玄義奧旨，就從這裡展開了。功夫不斷向前推進，本體的深度與廣度也不斷向縱橫兩面擴展，以致登峰造極。這個道理明白了，下面就好講寂照關係、體用關係，也就是寂照問題和體用問題。

一、寂照關係之起源、流變與修正

寂與照是就本體說的，爲了便於解說，稱爲「寂照關係」。什麼是寂？寂就是寂靜的意思；照是什麼？是指本體之光明作用，可以照徹什方。寂照這個名稱最早從哪裡來的？據史料記載，是從南齊高僧慧文禪師那裡來的。依據《楞嚴經》：「淨極光通達，寂照含虛空。」這句話，再配合他自己的頓悟功夫，遂創「寂而恒照，照而恒寂」之說，是爲寂照關係的起源。又據《辭海》寂照條解釋：「理體曰寂，智用曰照，體用雙舉，故曰寂照。」由此可知，本體又叫「理體」，本體是寂靜無聲的，故稱爲「寂」。「智用」是指本體富含靈知智慧的作用，故稱爲「照」。是知寂照關係與體用關係之密切，二者乃一體之兩面，是不可分的。

到了隋唐時代，佛教盛行，高僧對寂照境界多有驗證，並詳加闡釋與宏揚，以華嚴《義海百門》最具代表性。現在把這段文字（引文見馮友蘭《中國哲學史》741頁）摘抄如下，並加按語說明。

用則波騰鼎沸、（按：如此形容本體之作用，似不無文字誇大之嫌。）全眞體以運行（按：本體又名「眞體」。這是就本作用動態的描述。）體即鏡淨水澄（按：本體如明鏡之淨潔無垢，宛似清泉之澄澈照人。）舉隨緣而會寂（按：明朗清澈之本體可隨時印出宇宙萬象後仍然寂靜無聲無響。）若曦光之流采，無心而照十方（按：如具體形容，本體放出之光明，就像晨曦金光萬丈、照耀大地一般。）如明鏡之端形，不動而呈萬象，（按：此光明本體的作用，又像明鏡普照人物，鏡體不動而人物畢現。）。

這位高僧頗有文采，用駢體文把寂照關係、體用關係都描述出來了。如僅有文學修養，不解佛理，這段妙文是無法理解的。用我的話來說，這段妙文不外講的禪宗「涵蓋乾坤」的境界，而且是講這境界中的寂照關係與體用關係。

以後禪宗高僧也愛用這兩句話。王陽明對它更是偏愛有加，從禪宗吸取過來，載於《傳習錄》中，於是「寂而恒照，照而恒寂」，也就成爲理學家常用的術語了。如不加以解釋，不僅今人不知道它的意思，即使陽明弟子中也未必個個高明，我看有些還是不懂啊！現在根據文義解釋「寂而恒照」，就是寂靜無聲的本體可永久放出光明來。「恒照」即是永久照耀的意思。「照而恒寂」，反過來說，這光明本體照耀人寰後，又必回復到寂靜無聲的本體世界中，而且又是一種恒寂的狀態。李二曲根據他極湛深的證驗功夫經修正爲「寂而能照，應而恒寂」。只更改兩個字，意思就大不一樣了。爲什麼李二曲要如此修證呢？因爲「寂而能照」，是說一個人在寂靜的時候，可能是寂靜無聲的狀態，也可能是大放光明的本體世界的出現。如屬前者，寂就不能照；如屬後者，才有寂照之可能。這二者的關係是相對的，不是絶對的。經李二曲的修正後，已由絶對的變成相對的寂照關係，比較符合事實。反過來說，「應而恒寂」又怎麼解釋呢？這裡說的「應」，應指感應關係言，有屬本體世界的感應關係，又有經驗世界的感應關係。如屬前者，感物之後（即印出萬象），即歸於寂然不動之狀態，如屬後者，透過雙重的體用關係後，仍然回到寂靜無聲的本體世界，故說「應而恒寂」。如據慧文禪師立名之含義，寂照關係永遠是在本體世界活動，經驗世界的活動，就没顧及了。所以李二曲如此修正，比慧文禪師立名的意涵就豐富得多了。同時形上、形下兩個世界，透過「應而恒寂」的感應關係和寂照關係就貫穿起來了。

易詞言之，寂照關係就是體用關係。寂就是體，照就是用，這正是我們下面要講的問題。

二、體用關係之起源、流變與修正

最早講體用關係是禪宗，如六祖慧能說：「定是慧體，慧是定用」。「定慧一體，不是二」。這應是體用關係的起源。定是什麼？慧是什麼？爲什麼「定是慧體」呢？「定」，就是高僧「入定」之定，「慧」，就是從本體放出來的光明，有穿越一切障礙物和時空的奇異功能，佛道神通智慧，即由此而來，故稱爲「慧」。而此光明本體必由定境而致，故云「定是慧體」。此光明本體既由定境產生，再就此光明智慧對定境來說，它就是定境的作用，所以說「慧是定用」。實際上，定與慧，就是一個東西——光明本體之兩面，就此光明本體言，有定必有慧，故云「定慧一體，不是二」。六祖這句話，是具有高度定力功夫後才說出來的，這個定境是令人嚮往的。此時有人問道：入定怎能產生智慧呢？我答：由定生慧，是自然現象，非人力所能强求。入定功夫有深有淺，當你快要入定的時候，有一明顯徵兆就是感到腳麻手麻，全身發麻，是一愉快的感受，并非觸電發麻的痛苦。麻的快感過了之後，由黑漆一片，會大放光明，這就這到入定境界了。

提到入定境界，它是各式各樣的，是動態的不是靜態的。現在就講一次經驗吧！一天晚上睡覺，做功夫，先是黑漆漆一片，什麼也看不見。陡然間感到雙腳麻——是很愉快舒服的麻。其次又覺大腿麻，再次是腰身麻，最後則是腦袋麻。腦袋麻了過後，頓失知覺，功夫也撇開了，面前及周遭環境大放光明，麻的感覺也没有了。我是仰卧姿勢做功夫的，不知一個什麼力量推動我作圓周形的旋轉。周遭景物從來没見過，好像在四周都是山坡圍繞的一個廣大平原上，不停作圓周形的旋轉。我還擔心不能老是這麼旋轉，我會頭暈的，但不知什麼力量在推動，想停止不動，就停不下來。這時好像夕陽西下，天空昏黄一片，我仰卧草地上，離地有相當距離，圍繞大草原不停的旋轉。我想既然控制不住，就讓它去旋轉吧！不知轉了好久，就突然停止了。停止旋轉後就出定了。

試問定有什麼好處？當你出定以後渾身輕鬆愉快，真有飄飄欲仙的感覺，走起路來輕飄飄的，一點不沉重，輕快省力。頭腦清新，異常靈活，真有蘇東坡説的「我欲乘風歸去，不似在人間」的感覺。陸象山説：「自然輕輕自然靈」，即是出定後輕鬆愉快感覺的描寫。過後才知道，這就是入定境界。在入定境界中不知什麼力量推動着我，後來才知道，這叫「元神出竅」，就是「元神」跑出來了。道家叫做「元神」，修煉神仙，就是修這個東西。和尚入定，「元神」就跑出來了。理學家不講這個，我想是避而不談，禪宗高僧證道成佛，佛是什麼？「元神」的別稱。

道教修證成「仙」，仙是什麼？就是修煉「元神」嘛。一旦元神出竅，就可凌虛御空——在太空中遨遊。仙也罷！佛也罷！仙佛是同源的。到此境界，神通智慧早就具足。道家成仙，禪宗成佛，理學家成聖都離不開這個東西——元神。這個元神出來，他人不知，唯己自知，理學家稱爲「獨知」。獨知的境界，即是大放光明的境界，別人不曉得，只有自己才明白。

我再講一次入定的經驗。我在台灣某校教書，住三層洋樓的底層，日式建築，非常牢固，前面是很厚的磚牆。我午睡時入定了，天空中的星星我看到了，我很驚詫，星星只有晚上可見，怎麼白天我能看到星光呢？星星閃閃爍爍的比較暗淡，白天見星光甚是稀奇，白天爲什麼能見星光呢？過後幾年仔細思索，有答案了，星光是無論白天晚上都有的，只因白天太陽光太强，把星光遮住了。現在我的慧眼開了，慧光發出來，不受太陽光的影響，我通過慧光的照射，白天也可看見星光了。還有在火車上做功夫，也值得一提。車箱鐵板那麼厚，我眼睛閉起來做功夫，外面的農作物我都看見了，鐵板擋我不住。慧光的特性是能超越時空的，它能把空間的障礙物消融於無形，什麼也擋不住我，外邊草木、田埂、野花等等什麼都看見了。可是出定以後，隔著車箱鐵板向外張望，阻隔重重，外邊景物，什麼也看不見了。一般來說，透明度跟功夫成正比，功夫越深看得越遠，看到的景物越多，如果我没有親身體驗，我就講不清楚了。什麼是定？我没入過定，我不知道什麼是定？入定境界我也講不出來。「定是慧體，慧是定用」；「定慧一體，而是二」，我是說不清楚的。中國哲理貴在證驗功夫，我們必須親自去證驗一番，才能了解，單憑文義上去理解，只知點皮毛，是靠不住的。現在我翻來覆去的講，大家只有粗淺的認識，模糊的概念。大體意思似乎懂了。但究竟是個什麼東西？還是不懂。一旦你的證驗功夫達到某一層境，我講的東西，你就不會感到稀奇了。你會說：好了，別講了，我什麼都知道了。禪宗的老和尚爲什麼不讓小和尚看佛經，佛經很難懂，縱然多番解釋，小和尚還是不懂。所以老和尚乾脆不讓小和尚看佛經，去實地參悟吧！參悟就是修道。在禪宗看來，挑水砍柴，就是修道。吃飯洗鉢盂，也是修道。一切活動——行住、坐、卧都可修道，參禪沒有什麼訣竅，只要一心一意，去挑水，去砍柴，去洗鉢盂，都是在修道。修道不全靠「打坐」——「坐禪」——「靜坐」，是要在動中去磨練的。南宋理學家張南軒——張栻，作湖北地方長官，治軍、主政、講學、無論工作或休息，無時無地不在做功夫，不在修道。張南軒把修證工夫擴大了，無論任何時間，任何場所，任何工作，都可修道，都可做功夫。這麼一來，你們專心看書，是在練功夫，聽課、搜集資料、寫論文，以後從事社會事業、教育事業，只要一心一意去做，就是修道，就是做工夫。當然，要從這裡入道很難，除非晚上下功夫不可。因爲靜中入道易，動中入道難。剛才講老和尚不讓小和尚讀佛經，因佛經很難懂，乾脆教他去打坐、參禪，聰明的只要半年，笨拙的三五年也就開悟了。開悟以後再回頭來看佛經，一看就懂了。我是經過曲折經歷才懂得的。

現在把話收回來，仍講體用關係。華嚴五祖圭峯宗密大師，先學禪宗，後歸華嚴，他的道很高，把六祖講體用關係的話，引申濃縮，遂創出「體用一源」的理論來。體和用都是一體的兩面，都是同一根源，故「體用一源」論可視爲體用關係之起源。

北宋程伊川把「體用一源」理論吸收過來解釋《易傳》，爲理學中講「體用一源」之始。王陽明加以發揮，就本體來說，作用就在本體上；次就作用來說，本體也就在作用上。他的原文是「就體而言，用在體，就用而言，體在用，此體用所以一源也。」載於《傳習錄》中。近人熊十力先生，又把陽明的話加以濃縮，成爲「即體顯用，即用攝體」。似乎只注視到形上本體世界的體用關係，至於形下的經驗世界的體用關係，熊氏就沒顧及了。

及到清初，「關中大儒」李二曲加以修正補充，把形上、形下兩個世界都包括進去了，一是「天地之體用」，一是「人事之體用」。天地之體用是就本體界講的，人事之體用是就經驗世界講的。這種說法太傳統了，所以特別提到牟宗三的貢獻。牟宗三講魏晉玄學的書，叫《才性與玄理》，他把體用關係分爲兩個層次：形而上的本體世界叫「境界的體用關係」，形而下的經驗世界叫「存在的體用關係」，是爲雙重的體用關係。牟大師的創見和李二曲之說不謀而合，但後來又覺得牟氏這話講得有問題。問題在哪裡？無論本體世界也罷，經驗世界也罷，玄學中是沒有這麼高玄的境界，他拿來講玄學就不對。因爲這雙重體用關係只有理學中最具足，最完全，玄學裡面是没有的，牟氏似不無張冠李戴之嫌。我把李、牟二氏講體用關係加以適度調整，遂成爲「境界的體用關係」與「人事的體用關係」最爲貼切而適用。因爲人事上的體用關係即使到目前爲止，還被國人常常引用着仍然流行於世。

上面講了寂照關係、體用關係，下面要講形上學和形下學結合的問題。

三、形上學和形不學的結合

我們前面講了那麼多，講寂照關係啦！體用關係啦，這些統統屬於形而上的本體世界，屬於形上學範疇。形下學是經驗世界、物質世界，如知識、學問、才能、凡是今天的人文科學、社會科學、自然科學等等都屬形下學範疇。把這兩大範疇結合起來，才能發揮它們的大用。王陽明創「立體達用」之說，就是要解決這個大問題。要怎樣才能結合呢？主要的就是通過上述雙重的體用關係。就形上學來講，是境界的體用關係，實際上，就是寂照關係，可「寂而恒照，照而恒寂。」這個光明本體，只能觀照事物，不能處理事物，必須把兩者結合起來，也就是把「境界的體用關係」與「人事的體用關係」結合起來，才能把形上本體世界和形下經驗世界連接在一起，再以「貫通」和「融化」的作用，把這兩大範疇學問融合爲一，鑄成學問的整體。這套大學問才算臻於完備。形上學的最高境界有了，形而下的經世致用之學也具足了。要把這兩大範疇的學問結合起來，才能達到陽明「立體達用」之目的。必須要透過雙重體用關係，才有結合之可能，融成學問整體之可能。而陽明的「立體達用」之說，亦必透過雙重體用關係之修正與補充，運用於實際事物上，才能面面顧到，不致發生空疏之病。就理論上講，似宜如此，就王陽明來說，早就結合起來，融成一體了。要用就出來，不用就回去，哪有這些麻煩理論啊！

下面講第四節。

四、在良知本體擴展過程中，知識才能應占一重要位置

良知本體怎樣擴張運用？可用理學家的「發用流行」一語作解釋，試問：如何「發用流行」呢？「發用流行」就是把「良知本體」這個形而上的東西如何用在形而下的經驗世界裡，過去老話叫「發用流行」，實際上就是擴張運用的意思。向下不斷擴張，要通過感應關係，與感應關係緊密關聯。《易傳》裡有句話：叫「寂然不動，感而遂通天下之故」按照理學家的解釋：本體世界是寂然不動的、無聲無臭的，經過外在事物的一感，天下事物統統明白了，通了。通，就是深度了解、通曉的意思。究竟能通曉多少呢？《易傳》上講「通天下之故」，我看未必然。經過周

濂溪《通書》的修正，不是通曉天下事物，卻有新的詮釋。周濂溪說：「寂然不動，感而遂通」。於是把「天下之故」四字删掉了，將明通的範圍加以限制了。本體是寂然不動的，能發出慧光來，可以觀照宇宙萬物，這是它的作用。但經外在事物的一感，它的作用就變了，由「境界的體用關係」變爲「人事的體用關係」，可以處理經驗世界的事物，但須與專業知識、個人才能相結合。從理論上講，似應如此。於是形上和形下兩個世界結合起來，是爲「雙重體用關係」。這一看法，可以陸象山做例子。陸象山說：「我無事時是個無知無識底人，一有事就出來，又是個無所不知無所能底人」。陸象山把體用關係具體化了，更見親切。再仔細解釋，當他無事時，就像老僧入定一般，安住在形而上的本體世界，是爲境界的體用關係，可以觀照宇宙萬物，他自己知道，別人不知道。但象山知湖北荆門軍，要練兵打抆、辦政治，搞經濟以及講學等等，政務紛繁，所以他有事一出來，由高僧搖身一變，成了能臣，是爲「人事的體用關係」，他又成無所不知無所不能底人了。陸象山是理學學中的傑出人物，除了王陽明外，罕有其匹。他的自我描述，在理論上說，由「雙重的體用關係」方造成這樣的形象。前面講「境界的體用關係」，後面則講「人事的體用關係」，體用兼備，所以象山能「壁立萬仞也」。

王陽明又怎樣呢？他也是一樣。「良知本體」具有明通智慧的特殊功能，可以了解事物，觀照事物，但不能創造事物。神通智慧亦有它的局限。真能創造新事物的是科學，這一分際要弄清楚。不要以爲只要具有神通智慧就是萬能了，實則不然。我再强調，神通智慧不是萬能的，只能觀照宇宙萬物，不能創造新事物，創造新事物就非科學不可。由此可以說明科學在理學中的重要性。理學對人群社會的最大貢獻，就是開出高明的人生境界，作爲道德的主體，處理一切事物的最高準則，爲現實政治展現光明前景，陸象山、王陽明是最佳的例證。不過，在處理事物過程中，必須有知識、才能、境遇等條件的配合，不然仍只是一入定的高僧而已。至於神通智慧在道德人生境界中反居於次要位置。它不是直覺，不是知識，在思想層次，它超越直覺、知識之上。但它只能觀照事物之真實情況，預期事物之演變發展，而不能改變事物、創造事物。要改變客觀世界，創造新事物，就非科學不可。所以我認爲科學人生境界爲外王學之骨幹。離了科學，一切外王事業如政治、經濟、軍事、文化、教育等等就無從發展。至於對客觀事物之深入研究，形成各項專業知識，更非科學莫屬了。個人才能亦與科學、知識緊密關連，惜乎王陽明對這方面都不太重視。王陽明本身濟世之學很淵博，才能很卓越，就是不太重視知識才能條件之具足。爲什麼？他有這麼一句話：「知識愈豐，才智愈强，愈足以濟其奸，逞其惡」。就是說一個人的學問太豐富了，才幹太强了，假設沒有道德修養，沒有「良知」哲學作主導，作奸犯科、貪污腐化、就不堪設想。王陽明時代如此，今天也是一樣。今天好多現實問題之無法解決，王陽明這句話是最佳說明。但陽明反對知識才能之具足，似不無矯枉過正之嫌。就以陽明自己來說吧！他這一見解仍有商榷餘地。

王陽明掛帥出征，每戰必捷，用兵之之神奇，可與諸葛亮並駕齊驅，他的軍事才能很卓越，濟世之學亦廣博，加以高深的哲學修養，才造成王陽明烜赫的事功。要使不然，決不會造成他的歷史地位。王陽明激濁揚清，矯枉過直，只注重一面，忽略了另一面。如果道德越高，知識越富，才幹越强，那貢獻就越大啊！總而言之，要對國家社會有所貢獻，没有知識才能的具足是不可能的。但只有知識才能，没有道德修養，就成大奸大惡、大貪污，我們今天必須兩方面都要顧到，才是解決現實問題的良策。

現就理學的精神、理學的價值、理學的目標來講，程明道說的「内聖外王之道」，都可以概括進去。王陽明似乎偏重内聖修養，輕視外王的知識條件，不僅不足爲法，而且造成明末王學空疏的流弊。至於外王事業，可大可小，可寬可窄。這時有同學問道：這是不是跟毛澤東講的「德智體全面發展」一個意思？對！就是要德才兼備的意思。我們今天發展事業，還要講體力，要求身體要健康。如果身體不健康，只有知識才能也没用。所以說「德智體全面發展」在理論上講，絕對正確無誤，不過，還要看德的内涵如何而定。剛才提到外王事業可大可小，可寬可窄的問題，可以美國爲例，上自總統，下迄販夫走卒，都有工作，都在做外王事業。這樣看外王事業，也就没什麼稀奇了。

總之，王陽明哲學是從良知本體、道德修養方面講的，有得有失，有利有弊，如照陽明路線走下去，就會產生一重大缺失，只强調「良知本體」的作用，强調道德修養的重要，就會造成王學空疏之病。王陽明本人知識才能卓越，所以他不太重視這方面，後人批評王學空疏之病，亦不無道理。我們講良知本體的道德作用，首先著重是非公正的判斷力。有了這項是非公正的判斷力，就不受種種外在環境的影響，是就是嘛！非就非嘛！有了是非公正的判斷力，還須要各種專業知識的配合。因爲好多事體的重大決策，如果没有專業知識的研究分析，世事真真假假，是是非非，是很難分辨清楚的。你説是，他説非，怎麼辦？所以要靠專業知識才能把事物的是非真相發掘出來，下一步，就靠良知哲學的主導力，作正式裁判了。

五、陽明以良知爲主導，在事功建樹過程中，良知之運作與説明——良知之發用流行——外王事業之實踐

王陽明以良知哲學爲主導，對個人的、社會的、國家的重大事件作是非公正的判裁，當然没有問題。因爲王陽明本身知識條件卓越，不會發生問題，但他的學生們就發生問題了。我們現在要講李二曲，因爲李二曲把這個問題看得很清楚。他認爲道德和知識一定要作適度的配合。以良

知哲學爲主導，可以建樹輝煌的事功，或從事個人事業的發展，這是一面。此外，就理學傳統說，必須從事外王事業的發展，不然的話，整個理學都是空疏之學。這裡要特別提到「把柄在手」這句話。這是明代中葉理學家陳白沙說的。「把柄」就是主宰的意思。以現代語說，略似道德勇氣。有了良知哲學修養，有了道德勇氣、或者說以良知本體爲基礎的道德勇氣，可主宰一切，不怕權勢，不避利害作風，與世俗全然不同。世俗一般人遇到困難就退縮，意志消沉；遇到對自己有利的就趨之若鶩，拼命占有，這是人之常情，不必苛責。可是王陽明就不一樣了，對自己不利的，決不趨利避患，一往直前。一般人首先考慮個人利害關係，不管國家社會的利益。王陽明就是不這樣了。他有堅强的道德勇氣，有高深的良知哲學修養，就不會像世俗那樣把自己的利害關係放在第一位。下面以平定宸濠之亂作說明。

宸濠是什麼人？他是明武宗的叔父，襲封爲寧王，駐江西南昌。此人與明成祖朱棣有些類似，有權謀，有野心，想把「太保皇帝」明武宗殺掉，取而代之。在南昌擁兵六萬，號稱十萬，聲勢浩大，震動朝野。他用計謀，收買宦官作內應，與明成祖同樣手法，並獲得大學士楊廷和的暗中支持。只有兵部尚書王瓊未被收買，仍站在武宗的一邊。宸濠本想收買南贛巡撫王陽明，被陽明婉拒，計劃失敗。他低估了王陽明的軍事指揮才能，竟在南昌發難，大軍浩浩蕩蕩，計劃先取南京，直搗北京。假使此時沒有王陽明作中流砥柱，消滅宸濠，明代歷史勢必改變。「第二個四子燕王朱棣」又出現了。可是歷史没有必然，碰上强中高手王陽明，結果宸濠戰敗被俘，大難得以弭平。宸濠起兵謀反，是明朝歷史上影響天下安危的重大叛亂事件，宸濠才智過人，兵力强大，信心滿滿，認爲皇帝寶座唾手可得。昏君明武宗還不知道事態之嚴重，照樣荒淫無度，天天作樂。此時朝中大臣分兩派：騎牆派以大學士楊廷和爲首腦，與宸濠暗通消息，忠君派以兵部尚書王瓊爲台柱，暗中策畫彌平大難方針。首先授南贛巡撫王陽明軍事指揮特權——給旗牌、可臨時調動地方駐軍，並深信王陽明有削平大難的軍事才能。結果如王瓊之廟算，陽明聞宸濠謀反後，即調動地方部隊約三萬五千人的雜牌軍，自舉義師之日起，不過旬日之間，即擊潰宸濠大軍，並擒宸濠於鄱陽湖，大難由此弭平。王陽明先升江西巡撫，繼升南京兵部尚書。

在戰爭過程中，王陽明的奏表，一再歸功兵部尚書王瓊的廟算，而略去大學士楊廷和不提，遂造成事後種種困擾。大戰結束後，明武宗自封爲鎮國大將軍親臨南京，欲擒宸濠於鄱陽湖。宦官張忠、許泰密告陽明謀反，陽明只得退居廬山，修道避禍。武宗身邊小人節外生枝，事事誣構陷害，幸得忠良宦官張永從中斡旋維護，武宗又派親信前去察看，王陽明確在廬山面壁修道，回報武宗，事情才告平息。這就是演電影〈江山美人〉的明正德皇帝，真正荒唐透頂。王陽明在昏君暗主、政治黑暗時期，實賴良知哲學之主導作用及其個人卓越才能，才建樹了輝煌事功。

六、王學之極詣

下面講王陽明良知哲學的最高造詣。大家知道，王陽明的學說宗旨是「致良知」。良知的究竟又是指本體言，「致良知」就是把良知本體顯發出來，這和陸象山把「本心」發明出來一樣，叫「發明本心」。所以王陽明的「致良知」和陸象山「發明本心」意思相同，只是名稱不同罷了。由「致良知」可達到「天地萬物一體之仁」的最高境界。（按：「天地萬物一體之仁」，見王陽明的〈大學問〉。）王陽明「征思田」出發前，特寫〈大學問〉一文，就是針對朱熹《大學集注》而發。朱子解釋〈大學〉三綱領「明明德」、「親民」、「止於至善」好多話，王陽明很不以爲然，對朱子多所抨擊，對不對？留待明年講《程朱哲學評議》時再說。明年講程朱哲學，要把朱子的《大學集注》詳加評析。我是根據王陽明、陸象山的哲學詣境來批判朱子釋〈大學〉的難題。這很專門，一般人無法了解。王陽明在「征思田」前寫了這篇大文章，他問朱子，朱不能答，他只好自問自答了。這篇文章寓意深遠，可代表陽明晚年思想。錢穆對這篇文章大力推崇，惜乎他不了解陽明思想。你們不要以爲「國學大師」很了不起，蔣介石當年對他很敬重，蔣氏提倡王學，錢穆大爲捧場，寫了王學專書，然而這位「國學大師」懂不懂陽明哲學？依我看來，他知道得很膚淺，僅及陽明哲學的表層。王學裡層的核心「良知本體」，龍場悟道悟得了什麼？錢氏一片茫然。現在把陽明「龍場悟境」，錢先生的解釋，大意寫出來，就知道他不懂王學了。錢先生說：王陽明在龍場驛特製石棺一口，日夜坐石棺中，萬一劉瑾派人來刺殺，死掉，也就算了。這時王陽明坐石棺中，「以不怕死之心，來抵擋那怕死之心」，如此而已。由錢先生這句關鍵語，對陽明龍場驛的困境、悟境，一無所知。陽明此時早把生死置之度外，哪裡還有什麼「怕死」、「不怕死」的心呢？要了解陽明此時的心態，什麼都沒有牽掛，幾乎達到「忘我」的境界了。只知日夜坐在石棺中，「忘人」、「忘物」似乎還沒做到。要「人我雙忘」、「物我雙志」，工夫就差不多了。據《王陽明年譜》記載：「端居澄默，以求靜一」。這是李延平的吃緊功夫——「默坐澄心、體認天理」的翻版。也許陽明此時不知，功夫上與延平吻合罷了。延平的「默坐澄心」與陽明的「端居澄默」，措詞不同，意思一樣，延平的「體認天理」就是陽明「以求靜一」的目的。殊不知這項功夫繼續做下去，那個形而上的無限光明的「良知本體」陡然出現了。這是陽明「龍場見道」的正確解釋，錢先生對陽明形上哲學不懂，才發生種種誤解。他解釋王陽明〈大學問〉一文，不着邊際，反而認爲陽明文字繳繞，很難看。我卻看了好多遍，講的很好。陽明講他的「良知本體」是什麼意思？如何達到最高境界？文章裡說得很清楚。面對最高哲學境界，識與不識，要看各人的悟力如何了。而此最高哲學境界，如果沒有華嚴哲學來詮釋，沒有禪宗深度工夫的證驗，王學最高哲學境界根本無從探索，茫茫一片，不知講的什麼？錢先生對陽明哲學這方面似乎知道得太少了。他說王陽明的文字繳繞，不清爽，這裡說良知，那裡也說良知，翻來覆去都在說良知，良知究竟是個什麼東西？他迷糊了。王陽明進士出身，書法用過功夫，行書草書都超人一等，他的詩文俱佳，尤以寫詩見長，又是當時極負盛名的王學大師，王學大師寫文章，我不相信不如錢大師？會比他還差一等，一句話歸總，錢大師對陽明哲學知得太少了。現在回頭來講王學最高哲學境界——「天地萬物一體之仁」。王陽明這句關鍵語怎麼講？先要去《莊子》書裡求解答。《莊子·齊物論》創「萬物一體」思想。萬物怎麼會一體呢？男女老少看來是兩般，哪裡會一體呢？那人與萬物就更非一體了。殊不知僅就現象界看，是如此；如從本體界來看，情況就大大不同了。由華嚴哲學來論證，萬物皆有一個本體，而各個本體又了無差別，人爲萬物之一，人的本體與萬物的各個本體，一樣一樣，亦無差別，故說「萬物一體」。佛家講衆生平等，宇宙萬物千差萬別，怎麼會平等呢？佛教講衆生平等，是就佛性上講的，衆生皆有佛性，故衆生皆可成佛。這由禪宗功夫可以證實，不是純理論問題。《莊子》講「萬物一體」，由華嚴哲理可以說明，又由禪宗功夫可以證實，這是莊子思想的精華。理學家如王陽明等汲取過來，建立形上哲學，尤其形上哲學的最高境界，都是透過湛深功夫證驗後才吸取過來的。王陽明講「天地萬物一體之仁」，就其思想來源上說，應如此。惜乎錢先生太不了解王學了。這項深玄哲理，王陽明在《傳習錄》和《詩集》中，均有說明，惜乎一般研究王學的人看不懂。我最欣賞王陽明的弟子蔣道林的〈絕筆詩〉，去年我在北大講過，在陝師大也講過，講的是實證功夫。蔣道林名信，湖南常德人，晚年在常德桃花岡講學。他在陽明弟子中不甚知名，但理學詣境極爲高卓，在陽明出色弟子中很難找第二人和他匹敵。他的〈絕筆詩〉這麼說：「分付萬桃岡上月，要須今夜一齊明」。他的詩意是：桃花岡上萬樹桃花，今晚要它們的本體一齊顯現出來。從哪裡顯現呢？要從蔣道林的本體中一一顯現出來。如把萬樹桃花擴大成宇宙萬物，那宇宙萬物的各個本體，也可從蔣道林的本體中一一顯現出來。從本體上看，宇宙萬物當然一體了，宇宙萬物退避了，只現出光明透頂的本體世界來。這項哲理，由禪宗功夫更可證實。由禪宗通華嚴，由華嚴又通理學。程明道〈識仁篇〉說：「仁者渾然與物同體」。孔子講「仁者愛人」。這個很容易懂，沒有什麼高深哲理。可是程明道說的「仁者渾然與物同體」。意思就完全不同了，哲理境界很高了，可以把萬物融爲一體。這項哲理，就是從莊子的「萬物一體」論來的，你如果不懂莊子的「萬物一體」論，不懂禪宗和華嚴，程明道說「仁者渾然與物同體」的玄義是無法解釋的。程明道這句名言，在現象界是講不通的，只有躍升到本體界，才順理成章，無懈不擊。現在王陽明把莊子「萬物一體」論和程明道「仁者渾然與物同體」思想結合起來，是否完全如此？我不敢懸斷，但在思想淵源上講應有關聯。王陽明的境界，當然比程明道的擴大得多了。所謂「天地萬物一體之仁」，這時的「仁」就是本體的代號，宇宙萬物的本體都渾括進去了，這是陽明「良知本體」或良知哲學的最高境界。宇宙萬物都有本體，宇宙萬物的各個本體，都可從陽明的本體——「天地萬物一體之仁」中，一一顯現出來了。

王陽明還有一句深玄莫測的話，叫「心無體，感應天地萬物之是非以爲體」，這和前面說「天地萬物一體之仁」同屬陽明哲學最高境界。「心無體」這句話很難解釋。我們講心有體，體就是本體，現在王陽明卻講「心無體」，又該怎麼解釋呢？「心無體，感應天地萬物之是非以爲體」，這句高玄莫測的話，我琢磨了很久，只有用華嚴哲學的「一多相涵」境界來解析，才說得清楚。萬物與我合爲一體，人間是非和宇宙萬物就發生了關連。本來，是非觀念是人生界的事，宇宙萬物没有是非，只有真假，現在王陽明的良知本體在宇宙萬物中出現，於是宇宙萬物中也有是非了。我們一般講没有是非，王陽明卻說有是非，是把是非範圍無限擴大到宇宙萬物，於是宇宙萬物都有是非了。在思想上，一般人是作不到的，王陽明卻作做到了。這裡就發生了感應關係。從王陽明的本體中可顯現宇宙萬物的本體，宇宙萬物的本體又可回攝到王陽明的本體中，這是作用之一。另一作用是「互相涵攝」。由王陽明的本體可以顯現宇宙萬物的本體，而宇宙萬物的本體又可互相涵攝，一齊回復到王陽明的本體中。這項哲理就很玄妙了，只有華嚴哲學才能講得清楚，理學家如蔣道林的〈絕筆詩〉，是很含蓄的，又是比喻的。我如果不懂華嚴哲學，那蔣道林的詩句我也無法了解。這一境界，就是王陽明哲學的最高境界。拿華嚴來講，叫「一多相涵」。拿蔣道林的〈絶筆詩〉來講，就叫「分付萬桃岡上月，要須今夜一齊明」。再就禪宗來講，就名「了生脱死」或「隨波逐浪」。這是中國佛學的最高境界，理學的最高境界，王陽明思想就達到了這一境界，也是王學之極詣。要把這些哲理都懂得了，我們今天來看王學，就很透徹了。諸位，你們把這詩的哲理明白了，以此作標尺，來衡評今天研究王學的先生們寫的論文或著作，你們自己就會評斷，不需要好多功夫去修證。並且用這個尺度，看看今天寫佛學（含禪學）、寫王學、寫理學的作品，不用我講，你們就會品評了。在認知上，他們沒有達到這一境界，講的肯定有問題。學佛的人不會像我這樣講，他們是站在佛學立場，講的都是佛家的術語，距離現實人生太遠，一般社會大衆是不大容易接受的。我們是站在理學立場，或儒家立場講，縱然説得很深玄，仍然要回到現實人生中，去修齊治平，去做各個角色的外王事業。尤其政治上的最高領導人，更迫切需要這套高深哲學的修養。

第五講　朱陸異同與朱王異同的剖析

我們前面幾講，都是講的王陽明哲學，都是以王陽明哲學爲中心，其他理學家，我們提得很少，那末這一講就把王陽明哲學擴大，看王陽明哲學在整個宋明理學中，占有如何重要的位置？就是這一講的主旨所在。我們只須把朱王異同與朱陸異同加以比較剖析後，即可顯出王陽明哲學的重要位置來。

所謂朱王異同與朱陸異同問題，這是老話，是學術界的老公案，它們是指朱晦庵與王陽明在學術上相同和相異的問題，稱爲朱王異同問題；在此之前，更有朱晦庵與陸象山在學術上相同相異的問題，稱爲朱陸異同問題，爲什麼稱爲問題呢？因爲從南宋起，即形成朱陸對峙之局，即產生朱陸異同問題，八百餘年來，這則老公案，這個老問題，始終沒有徹底解決。明代中葉自王陽明良知之學興起後，在學術上，又形成朱王對峙之局，於是又產生朱王異同問題，五百多年來，這個學術老問題還是沒有解決，大家爭論不休，聚訟紛紜，莫衷一是，大家占在主觀立場，戴起顏色眼鏡來看問題，問題始終沒法解決。出主入奴，門户之見，自不必提，即使占在比較客觀公正的立場，朱晦庵與陸象山在學術上的相同處是什麼？相異處又是什麼？同理，朱晦庵與王陽明在學術上的相同處是什麼？相異處又是什麼？似乎沒有一個人說得很清楚。究竟原因在哪裡？好像也沒有人去作深入探究。陸象山是主「發明本心」的，「本心」到底是個甚麼東西？王陽明倡「致良知」，「良知」又是個什麼東西？朱晦庵主「即物窮理」，到底窮個甚麼理？即使程朱派和陸王派的學者也未必搞得很清楚。所以朱陸異同與朱王異同的老問題、老公案，也就没法解決了。

我們就以王陽明哲學來說吧！明末清初以來，真正懂得王陽明哲學的，又有幾人？不要說今天，就是陽明在世時，有些門弟子也未必真正懂得良知哲學到底是個什麼東西，如《傳習錄》裡有蕭蕙問死生之說，陽明答覆：「知晝夜即知死生。」蕭蕙不懂，陽明又解釋道：「通乎晝夜之道而知。」蕭蕙就不便再問了，相信蕭蕙並沒有真懂。這則故事，也是王學難題之一。直到明朝末年，這個難題又出現了。據前北大校長蔣夢麟先生爲文引述《憨山大師全集》中的一則故事說：明朝末年，有位陽明學者叫周鼎石的，帶着門徒數十人，去廣東曹溪寺訪問憨山大師，請教王陽明當年說「知晝夜即知死生」的問題，殊不知這位禪宗高僧答覆的，跟當年王陽明答覆蕭蕙的一樣，還是「通乎晝夜之道而知。」當時蕭蕙不懂，近百年後的周鼎石也未必懂。這說明了什麼？陽明弟子及其後學們也未必個個都很高明啊！

蔣夢麟先生爲什麼會提出這個難題呢？因當年蔣介石先生提倡王陽明哲學，希望輔弼中興，好反攻大陸，國民黨秘書長張其昀秉承其意，發動海內外學者寫王陽明哲學，研究王陽明哲學，蔣夢麟先生爲國民黨要員之一，又曾作北大校長，非寫不可，所以才提出這一難題來，惜乎以後似無任何迴響，就不了了之。我把它特別引出來作例証，說明王學很難懂，陸學也是一樣；陸王如此，程朱之學要懂也不容易。如不真懂陸王、程朱之學，要衡評程朱、陸王的異同得失，那就更難了。

一、朱陸異同是理學中的老問題

現在我們先講朱陸異同問題。這是理學中的一個老問題。要確切解答這一問題，須回溯南宋初期理學演變發展的歷史。南宋初期，理學分四大派：一是張栻——張南軒代表湖湘派，二是呂祖謙——呂東萊代表浙東派，三是朱熹——朱晦庵代表閩南派，四是陸九淵——陸象山代表江西派。張南軒去世甚早，剩下來的是呂、朱、陸三派。呂東萊以傳中原文獻著稱，兼治理學，其先世又有佛學淵源，以後東萊之學即以浙東史學名世。朱晦庵以遙承洛學傳統自命，並主「即物窮理」之說：陸象山最晚出，倡「發明本心」，對朱晦庵之說大爲不滿，多有辯難，呂東萊嘗調和其間，希望他們思想上比較接近，以減少學術上的衝突。不幸東萊又相繼去世，學界失去調人，便造成朱、陸對峙的局面。朱陸既然對峙不下，兩家門弟子相互攻擊，形同水火，於是朱陸異同問題就這麼產生了。歷宋、元、明、清，直迄現今爲止，八百餘年來，理學中的朱陸異同問題常常提到，也沒法作合理的解決。爲什麼？因爲真正了解朱、陸之學的人太少了；而朱陸兩派形同水火，互不相容，而學術態度持客觀公正的人，又如鳳毛麟角，因此，朱陸異同問題也就無從衡評了。

已如前邊所講，朱晦庵主「即物窮理」，陸象山主「發明本心」，這兩家學說的主腦——中心思想，也是他們私下或公開爭論的焦點。一次和事佬呂東萊作調人，邀請朱、陸雙方會晤於鵝湖（即江西鄱陽湖），以後學術史上稱爲「鵝湖之會」。這是一次有名的學術討論會，非但沒有達到調和的目的，反而使朱陸之間學術的裂痕公開了，擴大了。朱晦庵認爲陸象山教人太簡易，陸象山卻認爲朱晦庵教人太支離。兩家互不相下，爭論不休，呂東萊最後評斷說：陸象山偏重「尊德性」，朱晦庵則偏重「道問學」。呂東萊是把〈中庸〉裡「君子尊德性而道問學」的話，來評斷朱陸兩方學術思想的得失，倒底對不對呢？不能說「對」，也不能說完全不對。只因呂東萊對朱陸兩家學說知道得太少了，所以才有這樣的論斷。其實，朱陸雙方教人的差異，不是「尊德性」和「道問學」能夠完全說明的。就理學觀點來說，「尊德性」是做「內聖學」的工夫，

「道問學」是做「外王學」的工夫。〈中庸〉「君子尊德性而道問學」，可以說，就是「內聖外王學」的翻版。而內聖外王學的鑄成，又是理學家的共同目標，無論朱晦庵或陸象山，他們都朝著這一目標前進，只是著重點及先後次序不同罷了。故象山既有「尊德性」，亦有「道問學」，朱子亦然，所以呂東萊這樣評斷朱陸學術異同，並不很貼切。

其次，就性格上來看，朱陸雙方卻有絕大差異。在這方面，陸象山認識得最爲深刻。象山曾批評道：「欽夫（張栻字）似明道，晦翁（朱熹號）似伊川；伊川蔽錮深，明道卻疏通。」象山性格很像程明道，所以朱陸不合了。由朱陸兩人性格上的絕大差異，又造成他們在認識上的顯著不同，朱子認爲這個「理」（指謂的「天理」或「本體」，即理字的最高層境的意義。）要在事事物物中去尋求，所以主「即物窮理」。象山則認爲這個「理」（仝上義）只須向吾人心性中去覓取，所以主「發明本心」。象山覓理的途徑（證悟本體）很像禪宗，朱子覓理的途徑（認識本體、求取本體）酷似華嚴，所以近人陳政忠教授（？）批評說：「程朱近華嚴，陸王近禪宗。」最爲中肯，亦最爲貼切。凡排斥佛老及認定陸學、王學爲禪學的理學先生們，早該徹底檢討了。這一「程朱近華嚴，陸王近禪宗」的分野，才是朱陸之間的根本差異。

平情而論，就證成佛境立場言，禪宗的證悟工夫是唯一的捷徑；華嚴哲學，除法師們講經說理外，絕無即身成佛之可能。同理，我們要證驗理學中的本體，陸學、王學又是唯一的捷徑；朱子識不及此，走華嚴路線，所以推車碰壁，此路不通。試問：朱子何以會如此呢？朱子深受伊川的「一物之理即萬物之理」的影響，才造成這樣的難局。而伊川又受華嚴哲學「一多相涵」的影響，認爲「一物之理（本體），就是萬物之理（萬物的各個本体）」，就華嚴哲學來講，絕對正確，一點沒錯；但是，必須謹記一樁事實：就是這項華嚴哲理必須靠禪宗功夫才能證實呀！朱子不解此中奧秘（假如朱子早年跟着乃師李延平「默坐澄心，體認天理」的路線走去，就折入禪宗了。）篤信伊川之說，直接在客觀事物中去求取「天理」（本體），絕不可能實現。況且伊川主「涵養須用敬，進學則在致知」，伊川是重涵養工夫的。伊川重涵養工夫，還可彌補此一缺陷；朱子卻重「即物窮理」（即在萬事萬物中求取「天理」——本體），此路就走不通了。這就造成朱子學的唯一難點，朱子似乎還不自知。象山則不然，直接向吾人心性中去證會「天理」——本體或「本」心，這就對了，可以說正確無誤。這是走禪宗路線（按：象山自言其學脈源於《孟子》，但他的工夫路線與禪宗不謀而合，由此亦可說明《孟子》與禪宗思想亦有關連。如由禪理闡發《孟子》，《孟子》也不帶神秘色彩了。）工夫簡易直捷。所能證會出來的「天理」（本體），用象山的術語說，就叫「發明本心」。較朱子「即物窮理」的路徑，其難易度何止霄壤之隔？所以象山批評朱子功夫「支離」，自己功夫「簡易」，原由就在這裡。現在，我們可以這麼說，爲了求證「天理」或形而上的光明本體，爲朱陸兩家共同努力的目標（所有理學家莫不如此），在這一面，朱陸絕對相同；但在認識上，思想路線上，工夫或方法上，朱陸絕對相左，其差異處就太大了。這可視爲朱陸異同的定論，千載難決的老問題，從此也就解決了。象山曾慨嘆地說：「朱元晦泰山喬嶽，惜學不見道，徒自擔擱，奈何！」象山這一考評，非常中肯。不知者以爲象山批評朱子太過火了，如知其底蘊者，又爲「元晦尊兄」無限惋惜，才發出如此浩嘆來。兩賢相惜，可見一斑。及到朱子晚年，似有憬悟，曾寫詩道：

川源柳綠一時新，暮雨朝晴更可人；
埋頭書冊何日了？不如拋卻去尋春。

象山見此詩後，喜曰：「元晦有覺（按：即開悟之意）也。」又相惜如此，後世壁壘森嚴，相互攻訐，太不了解朱陸了。

此外，有關朱子覓理的問題，須得補充說明。上邊提到程伊川說的「一物之理即物之理」這句話，影響朱子思路很深，我們在此必須嚴加駁正，以免貽誤後生。我們先要了解宋明理學中所講的「理」，可分四大思想領域，即「天理」、「人理」、「事理」與「物理」。天理是指形而上的本體世界，就是我學說的這個富於靈知的光明本體或靈明本體，這是正確的解釋，也是天理的基本內涵，理學家的「內聖學」，即奠基於此。如果不認識到這裡，內聖修養是沒有着落的。哲學大師牟宗三先生好作中西思想會通解釋，他曾說：「存在主義說的主體性，就是明道的天理」，他的詮釋太離譜了，除了理學西化外，還有什麼東西？內聖修養掛在哪裡？他做夢也沒想到。這完全是誤解、曲解，「强古人以就我」的顢頇作法，誤盡港台後生，不勝浩嘆：一位哲學大師講得這麼離譜，實在辜負乃師熊十力了。據說牟氏曾以早年讀清華大學時受業於熊十力自豪，我常想：牟宗三如對熊十力之學懂得一點點，就不會這麼曲解宋明理學了。

其次釋「人理」。人理是形而下的，即先秦儒家思想範疇。倫理道德，便是它的主要內涵。倫理規範、道德條目很多，總不外講做人的基本原則。這些基本原則，就是做人的道理，所以稱爲「人理」。人理者，做人之理也。做人有何理？王陽明弟子魏良器說得好：

> 理無定在，心之所安，就是理。

魏良器這句話，可作人理一詞最恰當的界說。古聖先賢縱然千言萬語，只有魏良器這句話就夠了。只要做到「心之所安」，不愧不怍，坦坦蕩蕩，他的人格也就光明磊落了。

又以次釋「事理」。什麼叫事理？處理人與人間的關係法則、處理人與事間的關係法則，處理人與物間的關係法則，統稱之爲「事理」。所謂事理者，簡言之，即處理一切人、事、物間之關係法則也。縱然其中理則頭緒紛繁，但是必須遵循或把握一個大原則，即求「心之所安」，這就是最高原理。故人理與事理關係極爲密切，它可指導事理向大家「心之所安」的正常軌道運作，使人群社會作健全的發展。尤其一位領袖群倫的政治人物，能以此作國家大政運作的標尺，國家就蒙利了，全民就有福了。

又次釋「物理」。一物自身之關係法則，物與物間之關係法則，總稱之爲「物理」。今天大學裡的理學院、工學院、農學院醫學院等等，都屬於物理的範疇。這是自然科學領域，與人理没有直接關連。其中法學院、商學院、文學院（如歷史系、地理系、外語系等等），全屬事理的範疇。它與人理關係最爲密切。以它作橋樑，可上通人理，下通物理，故事理之紛繁複雜，即由此而來。而今天講「科際哲學」者，亦必循此軌道運作，才能使科技發展有利無弊，不致有毀滅人群之虞。

總上所陳，宋明理學中所言之「理」，細剖之，即包涵「天理」、「人理」、「事理」與「物理」等思想領域。天理屬於形而上的本體世界，人理、事理、物理，則屬於形而下的人生世界、經驗世界與物質世界。以人理作主軸，上可顯現天理，下可暢通事理與物理，即把形上學與形下學融成一體，是爲內聖外王之學。無奈理學家們都把這四大思想領域所言之「理」混淆夾雜，造成各個理境的困擾，尤以程伊川爲甚。所以他說的「一物之理即萬物之理」的認知，已如前說，就華嚴哲學分析，絕對正確無誤，但落實到形而下經驗世界、物質世界，就顯得不通了。朱子步伊川之後塵，誤差更大，求天理於事事物物，就不可能了。形成程朱哲學、尤其朱子哲學最大的偏病，不可不辨。

二、陸王異同的新問題

下邊我們講陸王異同的新問題。本來在宋明理學中，陸王是一派，陸象山跟王陽明從來沒有什麼異同問題，而提出這一異同問題的，卻是徐復觀先生。徐復觀在學術思想上與熊十力頗有淵源。熊十力苦學出身，成名後，在武昌辦國學院，徐復觀在國學院讀過書，因與熊十力有師弟關係。熊十力是湖北耆宿之一，徐復觀對他十分敬重。若干年後，熊十力的名著《新唯識論》在台灣出版，即靠這位門弟子的關係。此書，我未讀過，早年見報載有徐復觀〈新唯識論序〉，才知道熊氏此書在台灣出版，是徐復觀促成的。

我知道徐復觀是日本士官學校畢業，我曾問過他跟何應欽的關係。他說，何應欽在日本士官學校比他早得多。由於日本士官學校先後同學關係，得何應欽的大力推荐，受知於國民黨總裁蔣介石先生。據說，徐復觀曾作國民黨情報機關副秘書長，蔣氏對他十分倚重。我曾問他，徐先生，你在蔣總統身邊擔任什麼職務?他謙虛地說：「打雜」。過後才知道他曾作中情局的副秘書長，也是蔣氏身邊機要秘書之一。

徐復觀離開政壇後，任台中東海大學中文系系主任，我因偶一機緣與他相識。他曾對我說，對日抗戰期中，他曾駐延安，作國民黨的軍事代表，與毛澤東、周恩來均相識，尤其與葉劍英相契。葉曾勸他說，徐先生，以你的才華，不應駐延安，應回重慶（按：重慶當時爲陪都。）輔佐蔣委員長（按：對日抗戰初期，蔣介石仍作軍事委員會委員長。一般稱蔣委員長，實含有全國領袖之意。）可見葉、徐相知之深。以後徐復觀離開延安，返回重慶，果然得蔣氏之信任、倚重，出掌機要；然而，與蔣氏父子凶終隙末，那就出在民主思想問題了。

我與徐先生相識後，他曾贈《象山學述》一書（實際上，是一本小册子。）我細讀後，才發現他提出陸王異同問題來。徐氏寫此書，可能與牟宗三的《王陽明致良知教》一小册相對應。他一再對我說，牟先生造詣高。言下之意，他是望塵莫及的。我當年不知「牟先生」是何方神聖？不由得也起敬畏之情。徐先生的大著《象山學述》，我細讀後，雖然提出陸王異同的新問題來，但他對陸王哲學的認識很有限，僅瞭解陸王哲學中形而下的經驗世界裡一些事事物物，至於陸王哲學中形而上的本體世界如何發光放熱？與錢賓四（錢穆）先生一樣，或以學力未逮，均未觸及。所以他只注意到陸學的「事功性」、「社會性」以及對民主政治理論的充實和個人的實踐（指象山治荊門軍的政績。）王陽明儘管事功烜赫，但王學中的事功性極不顯著。至於王學的社會性及對民主政治理論的發展，陽明均有創見，下面一講自會提及。這些方面，在徐氏看來，王學較陸學均不顯著，這就是徐先生提出來的陸王學術異同的新問題。陸王異同的新問題，確有他的見地，特簡述於此，供時人研究陸王學術異同者作一參考。

三、朱王對峙與朱王異同問題

在宋明理學中，本來只有朱陸異同的老問題，卻沒有朱王異同的新問題。因爲王陽明是讀朱子《四書集註》考進士出身的，儘管他的良知學說鼓動天下，但他不敢正面與朱子抗衡，如陸象山一般；況且又寫〈朱子晚年定論〉，自認與朱子晚年意見完全吻合，所以他跟朱子之間就沒有什麼衝突了。陽明此說，實在由於政治壓力，有他不得不如此說的苦衷。老實說，朱王異同可大了，錢賓四先早就看出來，他在《陽明學述要》一書裡這麼說道：如論學術上的影響力，陸象山還不夠格跟朱子對抗，只有王陽明的良知學興起，才和朱子旗鼓相當，才形成明代以來朱王對峙之局。由於朱王學說不同，才有朱王異同問題的產生。的確，這是錢先生的創見，值得稱道。朱王之間異同可多了，這一節專門剖析這個問題。不過，南宋以來朱陸對峙之局，確係事實，不容否定。在學術上，象山與朱子爭辯得爲最激烈的，莫過於〈辯太極圖書〉。朱陸之間書信往返再三，爭論不已。最後一書，象山措詞最爲激烈，恰中朱子要害。象山說：「兩頭都不着實，衹是葛藤」這是象山對朱子學術最嚴厲的批評。是什麼意思？象山說，朱子雖然注釋周濂溪的〈太極圖說〉，都是僅就文義上解釋，只在文義上兜圈子，沒有實地證驗功夫；朱子對禪宗的批評亦很多，毛病跟理學一樣。他的意思是說：元晦尊兄啊！你對周濂溪理學的研究，並沒真正見到「太極」啊！（按：即理學家「見道」之意，「太極」，就是本體的代號。）你對禪宗的批評並不恰當，因爲你對禪宗的「悟道」境界並無深刻體會，所以我陸象山才批評你朱元晦：「兩頭都不着實，祇是葛藤。」啊！朱子接此信後，無言以對，以後他們就不來往了。此時的象山與晦庵不僅旗鼓相當，而且晦庵敗下陣來，默無一語。這一有名的公案，錢先生似未深究。然而，朱子學的影響力何以凌駕象山之上呢？這完全由政治壓力所造成，與陸學本身無關。什麼政治壓力呢？元世祖忽必烈採納左丞相許衡的建議，規定朱子學爲官學，《四書集註》爲士子必讀之書，應試必修的科目；因此，由元而明，朱子學不僅大行其道，甚至壟斷了中國學術界，所謂「彼一亦述朱，此一亦述朱。」（陽明語）可見當時朱子學勢力之龐大，陸象山固難與之匹敵，只有靠王陽明來對抗了。由朱王對峙之局，又衍生朱王異同問題來來。大體說來，朱王異同與朱陸異同一般，下面自有詳盡剖析。

四、朱陸異同問題癥結在哪裡？

朱陸異同問題，前面已有剖析，現在歸納幾個要點，並作適當補充和說明。

㈠就性格講，朱陸完全不同。

前面已引象山的評語說：「欽夫似明道，晦翁似伊川；伊川蔽錮深，明道卻疏通。」最能道出朱陸性格的差異。因爲象山像明道，像欽夫（張栻字），就與伊川、晦翁不同了。程明道、程伊川兄弟性格就不一樣。程明道待人一團和氣，「如坐春風」，門弟子都願和他接近。程伊川態度嚴肅，「道貌岸然」，令人望而生畏。由「程門立雪」的故事，即可說明程伊川扳起面孔，不近人情。他曾作「侍講」——皇帝的老師，有人請他觀畫，他一口謝絕，說：「我不觀畫」，又小皇帝——宋哲宗在宮中折柳樹枝條玩耍，伊川說：「不要破壞萬物生意」。氣得這小皇帝扔掉柳枝，跑回宮裡去了。這麼迂腐、這麼固執，怎能做帝王師？怎能講帝王學？我懷疑程伊川的「外王學」根本有問題。由明道、伊川性格全然不同，亦可明白象山與朱子間性格的差異了。

㈡朱子主「即物窮理」，象山主「發明本心」。

朱子要在萬物中尋找「天理」——本體，象山卻在自己心中求取「天理」——本體，南轅北轍，這就造成朱陸間的根本歧異。朱子主「即物窮理」，是受程伊川「一物之理即物萬之理」的影響，已如前說，此路不通。要證悟「天理」——本體，只有求諸於心，不可求之於物。周濂溪、邵康節、程明道、陸象山、王陽明都是走這條路線；程伊川只走了一半，就改變路線了。張橫渠走的路線，跟他們幾個都不一樣，已偏離理學正統。

由於朱陸學説主張不同，就造成朱陸間的基本差異。爲什麼朱陸間發生這種基本差異呢？這就牽涉到朱陸認識的不同了。

㈢朱子主「性即理」，象山主「心即理」。

朱子自認遙承伊川之學，伊川在認識上主「性即理」，所以朱子也主「性即理」。「性」，指佛性，「理」，指「天理」，指本體，伊川的「性即理」説在認識上可以成立，但求取方法全靠證驗工夫，決非「窮理格物」工夫，要走禪宗路線，才有識得「天理」之可能；如走華嚴路線，仍推車碰壁，此路不通。況且伊川又擴大理的範圍，成爲「天人事物之理」，這就發生問題了。「性」，指人性，那「性即理」説限在人生界指導運作，就是「人理」。什麼是人理？「心之所安就是理」，在人群社會固通行無阻。然而「性」如指萬物之性，即事物之關係法則，亦即事理與物理之構成要素，那「性即理」就行不通了，就犯了認識上的嚴重錯誤。伊川如此，朱子亦然，遂造成「性即理」説無可彌補的缺陷。

至於「心即理」説又怎麽樣呢？「心即理」説創始於程明道，陸象山主「心即理」説，在思想上是否與程明道有淵源不得而知。但「心即理」説，如要求證「天理」——本體，的的確確不失爲一條捷徑，禪宗就是走的這條路子，陸王亦然。但此「心」字如指「人心」，「心即理」説在認識上亦無病；但如指事物之心，這就發生認識問題了。試問萬物哪來的心呀？這又造成陸王「心即理」說最大的缺陷。

所以程朱主「性即理」，陸王主「心即理」，是認識上的絕大差異，兩派均有無可彌補的缺陷。

五、朱陸方法上的差異

再就工夫上或方法上講，朱陸也有極大的差異。在方法上，朱子強調格物工夫。爲什麼要格物呢？朱子認爲這個「理」——「虛靈不昧之本體」就在事物中，根據程伊川的作法，「涵養須用敬」，換句話說，是用「主敬」工夫求得的。伊川又說「進學則在致知」，很明顯的，伊川這句話是指知識學問言。由致知就說到「格物」，格物功夫在增進知識，絕非覓取本體——探求「天理」。朱子似乎搞錯了，要在萬物中覓得「天理」，不僅與伊川相左，而且是一條走不通的死路。於是程朱間又發生歧異了。

象山的工夫則不然，象山強調「主靜」或「主敬」，所以他的〈敬齋記〉說：「敬，其本也」。這是象山「發明本心」或「復其本心」的基本工夫。「發明本心」，就是顯發「心本體」

或「本體心」。又叫「此理」，簡稱「理」，與「天理」無殊。「復其本心」，與「發明本心」意思完全一樣，只有「先立乎其大者」，措詞不同，卻意義一般。「先立乎其大者」，語出《孟子》，因爲這個「本體心」之重要，有如人的首腦，所以叫「先立乎其大者」，與《孟子》原義有別，在陸學中，這三者意思都是一樣的。用的工夫，就是「主敬」，偏重靜態一面的工夫。

此外，象山又强調「事上練磨」，這與陽明「事上練磨」意思一樣，都是偏重動中的工夫。如「管庫」，三年輪一次，是管理家務事，此外，如讀書、騎馬、練弓箭、習軍事等等活動，都是在做動中的工夫。以後象山又把這兩面工夫配合起來，特稱爲「及物工夫」。他說：「須下及物工夫，大小事有濟」。這就比伊川的工夫更高明更完善了。伊川把涵養本體與致知進學分成兩件事來做，象山卻把它們合而爲一，兩面兼顧，所以象山比起伊川來理學詣境高多了。朱子更難望其項背，他的格物工夫，一變而爲格書本的工夫，就顯得過於廣泛不切實際。這是朱子在功夫上、方法上的嚴重缺失。

然而朱陸之間有沒有相同處呢？答曰：「有」。他們都在尋找「天理」——形而上的「虛靈不昧之本體」或無限光明的、大圓鏡般的本體，朱陸二家絶對相同；剛有相同處，他們又發生嚴重歧異了。朱子求之於物，象山則求之於心，這又造成朱陸間的絶大差異。因此，他們對《僞古文尚書·大禹謨》說：「人心惟危，道心惟微；惟精惟一，允執厥中。」這四句話，尤其「人心、道心」看法全然不同。朱子看法，「人心」就是「人慾」；「道心」則是「天理」，天理不在人慾中，所以只好在事物中去找天理；象山看法則反是，「道心即在人心中」，只要在人心中顯發出天理來，就是道心了。陸說極近事實，朱說則與事實相乖。以後朱子看法承襲伊川，走極端，「去人欲，存天理」，即由此衍生而來。這不僅是朱陸之間又一歧異，而朱子的主張太背離人情了。以後乾嘉考據大師戴東原大肆抨擊：「以理殺人」，即針對朱子、伊川而發。伊川說：「餓死事小，失節事大」，都是理學家的偏激之論，不足取。程伊川、朱晦庵都先後作帝王師，（伊川作哲宗之師，晦庵作寧宗之師），我懷疑他們的帝王學有問題。反觀陸象山就大不相同，他在「制局」輪對時，建議宋孝宗恢復中原的宏偉構想及具體方略——〈輪對五劄〉及〈醫國四物湯〉，以現代語說，就是要統一中國，這是何等氣魄！何等識見！何等抱負！伊川、晦翁就望塵莫及了。

由以各條的闡釋，朱陸異同問題癥結在哪裡？也就明白了。

六、陸王異同新問題關鍵在哪裡？

下面我們講陸王異同新問題關鍵在哪裡？我們已把朱子和象山的相同相異處解決了，現在就講象山和陽明的異同問題。前面已說到徐復觀提出陽明跟象山異同的問題，徐氏只看到陸學的表層、王學的表層，像陸象山的「本心」，王陽明的「良知」，究爲何物？徐氏似乎未曾深究，因此，他提出來的問題雖然有價值，但總覺得隔靴搔癢、不著邊際，徐先生還不夠深入啊！

根據我的研究，陸象山的「本心」，王陽明的「良知」，名稱雖然有異，但在內涵上、意義上是完全一致的，絕無不同。儘管王陽明講「致良知」，陸象山講「發明本心」，他們的口號不同，學術宗旨似乎不一樣，事實上，內涵、意義完全相同，絕無差別。諸位，這就是宋明理學迷惑人的地方。我們再把他們說的歸納一下，周濂溪講「太極」是年輕時候的事，中年以後寫的《通書》就講「誠」了。邵康節講「先天」是把《易傳》「先天而天弗違」這句話，拿來作他學說的中心。程明道講「天理」，又是根據《禮記》中的〈樂記〉說：「不能反躬，則天理滅矣」一語提出來的。程伊川也講「天理」，以後把「天」字乾脆去掉，只講「理」。到了南宋陸象山講「本心」，朱子沒有標立名稱，「理」和「天理」都沿用。到了明代，陳白沙卻易名爲「自然」，是襲取《老子》的名稱。王陽明則講「良知」和「致良知」由《孟子》而來。到了明朝末年，有個程朱派造詣很高的理學家高景逸——高攀龍，他把本體喚作「中庸」。劉蕺山——黃宗羲的老師劉宗周，又把本體叫做「慎獨」。名稱夠繁了，花樣夠多了。單從周敦頤開始，到明朝末年爲止，將近六百年時間，理學家這麼多，名稱這麼複雜，你如果不懂本體是個什麼東西，光是這麼多複雜的名稱，就夠困擾你了！所以現代好多學者研究宋明理學，你說一套，我說一套，對這本體意涵不了解，連提都不大提，只好囫圇吞棗過去了。我最近看到有位老教授講中國文化思想問題，涉及宋明理學部份，你猜他怎麼講法？他認爲朱熹對「理」講得最多，就是「理本論」，陸象山對「心」又講得最多，就是「心本論」，那王陽明呢？「心」也講得不少，也是心本論囉！這樣講下去，程朱、陸王究竟講的什麼東西？他可能一片茫然，「理」和「心」到底是個什麼東西？他似乎未作深入理解。這種現象很普遍，是大有問題的。中國思想這樣講下去，還有什麼價值啊！現在書歸正傳，仍講象山「本心」，陽明「良知」的問題。這兩者意涵一致，只是表述方式不同，象山說法很粗獷，陽明卻很細膩。前面已經提到，如象山說，「宇宙即是吾心，吾心便是宇宙」。又說：「此理充塞宇宙」，與陽明的詩句：「悟後六經無一字，靜餘孤月湛虛明」，都是在描述他們自己證驗得來的、無限大的、孤月般的光明本體。如不真解陸學、王學的底奧，單看象山語和陽明詩，就夠令人迷惑了。如果精通陸王之學，這也沒什麼難解處，只是表述方式不同罷了。並且可以證明象山說本體顯得粗獷，陽明就細膩多了，這是他們之間唯一的區別。我這樣解釋，絶對正確。唯一的依據，是以陸王的功夫或方法作論斷。最好辦法，你自己去證驗一番，也就徹底明白了。所以說在這無限大的光明本體上，證驗方法上，工夫上，陸王絶對一致，這是我的定論。

然而，象山跟陽明有没有相異的地方呢？答曰：「有」！在思想顛峰狀態時，陸象山把思想落實在事上，他晚年有兩句命脈語，黃元吉《荊州日錄》說：「道外無事，事外無道，先生常言之」。這就是指的形上光明本體言。象山晚年曾知湖北荊門軍，即作荊門軍的指揮官。荊門地位重要，是南宋的邊城，也是南宋對抗金人的第二道防線。身為邊城守將的陸象山，是要隨時備戰，準備支援第一線——河南許昌、信陽的。荊門為當時軍事據點，身為知軍，責任重大，又兼地方長官，軍、政一把抓，既要準備作戰，又要辦好地方政治，所以要幹好這個「知軍」職務，的確不簡單。而且南宋邊城守將貪污嚴重到什麼程度？令人不敢想像。如荊門築城，本身防禦工事，一點不能馬虎，可是前任守將大肆貪污，謊報建築防禦工事，大量侵吞公款，中飽私囊，象山接任後，才革除這一貪瀆惡風。另外，荊門軍管轄兩個縣，很窮困，象山任守將，即以少數經費，全體總動員，在最短時間即築好防禦工事，大家有「窮快活之說」。更嚴重的是，南宋地方「廂軍」，腐敗不堪，荊門軍編制五千人，實際兵員奇缺，象山革除此一弊政，補足編制員額，嚴加訓練，成為邊城勁旅，秋季湖北大閱兵，荊門軍成績第一。象山雖任邊城守將，仍講學不輟，前引《荊州日錄》，即象山任荊門軍的講學語錄。宰相周必大曾有評語說：「荊門小壘，可驗躬行之效。」這些都是象山治荊門的軍事背景和政治背景。要把軍政背景明白後，象山常說的「道外無事，事外無道」，也就是道不離事，事不離道，象山把道落實在軍事上，政治上，亦即道事合一，只有理學家如陸象山才有這個本領。相形之下，朱晦庵就差得太遠了。而象山的「道外無事，事外無道」，如此解釋，總嫌膚淺，不能表現出象山晚年的高深哲學境界，一定要用華嚴「一多相涵」的哲理來闡釋，象山晚年思想就顯得很突出了。

在這方面，王陽明跟陸象山很不一致。王陽明任江西巡撫，統兵大元帥，以後升南京兵部尚書、四省總制，如以軍政地位相比，實在太懸殊，象山不過等同陽明麾下一個屬員罷了。陽明事功烜赫，可是陽明晚年思想卻不落實在事功上，卻躍升到「天地萬物一體之仁」的境界上，把孔子的「仁」發揮到極點。這是陸王的絕大差異。陽明的「天地萬物一體之仁」，已如前講所說，仍是華嚴哲學「一多相涵」的最高境界。似乎陽明把這一境界虛懸在空中，象山就落實在地面了。象山、陽明晚年思想的巔峰，懸殊如此，歧異如此。

經過上面分析後，陸王異同的新問題，它的關鍵在哪裡？也就明白了。再總括地說，象山倡「發明本心」，陽明倡「致良知」，本心，良知，意涵一般，絕無差別；唯一不同的，象山把晚年思想落實在實際事務上，陽明好像虛懸在空中，王學之流弊，於王學之自身已露出端倪來。

七、朱王異同問題的解決

最後我們講朱王異同問題。所謂朱王異同，即朱晦庵跟王陽明的相同處在哪裡？相異處又在裡？王陽明曾寫〈朱子晚年定論〉一文，認爲他跟朱子晚年完全一樣，没有什麼差别。這篇文章，陽明似有所感而發：在「此一亦述朱，彼一亦述朱」的朱子學龐大勢力籠罩下，陽明爲減少朱派學者的攻擊，不得不寫此文作爲掩護，實際上，陽明與朱子差别很大，相同處少，相異處多，這跟象山與朱子情況完全一樣。陽明認爲朱王相同，不過學術上的障眼法而已。朱子講「理」，陽明也講「理」。「理」是形上本體的異名，不但朱王相同，即所有理學家均無不同。但是，理境層次有深有淺，朱子理境層次淺，陽明卻很深，朱子望塵莫及，在相同處又顯出差異來。此外，朱子講「心」，陽明也講「心」，在意涵上全然不同。已如前說，朱子認定「人心」，就是「人慾」，是惡的，只有「道心」是「天理」，才是絶對善的。所以朱子一提到「人心」或「心」，就惡了，屬於形而下的經驗世界的産物。陽明則不然，他跟象山一樣，認定「道心即在人心中」，起碼部分人心或大部份人心都是善良的。因此，由人心中才可證出本體來。這與象山看法一致，近乎禪宗。朱子則在事物中尋找「天理」，與象山、陽明極端相左，近乎華嚴。朱子這條覓取「天理」——本體的路線絶對走不通，前面講朱陸異同時，已剖析得很清楚，這裡不必再説。故陽明言「心」與象山一樣，多指形而上的本體説，在這裡，朱王就有絶大差異。又朱子承襲張載——張横渠「心統性情」之説，那「心」也罷，「情」也罷，都不是善的，陽明、象山就不大提了。還有，朱子承襲伊川理氣之說，而形成「理氣論」，探討宇宙之形成，萬物之來源，這是周濂溪以來的宇宙觀，只可看成理學家的一種臆見，不足爲憑。這方面，我一再强調，是要靠科學新知來研究解決的。所以朱子「理能生氣」之說，只可看成理學家的臆見，誰能證明呢？陸王就不一樣了，凡是不能證明的東西，都不敢臆測，這又是朱王、朱陸的極大差異處。還有在認識上，朱子求「理」——本體於事事物物，陽明、象山則求「理」——本體於吾心，朱子承伊川「性即理」說，象山、陽明則主「心即理」說，與明道吻合。至於修證方法或工夫上，朱子强調「即物窮理」，此路不通；象山、陽明則反求諸心，重證驗工夫，「事上磨練」，「動靜合一」等等，朱陸、朱王絕不相同。總而言之，朱子、陽明在思想上，相同處極少（只有共同求取形上本體相同，但理境層次高下懸殊，乃同中之異。）差異處太多太多了。這是我的客觀評價，絕無門户之見。不幸的是，明清以來，攻擊陽明良知哲學者，已脫離朱陸意氣門户之爭，而涉及政治壓力了。

八、陳建、張烈對陽明學的抨擊

最後我們講明清兩代程朱派對王學的抨擊。明世宗初期，陽明去世不久，有陳建其人，因政治關係，特寫《學蔀通辨》一書，抨擊王學爲「僞學」、「陽儒陰釋」。這不是學術問題，而是政治問題。陽明「征思田」，由於世宗寵臣張聰、桂萼的推荐（按：奏請陽明「征思田」的，實爲後進霍韜及門人黃綰。）張、桂，進士出身，官拜侍郎，於陽明均屬後輩。（按：陽明平宸濠後，升南京兵部尚書，封新建伯，張聰才中進士，桂萼爲知縣。）張聰驟貴，做人還好一點；桂萼卻壞透了，於「征思田」戰事結束後，又節外生枝，暗示陽明順道取交趾，好提高他（指桂萼）在朝中的聲勢，趁機緊緊抓住權力，陽明卻不理睬，便與陽明爲敵。陽明身前已患重病，在班師途中，即受桂萼這位小人行政上種種刁難；及病故，遂斥責陽明「剿撫兩失」，慫恿昏君明世宗削去陽明爵位，並斥良知之學爲「僞學」。陳建的《學蔀通辨》，就在這樣的政治背景下寫成的。抨擊陽明「陽儒陰釋」，實在是無理取鬧。如說王學「陽儒陰釋」，那朱子學也是一樣。憑情論之，宋明理學家，無論程朱派或陸王派，哪一個脫離得了佛老思想？所以「陽儒陰釋」的惡評，是絕對站不住腳的。況且在現實政治壓力下，陳建寫成這部書，非但沒價值，反而成了政治鬥爭的工具。陳建其人，想必也是進士出身，只可目爲程朱派的官僚，還沒進入程朱學者的行列，受當權小人指使寫此「濫書」，意圖要寵倖進，也夠可憐了。這是我們今天站在「學術爲天下公器」的立場，給予陳氏此書的評價。

至於張烈其人，康熙朝的進士出身，寫《王學質疑》一書，似與政治壓力無關；他持的論調與陳建一般，足以證明他對程朱、陸王之學一無所知，純係門户之見，不值得駁斥。觀該書篇首有陸隴其〈序論〉一文；可證明我的觀點很正確。陸隴其是什麼樣的人？須得在此一提。陸隴其，字稼書，進士出身，屬程朱派學者，康熙時官拜大學士，爲康熙「寵臣」。學者而爲「寵臣」，已淪爲程朱學出身的官僚了。張烈寫《王學質疑》，求這位大官僚寫〈序論〉，已非門户之見，牽涉政治因素了。故該書價值如何？更不值一評。

五百年來，陽明身後算走運，由僞學一變而爲正統派儒學，並且受當道的提倡，更躍升爲「顯學」；大陸研究陽明學者，一時風起雲湧，惜乎已如本書開講時所說，真知王學的人太少了，才造成王學之失真走樣，面目全非，這又是陽明身後幸中之不幸了。

附記

朱康有同學問：林先生，我有個問題請指教，王陽明曾經寫〈朱子晚年定論〉一文，他把朱子思想歸納起來，認爲朱子有些思想跟他很接近，是不是？從王陽明的文意來看，認爲朱熹的思想跟他相同，如果不是的話，王陽明的用意又何在？

答曰：他是這樣的。王陽明從朱子「格物致知」入門，亭前格竹碰壁後，經歷廿年，貶龍場驛才悟得良知，及到王陽明晚年造詣精卓，這篇〈朱子晚年定論〉就是那時寫的。陽明早就與朱子分途，王學、朱學顯然各別。以後，有人懷疑王陽明寫這篇文章有問題，我看不是文章本身的問題，而是王陽明處在那個時代的問題，朱子學影響力很大的問題。我們今天可以批評朱子，王陽明卻有顧忌，因爲朱子在那個時代有他崇高地位，不可任意批評啊！須知王陽明也是讀《四書集註》、考進士出身的。凡是讀《四書集註》考進士出身的官僚，當然都擁護朱子，毛病就出在這裡。一般士人不一定都懂得朱子學，好多貪官污史都是從朱子學出來的。王陽明到了晚年，他的思想與朱子差距極爲懸殊，怎麼會跟朱子一樣呢？他寫〈朱子晚年定論〉是有政治目的的。象山與朱子老是相左，曾慨嘆道：「朱元晦泰山喬嶽，惜學不見道」；可是到了晚年，朱子見道了。怎麼看出呢？朱子有詩道：「川源柳綠一時新，暮雨朝晴更可人」。這是描寫春天景色，是詩的陪襯，第三句「埋頭書册何時了？」是說我朱熹一輩子都在書册子裡打轉，什麼時候才能了結呢？「不如抛卻去尋春」，只要想通了，不如把這些書扔掉去悟道吧！「去尋春」是象徵意義，在理學、禪學的詩裡，用「春」字，都是指「悟道」的意思。說明白點，不如扔掉書本，去證悟本體吧！這是朱子晚年寫的詩，陸象山看了，喜曰：「元晦有覺也」。「覺」是開悟的意思。朱元晦開悟了。朱子的理學造詣，大概就是王陽明龍場驛「悟良知」的境界。王陽明把朱子有關資料搜集起來，似乎這麼說：儘管朱子有些話措詞不一樣，但是講的哲理跟我王陽明一樣一樣；〈朱子晚年定論〉就是這麼寫出來的。所謂「定論」，就是說我的學說跟朱子完全一樣，僅管我們過去有很多歧異，但現在我們在學術上意見完全一致了。實際上，是很不一致的。只為王陽明當時深受程朱派的壓力，才把這篇文章寫出來，似乎這麼說：你們不要攻擊我，我還是跟你們老祖宗朱子一樣，講的道沒什麼區別。大家一看，王陽明真的轉變了，他講的道跟朱老夫子一樣，不必攻擊了。這是王陽明的政治作用，寫這篇文章作擋箭牌罷了。這雖是我個人的臆測，但據陽明的時代背景、學術背景言，是有充分理由的。

第六講　王學與禪宗、華嚴、老莊及孔孟的思想關聯

今天的講題是〈王學與禪宗、華嚴、老莊及孔孟的思想關聯〉。我們必須了解，宋明理學家從佛老思想鑽進去，兜個大圈子，又回到儒家思想來。這叫做「出入佛老，返諸六經」。六經在他們看來，可代表孔子思想。這兩句話可代表理學家必須經過的歷程，沒有那一個理學家不跟佛老思想發生關聯的。如果不走這條路子，他們的理學造詣就不會那麼卓越。但是，我總覺得宋明理學家的氣度不夠寬闊，胸襟不夠宏大。他們明明汲取了佛老思想——佛教、老莊的高深哲理，回頭來又罵佛老不對；他們老是這麼說：這有什麼稀奇嘛！我們的老祖宗孔子思想裏早就有了，只是沒有發明出來罷了。理學家們這一見解，我不大贊成，總覺得不夠光明磊落，有小家子氣。老實說，佛老有佛老了不起的地方，沒必要站在儒家立場去排斥佛老。前人尊重孔子，把孔子抬得太高了。我們今天的態度，看法不一樣，佛家有佛家高深的哲理，老莊有老莊高深的哲理，而儒家也有很出色的地方，把這三方面思想融合起來，才鑄成了宋明理學。理學家的精神面貌跟佛老不一樣，又跟先秦儒家孔孟也不一樣，我們可以這麼看，理學形成後，中國思想進步了。但理

學家不這麼看，他們是排斥佛老的。理學的開山祖師周敦頤——周濂溪很例外，他是不排斥佛老的。周濂溪深受道教的影響，道教陳摶老祖的〈太極圖〉幾傳傳到周濂溪，周濂溪就繼承了道教思想。他的另一部分卻深受禪宗影響。當時有位高僧叫壽涯的，寫了一個偈子很有名，說道：「有物先天地，無形本寂寥，能爲萬物主，不逐四時凋。」把老子講道的高深哲理統統寫出來了。此偈傳給周濂溪，周濂溪深受其影響。所以周濂溪的思想，一方面源於禪宗，一方面源於道教，周濂溪是不排斥佛老的。但邵康節就有排斥佛老的意味了，認爲儒家比佛老更高明一些。到了二程，尤其是程伊川排斥佛老更甚，批評佛老很自私。這一批評有道理，不能說完全不對。到了南宋，陸象山雖然没有明顯排斥佛老，但是對佛老思想難免不無微辭。朱晦庵批評華嚴說：没啥稀奇嘛！「濂溪《通書》不過講底這些子」。對禪宗亦不滿，但他不解禪宗。王陽明崛起，對佛老思想亦有批評，但很公正。他認爲「佛老不能爲天下國家」，意思是說佛老思想再高明，但不能治國平天下。即使今天看來，陽明的考評還是相當公正。不管老莊也罷，佛家也罷，對儒家治平事業都是無能爲力的。黄梨洲的老師劉蕺山排斥佛老思想最爲强烈，他把理學家的好多奥義都改變了。如高景逸——高攀龍說的：「心如太虚，本無生死」。可代表他的修道功夫達到禪宗、華嚴的最高境界，說明他的本體心跟太虚一般大，是没有生死界限的。劉蕺山卻改爲「只見一義，不見生死。」他把《孟子》「舍身取義」的話拿來代替，這就大錯特錯，《孟子》重義的境界哪有這麽高啊！他這麽竄改原義是錯誤的，我很不贊成。因爲他這麽竄改原義，反而把理學真相抹殺了。我反對劉蕺山的這種作法，可以說劉蕺山的衛道精神是很不智的。又如程明道說：「寫字非是要字好，祇此是學。」學個什麽？就是「主敬」工夫的實踐，即使寫字，也離不了主敬工夫。你們猜猜，劉蕺山怎麽改的呢？他是用一般經驗常識來改程明道的話，他說：「寫字就是要字好；不然，學箇什麽？」對不對？改得不對，太失明道原義了。（按：這一條，見《宋元學案·明道學案》語錄、蕺山案語。）爲什麽？程明道的「主敬」工夫，是很有名的。無論在靜中或動中，都要做主敬工夫。譬如寫字，目的不在講求書法，而寫字卻要凝神貫注，這凝神貫注，就是主敬工夫，至於書法大進（把字寫好），乃其餘事，已非它的目的了。明道本意應如此。劉蕺山對程明道的主敬工夫了解到若何程度？我無法懸揣，但他這樣改法，就非明道原意了。如照蕺山的改法，寫字不是做主敬工夫，那在日常動態環境中，事務紛繁，又如何做主敬工夫呢？劉蕺山最重視「愼獨」的工夫，因此，愼獨二字成了蕺山的學說宗旨，它與陸象山「發明本心」，王陽明的「致良知」，同等重要。但在未「見道」以前，難道愼獨不是主敬的靜中工夫嗎？愼獨與主靜又有什麽區別？因爲主靜不愼獨，這項工夫根本做不下去，更不要奢談做什麽動中工夫了。可知蕺山工夫是偏重在靜中的一面，至於動中工夫如何？我就不得而知了。由於蕺山工夫偏重在靜中的一面，他修改程明道的主敬工夫寓於寫字中的理由也找到了。但是，站在理字工夫的立場，劉蕺山這樣改法是錯誤的。南宋初期理學家張南軒，即使治軍、臨民無時無處不在做工夫，劉蕺山可能還没注意到，他對明道主敬工夫的改法，實在太背離理學傳統了。

由於劉蕺山排斥佛老思想最爲强烈，他把高景逸的「到頭學力」（黄梨洲語）——「心如太虛，本無生死」，竟改爲「祇見一義，不見生死」，雖然勉强符合《孟子》思想，但與理學本義相乖；又把程明道的主敬工夫：「寫字非是要字好，祇此是學。」學個什麼?經劉蕺山修改後，要學的主敬工夫也就昧失了。修改高景逸的，是指本體，修改程明道的，則是指工夫；經他大肆斧削後，自認爲很高明，實際上，理學中動的一面工夫没有了，靈明本體也没有了。工夫、本體昧失殆盡，便是這位明末理學大師的傑作，我不禁爲他惋惜。黄梨洲還没看到這裡，大吹乃師的法螺，所以他在理學中的造詣就更有限了。這説明了什麼?宋明理學到結局時，經過劉蕺山的大力修改，儘量揚棄佛老思想，拼命牽强附會，要與儒家孔孟思想接近、甚至吻合，殊不知這麼一來，理學真相全被掩蓋了。後人視之，如墮五里霧中，摸不著頭腦；同時，工夫走様失真，理學中的最高哲學慧境，非但顯不出來，可能從此淹没不彰，釀成理學失傳的後果，這是劉蕺山想像不到的。

一、王學與禪宗的思想關聯

我未來北京前，又隨意翻閱《王陽明全集》中有關的記載，赫然發現陽明生前就有人批評良知哲學是禪學，陽明聽了，也没表示反對意見。陽明良知哲學到底是不是禪學？我們今天要說過明白。王學與禪學有些相似，但又有很大區別。相似處在哪裡？區別處又哪裡？這是今天研究王學者必須深入探討的問題。陽明「龍場見道」就是禪宗高僧的「悟道」，我可以肯定地說，這時王學與禪學了無差別，須知這是屬於形上哲學境界；但在形下學方面，就全然不同了。王學底良知是要知是知非的，禪學有此作用嗎？王陽明是要出將入相，掛帥出征，安定地方，削平大難的，試問：禪宗高僧有此本領嗎？這是王學與禪學的絕大差異處。老實說，當時批評的人，既不懂禪學，也不懂王學，才有這樣似是而實非的胡扯。他們只看到「靜處體悟」，甚似禪宗「悟道」的一面，此外，還有更高深的哲理，他們未必了解；由形上學落實到形下學，陽明不僅修道，還要「提督軍務」，處理政事，以及講學不輟等等，禪學家無此能耐。批評者對王學、禪學知道得太少，只看到修道功夫偏靜的一面像禪宗，就斷定它是禪學，這是一種偏見，是浮光掠影之談，是不足爲憑的。

然而，王學與禪學確有不少思想上的關聯，又是不可否認的事實，這一節，專門討論這個問題。王陽明早年「出入佛老」，即深受禪宗的影響，是要特別注意的。在陽明前期治學過程中，首先是受朱子的影響，去做「格物窮理」的工夫，發現這條路子走不通，回頭來就鑽入佛老思想，在陽明洞中靜坐，行導引術，做修練神仙的功夫，並有初級神通的顯現。他有個朋友王思輿一天去看他，從會稽城到陽明洞有好幾里，王思輿出發後他就知道了，於是吩咐童僕說，今天有客人來，正在途中哪裡，你可去接他。王思輿見了童僕，大爲驚詫，問道：「你是怎麼知道的？」童僕回答是他主人吩咐的。這件事在《王陽明年譜》中有記載。一般研究王學的人是不能了解的。這說明陽明早年思想與道教分不開的，而道教的修證派又與老莊思想關係密切，舉此一端，即不難說明陽明與老莊、道教思想的關聯了。我以前對神仙思想有深入研究，並有專文發表，所以對王陽明修煉神仙並不陌生。唯有靜中顯出智慧來，對王陽明的初級神通才會了解。究竟陽明不想「成佛」、「成仙」，他只有走「成聖」這一條路了。於是，他又花了一年時間，讀盡兵家秘笈，爲後來帶兵打仗紮下結實基礎。讀完兵法後，他回過頭來練書法，他的行書草書寫得很好。這是王陽明少年時代的一段經歷。他出入佛老，深受禪宗的影響，才有「龍場悟道」，步入成學後的第一階段。王陽明也不免俗，考進士做官，爲戴銑案得罪宦官劉瑾，廷杖幾斃，才貶龍場驛丞，這是個九品「芝麻官」，在明朝官制中是最小的官了。王陽明又怕劉瑾派人沿途追殺，在九死一生中，才到了貴州修文縣龍場驛。日夜坐石棺中，「端居證默，以求靜一」，就悟出「良知本體」來，這與禪宗「悟道」實在沒有什麼區別。前邊講得很多，這裡不必細說。

王陽明自三十七歲龍場「悟道」後，次年應貴州提學副使（即貴州省教育廳副廳長）席書（字元山）的邀請，去貴陽講學。他的「知行合一」說就在這時提出來的。所謂「知行合一」，就工夫上說，就是做「存省良知」的工夫。無論靜中或動中都能顯出「良知本體」來，就達到「存省良知」的目的了。這仍是跟着宋儒的工夫路線走的。用程伊川的話說，叫做「靜時存養，動時省察」。什麼叫「靜時存養」呢？簡單講，就是「靜坐」。那「動時省察」呢？就是省察自己的是非功過。為什麼要這麼做呢？如果一個人做了虧心事，靜時一定坐不下去。虧心事以及閒思雜念等等都會一一反射出來，哪裡坐得下去啊！所以一定要做省察的功夫。理學家為什麼要求自己這麼嚴格？其理由在此。王陽明的「存省良知」就是做「動存靜察」的工夫。無論動中和靜中都在做工夫，要求「良知本體」無論動與靜都能時時出現，就達到工夫目的了。這在禪宗稱為「保任功夫」。王陽明的私淑弟子羅念菴，特別注重「收攝保聚」功夫，這項功夫與禪宗的「保任功夫」一樣，目的在收斂身心，凝聚於內，讓本體無論在靜中或動中隨時都能發射出來。這是功夫的第二步，第三步功夫就更深了。

泰州學派羅近溪的「坐亡」工夫與李延平無異，較諸禪門大德亦不多讓。有兩則故事可以說明理學家的造詣：李延平名侗，福建延平郡人，在理學家中不甚知名，他無意仕途，一面在家種田，一面做理學功夫。他的老師羅豫章，是二程大弟子楊龜山——楊時的門人。羅豫章不出名，功夫平平，造詣有限；但他的弟子李延平功夫可深了。因他是個莊稼漢，有點像陶淵明的風格。陶淵明是田園詩人，李延平卻是田園哲人。我一看，他比陸象山還要高明。朱子十八歲中進士，外放延平郡屬縣同安主簿。主簿相當縣政府的主任秘書。李延平雖沒做官，但在地方上很有聲望，少年的朱子求道心切，一上任就親自走路去拜李延平爲師。李延平雖收朱子爲徒，但他的教法對朱子的影響不大。李延平比他老師羅豫章高明得多，他把程伊川「主一」工夫加以改良，叫做「默坐澄心，體認天理」。默坐即靜坐，要在靜中去證驗本體。澄心就是收斂身心，不攀緣外界事物，一旦功夫到家，就有奇異境界出現。「默坐澄心」是功夫，目的是在「體認天理」。「體認」就是體現、證驗的意思。「天理」一詞，從二程以來就有，宋明理學家都是指謂的這個形上光明本體，它是形上光明本體的代號，是不可隨意解釋的。只要沉下心來，功力一到，本體自會顯現出來。李延平這兩句話，言工夫本體，比程伊川高明得多。程伊川的工夫叫「主一」，程明道則是「主敬」。程伊川把「主敬」改爲「主一」，已是工夫上的進步；然而「主一」的目的是什麼?程伊川沒明說。李延平把程伊川的功夫加以修正、補充，「默坐澄心」就是「主一」，不過「主一」二字太簡單了，「默坐澄心」四字就把伊川「主一」功夫說得更清楚了。這項功夫的目的何在？其目的就在「體認天理」——使光明本體能隨時呈現的意思。這兩句話把方法和目的都講出來了，修正得好，補充得好。可惜朱子不解這兩句話的真意，他以後改變了方向和路線，即用程伊川的「格物」工夫，加上他自己的「窮理」路線，於是變成了「即物窮理」，即在事物中去求天理。加以引申，由物變成了書本，格物功夫就變成格書本的功夫，要在書本中去找天理。然而理學家要找的天理不在書本中，而在我們的心中，要向心中去求。朱子不解此理，他的路線走錯了。以後他的學問雖然很淵博，但對形上本體世界卻知得很有限，造成朱子無可彌補的缺失。

現在回頭來講李延平。李延平雖是田園哲人，但在地方上的聲望很高，有福建長官汪應辰其人，對延平非常敬重，特派專使迎接李延平到福州去講學，專使一到說明來意，李延平和專使寒暄一番，談話完畢，即對專使說，我「走了」。「走了」的意思，佛教稱爲「坐亡」。李延平似乎在顯示他的道功很高，有「坐亡」的本領，說走就走。他爲何要在那一刻走？而不晚些走？我猜想，他一定預知南宋的結局。因爲李延平具足高度的神通智慧，「宿命通」早就有了，預知南宋王朝的結局，他即使出來講學，也沒有用，既對大局無補，又何必去講學呢？不如借此機會「走了」，還清淨些。他這種「坐亡」的本領，佛教高僧也不過如此。

另外，還有羅近溪其人，他是泰州學派三傳弟子，即是羅汝芳。那時張居正當權，很獨裁。

羅近溪跟他很熟悉，但政見相左。羅近溪在雲南做過參政、被迫辭官，在江南一帶到處講學，影響力很大。講學對象有進士、舉人、官員、士庶等等，聽衆踴躍，多半借寺廟作講壇。幾天講完了，又到另一處去講。當時書院被張居正查封，禁止講學，所以羅近溪只好去寺廟講學了。他傳道心切，無時不講學，無處不講學，並不以師禮自居，凡來聽講者都以朋友相待。大約七十多歲時，一天晚上狂風大作，把他住宅後山的大樹刮倒了，他預知即將離開人世，第二天對弟子說：「我要走了。」弟子們懇請他多留一天，把書講完再走，他答應了。於是書講完，疑問也解答了，然後穿好官服，正坐堂屋中央，叫一弟子看日晷，說：「午刻離去」。弟子報道，午刻正了，就在中午十二點，他就走了。羅近溪說走就走，說留就留，何等自在！何等逍遙！生死掌握在自己手中，近乎不可思議。這個王門弟子也有「坐亡」的本領，跟高僧無殊。在形上學方面，理學與佛學的關係實在太密切了。一方面像高僧修道，另方面又是儒家學者，能出將入相（像王陽明），做出治平事業來，可見王學與禪宗思想緊密關聯。

二、王學與華嚴的思想關聯

王陽明深諳佛理，與華嚴思想也有深厚淵源。在這方面，可以《陽明詩錄》〈登蓮花峰〉一詩爲証。詩是這麼寫的：

蓮花頂上老僧居，腳踏蓮花不染污。

夜半花心吐明月，一顆懸空黍米珠。

陽明這首哲理詩要解說得清楚，很不容易。如果不懂華嚴哲理，這首詩是無法解釋的。詩的前兩句：「蓮花頂上老僧居，腳踏蓮花不染污。」是寫景，是抒情，與哲理沒有太多關聯；可是後兩句：「夜半花心吐明月，一顆懸空黍米珠。」所寓的哲理就很高深了。表面上看來，是陽明在描述蓮花峰的情景，寫得維妙維肖；這樣的看法，太淺視陽明的「道功」了。如果認爲陽明只在寫景抒情，這首詩縱然寫得好，寫得維妙維肖，但詩的意義也是很有限的。我們必須作深入的剖析，陽明是借詠蓮花峰爲喻，把他的道功聯繫起來，把他證會的哲理表顯出來，那他所表顯出來的哲理就很高深了。

前邊一再提到陽明「龍場悟道」，「悟道」的情景究竟是個什麼樣子？王門泰州派三傳弟子羅近溪說得好，「良知（本體）祇是箇圓陀陀光爍爍的東西。」近溪因臨池爲書，有人問（良知），故如是云。近溪真會形容，他說良知本體就像這硯台一樣，是圓陀陀的，它又會放出光芒來，就像這金光閃爍的墨汁一般。近溪說得對不對？對極了。他是臨時以物爲喻，具體形容得真妙。我們再作抽象的詮釋，所謂良知本體，就是一個超時空的、超認識的、忘人我的、形而上的、光明靈知之本體世界：禪宗「悟道」，所謂「山河大地是如來。」也是指的這個東西。就禪宗修道工夫階段言，這是「悟道」的初關，以後還有多少工夫在，還有很多妙景現前，以致達到了生脫死、成佛作祖的極詣。學禪工夫或研究禪學者，必須了解禪宗的全部修道過程，才算對禪宗哲理有透澈的了解；不然，只是虛說一通，張皇其詞罷了。

現在尅就王陽明〈登蓮花峰〉的詣境來說，所謂「龍場悟道」，只是禪宗的「破初關」，王學作聖階段的開始，以後還有「存省良知」等各個工夫階段的經歷，才能達到〈登蓮花峰〉的哲理境界。一般人不知，這真是王學專家的專門知識和哲學智慧了。我在前邊說過，這項哲理之深奧，比起陽明「龍場悟道」又要高出多少倍。它是什麼意思呢？因爲粗略地看，好像禪宗「涵蓋乾坤」的境界。這個意思是說：宇宙萬象可從陽明悟得的「良知本體」中一一顯現出來，就叫「涵蓋乾坤」。乾坤者，包羅宇宙萬象也，故如是云。這跟程伊川的名句：「沖穆無朕，萬象森然已具」的意思差不多。伊川的話，稍有證驗工夫者，一看即知，就是禪宗「涵蓋乾坤」的境界。由禪宗哲理可通華嚴哲理，「涵蓋乾坤」，即相當於華嚴的「事理圓融無礙法界觀」。這麼一來，禪理與華嚴哲理都可會通了。

我們說到這裡，如對陽明〈登蓮花峰〉詩句仔細省察，他的境界，又比禪宗「涵蓋乾坤」及伊川的「沖穆無朕，萬象森然已具」，高得太多了。已達到華嚴「一多相涵」的境界，禪宗已衝破

「生死關」了，它的術語，叫做「隨波逐浪」。「隨波逐浪」，實在不好解說，爲了闡釋這項中國佛學最高哲理，我們不妨引用陽明弟子蔣道林的〈絶筆詩〉來作説明。蔣道林的詩是這麼寫的：

吾儒傳性即傳神，豈向風塵滯此身？
分付萬桃岡上月，要須今夜一齊明。

蔣道林在陽明弟子中不甚知名，可是他的理學造詣極爲卓絶，與乃師不相上下。他排斥佛老意味亦甚濃，詩的前兩句，正是排斥道教修證神仙的意思，我們不去管它。可是，詩的後兩句：「分付萬桃岡上月，要須今夜一齊明。」就是華嚴「一多相涵」的境界了。何以説呢？因爲「月」是比喻桃花的本體，理學家和禪學家都是以「月」來比喻本體的，這是起碼的常識，我們必須知道。蔣道林這首詩也是一樣，「月」是比喻桃花的本體。「分付萬桃岡上月，要須今夜一齊明」，它的意思是説，要萬樹桃花的本體，今夜一齊顯現出來。這怎麼可能呢？其中的哲理又該怎麼詮釋？在此，我們可以肯定地説，萬樹桃花的本體，可從蔣道林的本體中一一顯示出來。這種景況，他人不知，惟獨證道的蔣道林自知。因爲萬樹桃花的本體與蔣道林的本體一樣一樣；而且萬樹桃花的本體可以相互涵攝，又跟蔣道林的本體涵攝在一起，所以叫做「一多相涵」。它的意思是説，宇宙萬象的本體，可與證道者的本體涵攝在一起，成一個總的本體，所以一與多就可相涵了。

我們把哲理剖析到這裡，再回頭來看王陽明底〈登蓮花峰〉詩，意境就容易明白了。「黍米珠」比喻蓮花的本體。試問：蓮花的本體，夜半怎麼會吐出來呢？因爲王陽明的道功很高，他的本體不僅早就顯露出來，而且此時蓮花的本體，又可從王陽明的本體中全部顯露出來。當蓮花的本體顯露出來後，在空中懸掛起來，就像黍米珠（小米）一般，亮晶晶的，王陽明以眼前具體的事物作比喻，真是工於描摹狀擬了。所以我們要確切了解王陽明這首詩的哲理最高境界，必須要用華嚴「一多相涵」的哲理來解析，才說得清楚明白。雖然陽明這首詩的含義極爲深玄，似乎還沒蔣道林的〈絶筆詩〉寫得好：「分付萬桃岡月，要須今夜一齊明」，詩意明朗醒豁，容易理解。蔣道林的哲理詩比較容易懂，王陽明的卻不容易懂了。他們蘊涵的哲理，都是華嚴的最高境界，也是王陽明的思想極峰詣境。此外，王陽明《傳習錄》中還有幾句含有深玄哲理的話，值得一提。如說：「草木瓦石皆有良知（本體）」以及「天地萬物一體之仁」等等，也只有用華嚴「一多相涵」的哲理來闡釋，才能顯出它們的玄義來。由此可以說陽明哲學與華嚴思想之密切關聯。

三、王學與老莊的思想關聯

王陽明的良知本體，實際上，就是一個超認識的、超時空的、形而上的、光明靈知之本體世界，它跟《老子》講的「道」是一樣的。《老子》說：「道可道，非常道。」老子故作神秘，認爲「常道」是不可道、不可言說的；但在後面幾章卻又露了口風，說出來了。如《老子》二十章說：

> 道之爲物，惟恍惟惚。惚兮恍兮，其中有象。恍兮惚兮，其中有物。……

又二十五章說：

> 有物混成，先天地生。寂兮寥兮，獨立而不改，周行而不殆，可以爲天下母。吾不知其名，字之曰道。

《老子》之「常道」或「道」的內涵，不是吐露出來了嗎？以後北宋鶴林寺僧壽涯又把《老子》言道有關的話，歸納爲一偈云：

> 有物先天地，無形本寂寥。

能爲萬物主，不逐四時凋。

《老子》之道，不就成了「金剛不壞身」麼？《老子》之道與釋家的佛，又有什麼區別？與理學中的聖人境界又有什麼不同呢？要研究《老子》的哲理、《老子》之道，是很不容易理解的，如果不解禪宗、華嚴的哲理，那對《老子》所言之道，真是「惚兮恍兮」，莫名其妙了。務必要在禪宗的功夫基礎上，才真正懂得《老子》之道，究竟是個什麼東西。理學家、佛學家、甚至仙學家所以真正懂得《老子》之道之具體內涵，主要建立在工夫基礎上；因爲佛老工夫與理學工夫在證會形上光明本體方面，都是一樣的，決非僅憑文義解析可以理解老莊的。近人多走西方邏輯路線，不識老莊的真面，毛病就出在這裡。魏晉玄學家不真懂老莊，清代考據學家更不懂老莊，毛病都出在這裡。至於近人西化老莊或會通老莊，太不了解中國思想、尤其老莊思想的性格了。

我們如真懂王陽明的「良知本體」究竟是個什麼東西，由此上溯禪宗、老莊，必然可以探出老莊之道之精義所在，豈止老子之道？即莊子所言「至人」、「神人」、「聖人」、「真人」等等之奧義，亦可徹底明白。爲什麼？因爲王陽明之基本工夫，與禪宗、老莊並無多大差別，由「有工夫纔有本體」（李二曲語）的鐵則，故可證明陽明的良知本體，與禪宗、老莊之道，一般無二。而且，由這條研究路線上溯《莊子》，更容易探得《莊子》思想的真相。《莊子》不大講道，只講「至人」、「神人」、「聖人」、「真人」等等名稱，又多以「寓言」——編造故事的方式說出來。莊子的文學手法極爲高明，不直接道出他的莊子哲學的高深境界，而是通過寓言故事的襯托才顯示出來的。我們要讀懂《莊子》書真不容易，例如國學大師錢賓四先生（錢穆）的名著《莊子纂箋》，搜羅古今注釋《莊子》的書，幾乎囊括無遺，可謂賅博了。早年在香港出版後，銷路極廣，我發現此書時，已是三版了。我極端重視此書，因爲它具有代表性。代表什麼？由此書可以看出國學大師對《莊子》瞭解的深度。我發現〈人間世〉篇有「虛室生白」一語，錢箋引前人注解說：陽光射進屋子裏，不就是「虛室生白」麼？如果照這樣解釋，還有什麼哲理可言？其下文又有「吉祥止止」句，那跟上文又有什麼關聯呢？可見注疏家對莊學之誤解，然而，錢氏竟引入「夾注」裡，這就發生問題了。二十餘年後，錢氏雙目失明，又有《雙溪獨語》一書，他的看法就全然不同了。他認爲《莊子·人間世》「虛空生白」的意義，是「靈光照耀」的意思，這就對了，他對莊子哲學大有領悟了。我們由這一例證即可說明瞭解莊子哲學是很不容易的，爲什麼？因爲莊子哲學很高深，不像老子直抒胸臆，比較容易入門；莊子卻不然，不直接講述自己的哲理，而是把哲理擬人化，《莊子》書中塑造的人物，好多殘缺不完，奇奇怪怪，違背常情，但他們的道行很高。如果對莊子寫文章的手法不甚了解的話，那就很難懂了。比如〈齊物論〉一開頭就寫南郭子綦如何如何，南郭子綦是誰呀？我看就是莊周的化身吧！他不明白道出，卻叫讀者去猜。〈齊物論〉講出「萬物一體」哲理後，到文章結尾，才說出「莊周夢蝴蝶」的故事。你說他的手法高明不高明？

王陽明說的「昭靈不昧」之本體，即形而上的靈光照耀之本体世界，據我的研究，跟老莊的「道」絶對一樣，毫無差別。這可從他們修證方法上得到有力的證明。

老子修道的方法是「致虛極、守靜篤」兩句話。心中空空洞洞，什麼都没有。所謂「致虛極」就是要達到虛的極點，「守靜篤」就是靜坐工夫做得很徹底。「致虛守靜」是老子最基本的功夫。莊子的方法是「心齋」、「坐忘」等等，莊子在〈大宗師〉篇借顏回之口說出來。《論語》中的顏回有點像莊周。《論語》中說顏子居陋巷而不改其樂。莊子把他深度化了，說顏回在做「心齋」、「坐忘」的功夫。「心齋」，是指把心沉靜下來，「齋」是齋戒，指心不亂，這就是顏回的功夫。「坐忘」就是坐在那裡把一切閒思雜念忘掉，但有一念不能忘掉，就是禪宗參禪的功夫。「心齋」、「坐忘」與禪宗的功夫無甚差別。與其說是顏回的功夫，倒不如說是莊周的功夫更恰當些。這則故事是莊周編造的，但其中有很深的哲理。莊周讚美顏回比孔子高明，我想莊周的本意應是「我莊周比你孔丘高明啊！」在這一面，莊周的確比孔子高明得多，後面會講到這個問題。「心齋」、「坐忘」是莊周發明的修道功夫，漢唐諸儒都不講，直自理學興起，這項功夫就出現了。如周濂溪的「主靜」源於《老子》「致虛守靜」的功夫，與《莊子》的「「心齋」、「坐忘」」，無甚差別，只是名稱不同罷了。我們從老莊和理學的基本功夫中，可以獲得强有力的證明，老莊之「道」就是指的這個形上光明本體，絕對没錯。

宋明理學家用老莊的修道功夫證得本體，稱爲「太極」、「誠」、「先天」、「天理」、「理」、「本心」、「自然」、「良知」、「中庸」、「慎獨」等等，名稱實在太多了，五光十色，令人眼花撩亂，現在把它們統一起來，統統稱爲「形而上的光明本體」，就便於記憶、容易理解了。儘管各家用的名稱互異，但實質無殊，這仍可從理學家的功夫中獲得有力的證明。其實，只要自己有點修證功夫，一切都明白了，何須證明？一句話歸總，我懂老莊、禪宗、理學，就靠這條修證路線、修證功夫來的。到了這一步，我才恍然大悟，老莊、禪宗、理學的功夫，在形上學方面都是一樣的。就理學家來説，没有一個例外的（張横渠比較特殊，算是例外。），都與禪宗、老莊有密切關聯，王陽明更是如此。

四、王學與孔孟思想的關聯

所有理學家都是通過佛老的功夫證驗得此形上光明本體後，又回到儒家孔孟思想來。他們是用佛老的形上哲學境界來解釋孔孟的。以孔子來説，「五十而知天命。」「知天命」如何解釋？即是理學的家「見道」，也就是王陽明「悟得良知」，這樣解釋對不對呢？我看不對。因爲孔子對「天」的認識是從殷周觀念來的，我曾經看到金文中「天」字的寫法，很像個巨人，頭特別大，像個巨無霸。意味着天也是人，是個巨無霸的人，它是人的化身。這說明「天」字在古代，把它人格化，天即是人格神。孔子、孟子對「天」的認識，都是承襲這古老觀念而來的。這與理學家講的形上光明本體差距不啻雲泥之別。孔孟，尤其是孔子的思想境界没有這麼高卓玄遠。然而理學家們無不以此形上光明本體來解釋孔子的「天」和「天命」的。他們這樣的解釋不對，是違背原意的。在這裡必須把孔子和孟子分開，孟子思想裡確有這一傾向，只是不明顯，我們必須分開來講。宋明理學家解釋孔孟思想，與其說是孔孟思想，不如說是宋明儒自己的思想還恰當得多。例如陸象山以他的「本體心」解釋《六經》，稱爲「學苟知本，六經皆我注腳。」與其說是《六經》的本義，不如說是陸象山的創見。這就是學術思想的進步，不要把他們的思想混淆夾雜，攪和在一起。我明白地說，孔孟的歸孔孟，宋明儒的歸宋明儒。必須如此嚴格劃分，才能理清中國思想發展道路來。但出入佛老、歸宗儒家，又是理學家的共同趨向，所以宋明儒與孔孟思想關係非常密切。

在藝術人生方面，王陽明强調曾點之樂。王陽明與周濂溪不一樣，周濂溪首先提出「孔顏之樂」。不過，周濂溪把孔顏之樂的境界提得很高了。據我的研究，周濂溪講的孔顏之樂，早已超越孔顏了。孔顏之樂没有什麼難懂處，只要我們的生活過得清淡一些，不要爲名利富貴操心，就可以享受孔顏之樂了。可是，周濂溪講的孔顏之樂就不這麼簡單啊！他通過「主靜」——莊子的「心齋」、「坐忘」功夫，可以自然地、無所待地產生無窮的快樂，即是不折不扣的莊周逍遙自適之樂。我為什麼肯定周濂溪講的孔顏之樂，就是莊周的逍遙自適之樂呢？我是怎麼了解的？我是透過「主靜」功夫了解的。因為功夫到達什麼境界就會產生什麼快樂，我自己有些經驗。如果沒有這項經驗，沒有一點功夫，我是沒法理解莊周逍遙之樂的。

現在說說自己一點經驗吧。一次做功夫時，沒有燈光，寢室黑漆漆一團，功夫很得力，陡然腳一麻，不是觸電的麻，麻得很舒服，但頭腦很清楚。之後，兩腿麻，接著身子也麻，再上來腦袋就麻了，頓時大放光明，我的腦子還是很清楚，不知道一股什麼力量推動我進入一個光明境界，這光明境界以前沒看過，周圍都是山，不很高，中間是個大平原，很像夕陽西下的景象。這股力量推動我在平原上作圓周形的運動，離草地大約一公尺吧，轉了好幾個大圓圈，我想不能再轉了，再轉下去，腦袋就要暈了，但是控制不住，這股力量不停地推動著我，轉到最後，一下子煞住、不轉了，光明境界立刻消失，我不知道這叫什麼？後來才知道我「入定」了。次日晨早起床，周身輕快靈活，真有飄飄欲仙之感。還有一次，我在空中飛翔，很像《莊子·逍遙遊》那個境界。於是《莊子·逍遙遊》的意境我也領會了。我在空中遨翔，這亦是入定的境界。這個人是誰呀？不是睡在床上的我，這個人，道教叫做「元神」。元神出來了。元神修煉成功，就是神仙。

這時元神自己跑出軀殼，在空中遨遊，我心裡清清楚楚，一點都不迷糊，到現在還記憶猶新，絕不是夢境。所以我自己有功夫，有境界，我就知道莊周〈逍遙遊〉的境界該怎麼解釋。我當時做的功夫，就跟莊周講的「其神凝」（〈逍遙遊〉）、「吾喪我」（〈齊物論〉）以及「心齋」、「坐忘」等等沒有什麼區別。所以對莊周的〈逍遙遊〉如只從文義上去了解很有限，惟有從功夫上去驗證，才能深入他的哲學境界。莊周的逍遙自適之樂，理學家就稱為「受用」。用功夫達到某種境界，的確有一種樂的享受，只可意會，不可言傳。陸象山的《語錄》說：「自然輕輕、自然靈，如鴻毛之遇順風，巨魚之縱大壑，豈不快哉！」這些話，我也徹底明白了。這項功夫越深，樂趣越無窮。這就是受用。這種受用不是物質生活、名利富貴的受用，而是一種超精神的智慧境界的受用。只有達到這個境界，研究理學才有受用，才是為己之學。不然的話，你僅從文義上去解析，你可能寫出幾本書來，但你沒有受用，學問還沒入門。理學家如周濂溪講孔顏之樂，就是求受用的。

現在王陽明不跟著周濂溪走，他講另外一套。王陽明強調曾點之樂。曾點是孔子老一輩的弟子，又叫曾晳，曾參就他的兒子，父子倆均受業於孔子。《論語》記載：「季路（子路）、冉有、曾晳、公西華侍坐」，孔子問他們的抱負。子路衝口而出，說道：願車馬輕裘與朋友共用。孔子沒有認可，為什麼？他的人生境界太低了。冉有是政治人才，他說千乘大國，他可以把它治好，孔子還是沒有首肯，爲什麼？這是政治層次，境界也不高。公西華是辦外交的能手，他說，他可以把外交搞好，孔子還是不點頭。最後，問到曾皙，你怎麼樣？曾皙答道：「暮春者，春服既成，冠者五六人，童子六七人，浴乎沂，風乎舞雩，詠而歸。」孔子很讚許，說：「吾與點也！」這裡，孔子實含有深意，曾點之樂，是爲己的，要爲己以後才能爲人呀！如果動輒講爲人，爲國家服務啦，爲社會效力啦，爲人群謀福祉啦，不但是空話大話，爲人實足以利己，古往今來莫不如此。只有爲己之學紮了根，爲人之學才有着落。孔子所以讚許曾點，而不首肯子路等人，其故在此。現在王陽明强調曾點之樂，用意與孔子同，其間差異的，是把曾點之樂的境界提升得更高了。高到哪裡？已躍入一個形而上的精神智慧境界，其樂無窮的境界，也就是我說的《莊子·逍遙遊》的境界。此外，還有一層意思，陽明不便明白道出：入室的弟子是曾皙，他不就是孔子了嗎？陽明先生心目中只有一個孔子，所以他的詩說：「箇箇人心有仲尼」，雖然陽明是孔子第二，但人人都可以作聖人，作孔子，孔子也就大衆化了，社會化了，這是王學的卓絕處，也是平凡處。

王陽明講「致良知」的工夫時，特別提到《孟子》「必有事焉」之語。孟子說他養「浩然之氣」是用「必有事焉」的功夫，孟子本人怎麼養法？我們不去管它。王陽明把《孟子》的「必有事焉」作爲「致良知」的功夫，這與程明道的「主敬」和李延平的「默坐澄心，體認天理」的用意完全一樣，不過名稱不同罷了。王陽明說：「主一，就是主箇天理」。這與《孟子》「必有事焉」的意義無殊。由前面辨析孔顏之樂、曾點之樂、以及莊子的逍遙之樂，和此處「必有事焉」的「致良知」的功夫，在思想上處處相互關聯王學與孔孟思想關係之密切也就明白了。但王學是王學，孔孟是孔孟，絕不可混爲一談。

五、理學家對佛老思想的態度

宋明理學家除周濂溪外，沒有一個不排斥佛老思想的。這在前面已經說過。周濂溪自己很明白，他的思想，一部份來源於道家，尤其是道教的〈太極圖〉，一部份來源於禪宗壽涯傳的〈先天偈〉（即「有物先天地」云云。）其思想淵源如此，實在沒有排斥的理由，周濂溪對佛老思想的態度，還算公正客觀，值得稱道。可是邵康節就不同了，對佛老多有微詞，似乎認爲他所領悟的宇宙人生的哲理比佛老還要高明。程伊川說佛老太自私，只求解決個人生死問題，如禪宗追求人生的目標——成佛作祖，即是如此。到了南宋，理學大儒朱晦庵，他的論調很特別，竟評佛老「彌近理而愈亂真」（見〈中庸章句序〉）倒過來把佛老咬一口，說佛老是抄襲儒家孔聖人的，這不免高自位置，太不客觀了。陸象山對老莊似無意見，對禪宗卻說：「又起土堆了」。禪宗

「悟道」時，說「山河大地是如來。」象山的意思如指這方面說，恐怕對禪宗哲理的悟解還是不夠深入。只有明代王陽明的批評意見相當公正客觀。如說：「佛老不能爲天下國家。」他的意思是說，佛老的形上哲學儘管高明，但沒有經世之學的配搭，是不能做儒家治平事業的。陽明這一考評，即使到了今天，仍然有它正面的價値，値得我們認同和肯定。

在宋明理學家中，有兩位理學大師對佛老的態度很特別，一位是「北宋五子」之一的張橫渠，一位是明末理學殿軍劉蕺山。一個是脫離了理學思想的正軌，自創一派思辯式的理學，一個是儘量汲取佛老思想作爲他思想的核心，同時又劇烈排斥佛老思想，把儒家思想塡進去，形成理學的怪胎。他們二人的理學詣境，都須在此一說。

試問：張橫渠在理學家中何以很特殊呢？所謂「出入佛老，返諸六經」，就是指張橫渠說的。張橫渠的思想是由苦思力索得來，主靜工夫是很有限的，在這方面，他和周濂溪、邵康節、程明道、程伊川都不一樣。他是以智力探取佛老思想，而不是用主靜工夫去體驗佛老思想，因此，他只看到佛老思想一點點，什麼「晃晃焉、烱烱焉」，認爲這就是佛老思想了。實際上，張橫渠只看到佛老思想中本體初露曙光的表層，就斷定佛老說的理，都是「虛理」，從此與佛老分途，要找出他認定的「實理」來。他所謂的「實理」，又是個什麼東西呢？不過是，假定太空中有一無限大的清清之氣或清清的氣團而已。這個清清的氣團，就是陰陽二氣的本體。橫渠所謂

「太虛無形，氣之本體」，應作如是觀。其實，橫渠所謂的本體，完全是虛擬的。王龍溪曾有責難：「清清之氣爲道，重濁之氣豈不爲道乎？」雖橫渠復生，亦難以自解。周濂溪擇可實證的靈明不昧的東西爲陰陽二氣之本體，我都持懷疑態度，那來的陰陽二氣呢？站在科學實證的立場，我否定陰陽二氣的存在，何況橫渠自信甚篤，排斥佛老、自爲臆說之本體觀念呢？橫渠言本體，早已脫離理學傳統，只憑思辯，無可証實，關學之中斷，不無因由。

其次，說明末理學殿軍劉蕺山造成理學的怪胎。在宋明理學家中，反對佛老思想最爲强烈的，莫過於劉蕺山。他强調的「愼獨」，不過把〈中庸〉的「愼獨」觀念拿來爲自己張目。〈中庸〉本義未必有這麼高深。劉蕺山汲取佛老思思，把〈中庸〉理學化了。於是「愼獨」二字，既是工夫，又是本體，「即工夫即本體」，「愼獨」的口號，十分響亮，幾乎可與王陽明的「致良知」等量齊觀，這就達到自立門户，獨樹一幟的學術目的了。然而，蕺山又站在衛道精神立場，大力排斥佛老思想，填補儒家思想，遂形成理學的怪胎。於是理學真相晦暗不明，這不能不說是劉蕺山排斥佛老思想的惡果。

熊十力先生曾說：宋明儒不排斥佛老思想，成就更大，信然。我們今天的態度就不同了。

六、我們的態度

我們對佛老思想的態度是：應該肯定佛老思想在形上學一面的成就，這是中國哲學思想的獨特處，高僧大德和道家學者對中國哲學思想的進步都有重大貢獻；同時，王陽明對佛老思想的批評也很正確，直到今天爲止，我們還是這樣認定。佛老思想在形上哲學方面，確有卓絕的成就；但是如果大家都學老莊，去修神仙，學佛家去當和尚，那社會、國家還成甚麼樣子，將不可想像。如果都學佛老的出世態度，就「要斷絕種姓矣」。然而，原始儒家思想在這方面，又欠缺高深的哲學境界，我們要求快樂的藝術人生境界，那裡沒有，我們要追求宗教人生境界，尋找永恒不變的真我作爲人生的歸宿，那裡更沒有。那裡只有物質生活的滿足，道德倫理的規範，絕難滿足人心的普遍需求。爲了理想人生的設計，這二者必須結合起來，宋明理學家就是走的這條路子，既消極又積極，以出世的態度做入世的事業，王陽明就是最佳的榜樣。理學思想發展到陽明手裏，確實已經登峰造極，無已復加了。陽明的道德人生境界最爲突出，如不仔細研究考察孔孟、陽明思想之異同，陽明之崛起，實無異孔子之重生。但是，陽明思想亦有它的缺陷，不太重視知識才能的要求，更欠缺科學人生境界，如與今天西方科技思想融合起來，可能使人生境界就更圓滿了。既有遠大文化理想，又重視現實的科技知識，二者同時兼顧，豈不塑造成人生美滿的願景？美國哲學家佛蘭姆，想把禪宗思想融入現代美國的工商業社會，促使現代工商業社會不要過度物化，向健康的道路發展。佛蘭姆的構想，得到我們的肯定與認同，問題是，佛蘭姆想把禪宗思想融入現代工商業社會以取代基督教思想，這可不容易啦！畢竟禪宗思想跟現代工商業差距很遠，要做到這一步，實在很難很難。這是文化思想的鎔鑄工程，不如改走中國理學家的路線，就容易得多了。因爲佛（主要是禪宗）老思想早已融入理學中，如以王學爲例，只須把現代科技知識融入王學中，王學可能會改頭換面。這麼一來，禪宗思想有了，老莊思想有了，孔孟思想也有了，現代工商業社會也有了，難道還不美滿嗎？我們要有這樣的胸襟度量、遠大眼光，融合中西文化思想之長而去其短，中國的新文化、新思想就誕生了。中華民族非但可以重振漢唐雄風，而且她孕育出來的新文化、新思想，更可能影響世界文化思想之發展。

第七講　王學對中國思想的重大貢獻及其缺失

今天講王陽明哲學對中國思想的重大貢獻及共缺失。以上各講題是以王陽明哲學自身爲基軸，講它的深度和廣度，最能顯示王學之真相及陽明其人之精神風格；其次，講朱陸、朱王異同與陸王異同、解決了學術史上的老問題；又次，講王學與禪宗、華嚴、老莊及孔孟之思想關聯，爲宋明儒所忌諱及近人多未涉及者。把這種種學術思想問題講清楚了，下一步即講陽明哲學對中國思想的重大貢獻和缺失。它的貢獻在哪裡？缺失又在哪裡？這樣講法，很公平，很合理，不會失之偏頗，才是一個學人應有的態度。

一、王學的卓越成就在哪裡？

王陽明講「良知」哲學，他的成就在哪裡？須知理學中形而上的光明本體世界，從周濂溪起就開出來了。周濂溪叫「太極」，試問：「太極」是個什麼東西？一般人對「太極」並不了解。

周濂溪說：「主靜立人極」，這句話很重要，尤其「主靜」功夫是破解「太極」之謎的樞鈕。要瞭解「太極」的底蘊，必須從「主靜」功夫着手。「主靜」功夫從哪裡來的？是從老莊來的。老子說：「致虛極、守靜篤。」莊子說：「心齋」、「坐忘」，就是主靜功夫的起源，以後禪宗的「參禪」、「打坐」，仍是變相的「主靜」功夫。周濂溪的「主靜」功夫，溯其淵源，就該如此。問題是這項主靜功夫與太極有何關連？我們不僅從文義上去解析，進而要從功夫上去印證，就可洞知他的「太極」的底蘊了。你會恍然大悟：太極原來就是這個東西——形而上的光明靈知之本體。過後，周濂溪又在《通書》中以〈中庸〉篇之「誠」來替代「太極」，替代本體。這一名稱上的轉換，一般人就不太懂了。因爲周濂溪《通書》用語過於簡略，不易索解；但索解以後，我的認識是：周濂溪是把這形而上的光明本體開出來了，但不夠清晰明朗，這應是不爭的事實。接著邵康節又講「先天」，仍就指的這個形而上的光明本體說的。「先天」是個什麼東西？雖然是一個謎，但我們只有從邵康節的「主靜」——觀心功夫去探尋，立可判知其「先天」之底蘊。程明道、程伊川也主「主靜」，他們講的「天理」是什麼？也不難忖測了。但他們都把這形上光明本體說得不夠清晰、不夠明白，令人費解。至於張橫渠的「太虛無形，氣之本體」，經我仔細琢磨，早已脫離了周濂溪、邵康節、程明道、程伊川的思想軌道，在理學中應屬別派，這裡不去討論。

南宋理學大儒朱熹——朱元晦講本體，僅說：「理祇是箇淨潔空闊底世界，」太簡單，不易理解。陸象山講本體最多，如「發明本心」，就是指本體說的。惜乎陸象山講本體總是粗枝大葉，不夠細密，如說：「宇宙即是吾心，吾心便是宇宙，」「此理充塞宇宙」等等，煞是費解。如果對王陽明的良知哲學不懂，那陸象山的本心哲學也不會懂。如果沒有陽明學的疏證，那陸象山講：「宇宙即是吾心，吾心便是宇宙，」的名句，亦難明其底蘊。還有明代中葉較王陽明稍早的陳憲章——陳白沙，直視本體爲「自然」，自然源於《老子》，那白沙之學豈不成于自然主義？這就更難解了。

以上說的什麼？主要的，是從北宋周濂溪開出本體世界以來，直到明代中葉陳白沙爲止，講的本體都是撲朔迷離，極難理解。如果沒有王陽明的良知學的興起，那後世研究理學者如墮五里霧中，很難了解理學的真相。爲什麼呢？因爲王陽明把此光明靈知之本體展現得醒豁明朗而凸出，使內聖外王之學至此而始底於成。在王陽明的《傳習錄》以及詩集、文集中，都有精密的詮釋和細膩的描述，問題是對王陽明良知哲學是否真正理解。按「內聖外王之道」，雖出自《莊子・天下篇》，但在儒家思想中亦可找出脈絡來。如《論語》中孔子講：「古之學者爲己，今之學者爲人」。以後理學家就把「爲己」釋爲內聖，「爲人」釋爲「外王」。爲己或內聖，主要在道德修養、哲學修養；爲人或外王必須具備知識才能，才有作爲，才能真正造福人群。「爲己」在理學中叫做「受用」，是一種超精神的精神享受。周濂溪强調「孔顏之樂」，王陽明强調「曾點之樂」，都是指超精神的精神享受，這種精神享受，主要在求一個「樂」字。試問，又樂個什麼呢？根據我的體會，就是禪宗的「入定」之樂，又叫「禪悅食」、「大自在」或「大快活」。其樂無窮，只可意會，不可言傳。根據我的理解，莊子的逍遙之樂，亦是如此。無論孔顏之樂或曾點之樂，在理學中境界都很高，與莊子逍遙自適之樂最爲接近，和《論話》中說的，差距就很遠了。縱然理學思想與孔子思想有哲學層境高低之不同，但「爲己」釋爲「內聖」，不能不說是思想上一大進步。由爲己達到內聖的境界，既是思想上的自然進展，也是功夫證驗的必然結果。然而，我早年親近的徐先生，他把孔子的「爲己爲人之學」解釋爲：「爲己，就是充實自己，爲人，就是表現給人看。」完全從知識條件著眼，是偏而不全的。恐怕也非孔子原意。《論語》曾子說：「爲人謀而不忠乎」？恰與孔子「爲人」意義吻合。如此般「爲人」，就非「表現給人看」所能解釋了。但這種解釋卻具有代表性，可能代表現代中國知識分子的一般看法。殊不知「爲己之學」純從知識條件著眼，就沒「受用」了；「爲人之學」如解釋爲「表現給人看」，這未免虛僞狡詐了。這是新儒家學者的悲哀，他或他們對宋明理學及先秦儒的曲解，我們在此不得不加以駁證，也是匡救時弊的一端。

我們在此慎重申明，理學家釋「爲己就是內聖」，「釋爲人就是外王」，是絕對正確的，道德與知識二者兼顧，如就理學家的學問要求標準言，縱然比先秦儒學境界提高了，但須道德，知識二者兼備，才能真正實現「內聖外王」的理想。至於外王事業可以放大，亦可縮小，依據知識才能及外在條件而定。才識超群，又能見幾而作，可能創造偉大事業，對國家必有重大貢獻，甚至領袖群倫，爲全民之表率，這應是外王事業的最高理想。在歷代儒家學者中，外王事業沒有幾個很突出，孔子儘管德才兼備，仁智雙修，外王事業並不彰顯，跟王陽明比較，似乎還差一大概嘞！孟子只是講空話，重理想，沒有什麼功業可說。如以孔子「爲己爲人之學」做標準，內聖方面確有湛深的哲學修養，外王方面又有烜赫事功的，只有王陽明一人。可惜王陽明偏重內聖學的修養，這方面的話講得很多；外王方面，除事功烜赫外，所以成就事功的種種條件，卻沒有寫出來。大體說來，王陽明已達到內聖外王學的巔峰狀態。孔子以來，沒有第二人可以和他比擬，可以並駕齊驅。我們如以王學作標尺來看西洋哲學，柏拉圖的「理想國」和「哲王」的構想，只是由觀念和哲學知識層層堆砌的理想，甚至是空想，是不切實際的，是不能實踐的。由此一端，即可判知中西哲學思想之絕大差異。但中國這套哲學瓌寶，哲人思想的結晶，早就失傳了。清代乾嘉以後重考據，這套高明學問早就昧失了。清末張之洞提倡「中學爲體，西學爲用」，似乎露出一點影子，但「中學爲體」，究竟是什麼「體」？張之洞也說不出所以然。他對程朱哲學的了解也只是一點皮毛。程朱姑且不提，即使陸王哲學，有真知灼見的又有幾人？現在回歸本題，在宋明理學中提出「內聖外王之道」的，是北宋程明道，開始奠基的卻是周濂溪，而徹底完成這套學問，付諸實踐，又能建樹烜赫事功的，則是王陽明。理學最難瞭解的，是形上學。在形上學中開出軒豁明朗本體世界的，仍是王陽明。他把形上學與形下學融成一體，而且說理清晰的，還是王陽明。

這些都是王學卓越成就處，早已凌駕前人了。

二、爲先秦儒家思想樹立形上哲學基礎

如以理學作標準，孔子思想在形上方面最爲欠缺。因爲它始終脫離不了古老的傳統觀念，「自然與宰制力的混合體」（錢穆語）。如《論語》「子畏於匡」，孔子無可奈何地說道：「天之將喪斯文也，後死者又得與於斯文也；天之未喪斯文也，匡人其如予何?!」這兩句話譯成語體就是：上天如果不讓我孔丘承擔中國文化使命，那以後的中國人就沒法瞭解中國文化了，這是從反面講；正面講，假如上天不願中國文化從此斷絕，匡人又能把我孔丘怎麼樣呢?!匡人也拿我孔丘沒辦法!這兩句話的重點在哪裡?就是孔子講的「天」字，「天」是個什麼東西呢?在孔子思想裡沒有什麼高深的哲理。十多年前我在金文（周代鐘鼎文）裡看到「天」字的寫法。我們今天

對「天」字的寫法不知道什麼意思，但在金文裡，天字的意思就顯出來了。「天」字上邊是很大一個頭，偏向左邊，好像在窺視人間什麼的。手腳連在一起，粗粗壯壯的向左右撐開，這麼大！這麼大！金文是象形文字，就是這麼寫的。這裡可以看出天字的意義來。我們老祖宗爲什麼把「天」字的形象寫成這樣呢？「天」也是人，是個巨形的、有意志、有宰制力的巨人，就是今天的「巨無霸」。《墨子》有〈天志篇〉，其中的「天志」，尚不失天字的原意。所以馮友蘭先生在《中國哲學史》裡解釋天字爲「人格神」，很對。這個神就是人的化身，西方那個神離我們很遠很遠，遠在天國，中國這個神就在我們身邊。中國古人心目中的這個神，就是個巨人，有無比的力量，可以主宰控制世人的命運。馮友蘭釋天爲人格神，是用西洋哲學的話說的，錢穆卻用中國話講出來。他的《中國思想通俗講話》中這麼說：「天就是自然與宰制力的混合體」，天的意義就完全包括進去了。具有宰制力的自然之天，可以主宰世人命運的。今天的中國人腦子裡或多或少還有這種觀念。我們今天說：「皇天不負苦心人」，仍是承襲天字原義而來的。至於有沒有這個主宰力？我們就不去管它了。但在無可奈何時而呼天，乃人之常情，今人尚且如此，孔子時代，這種觀念非常强烈，而且是肯定有的。所以孔子才講出：「天之將喪斯文也」，「天之未喪斯文也」的話來，其中天字的意義就很明白了。這是一種神權思想，沒有什麼哲學境界可言。孔子有時把天竟看成西方式的上帝，如《論語》說：「知我者，其天乎」！這裡的天不像西方的上帝嗎？孔子又儼然成爲中國的耶穌了。不過仔細剖析，中西思想仍有絶大差異。中國的上帝，始終是超越而內在的；是人格化的；西方的上帝是超越而外在的，是神格化的。西方的上帝很像羅馬皇帝一樣，具有無上權威，是君臨天下的；中國的上帝卻不如此，這是中西觀念之不同處，從孔子起，這一觀念就顯得凸出了。

孟子講天直接承襲這一傳統觀念而來，《孟子》說：「天之將降大任於斯人也，必先苦其心志，勞其筋骨，餓其體膚，……」。在孟子的觀念裡，認定上天將授予這個大人物的重任，必定要吃盡苦頭，受盡人間折磨，才能肩負起重責大任底。孟子對天的認知和孔子是一樣的。這個「天」沒有什麼哲理可言。可是荀子就不同了，他深受老莊思想的影響，把古老的傳統觀念推翻，他有〈天論篇〉，提出「戡天」的主張，使天完全回歸「自然」，與孔孟相左。不過，荀子把天回歸自然，乃是人文化的自然，與客觀自然界還是有別的。

講了天，還有「命」和「天命」等觀念，須得在此一提。《論語》孔子說：「不知命，無以爲君子也」。孔子講「命」很空洞，不易捉摸，孟子就講得清楚了。《孟子》說：「知命者不立乎巖牆之下」。意思是說，一個知命的人不會站在要倒的土牆下面。好了，命字的原始意義也不難明白了。命是什麼意思？是指外在環境言。外在環境，過去叫「格局」，格局就是命。今天我們每個人都要受外在環境的限制，無論你的本領多大，外界環境的限制，也是無可奈何的。諸葛亮六出祁山，北伐中原，所以壯志未酬，怎麼解釋？這就是命。再說明白點，諸葛亮棋逢對手（司馬懿），也無可奈何，再加英年早逝，更沒有希望了。諸葛亮受命——格局——外在環境的限制，縱使才智超群，也是一籌莫展的。孟子把命字解釋得很好，由此上溯孔子「不知命，無以為君子也」的命，不就是受外在環境——政治環境的限制麼？這麼說來，孔子這句話，似乎他自己也沒做到。他如果知命的話，就不該離開魯國，周遊列國，在外漂流十四年之久，最後還是仗他大弟子冉求在魯國作將軍，建議季康子才把他從衛國迎回來；不然，恐怕就要客死異鄉了。由孔子的事蹟看來，正可說明孔子未必是個知命的君子。

其次請「天命」。天命觀念來源甚早，《詩經》就有「天命靡常」這句話。命是動詞，給予的意思。天是古義。上天的權力給予世人怎麼樣，就怎麼樣，是沒有一定的。〈中庸篇〉「天命之謂性」，命字就作動詞解。那孔子「五十而知天命」，又該怎麼說呢？我們今天似乎可以這麼講，孔子認為他的道是否可行？完全是上天注定的，是上天主宰的。孟子卻不重視天命觀念。此外，孔子又講「天道」觀念，但未直接說出，是由子貢「夫子之言性與天道：不可得而聞」一語，才流傳出來的。孔子的前輩子產就說過：「天道遠，人道邇」的話。「天道」是指自然的意思，有時也含主宰之天的意思。如《老子》「天道無親，常與善人」，即是顯例。總之，孔子講天、天命，意思極為接近，命就不一樣了。天道，多指自然說。故知孔孟思想中，這些古老觀念是沒有什麼高深哲理的。

這些古老觀念，經宋明理學家一轉手，意思就完全不同了。試問理學怎麼解釋呢？朱子《四書集註》的解釋，就把這個形上光明靈知之本體融貫進去了。這麼一來，哲理可高深了。今天我要提到明儒許鍾斗的《四書闡旨合喙鳴》一書，把儒家思想理學化最爲徹底。他是金門人，明世宗時進士出身，他精研理學，他把「四書」理學化得很徹底。他解釋孔子「五十而知天命」，說：孔子五十才「聞道」。孔子說：「朝聞道，夕死可矣」。「聞道」就理學家看來，就是禪宗的「悟道」。「天命是個什麼東西？不是別的，就是理學中的這個形上光明靈知的本體世界。不僅「天命」如此，即「天」、「命」、「天道」等等，統統用此形上靈知之本體來解釋。這麼解釋的結果，孔子思想中的神權觀念全部清除，都賦予形上哲學的基礎，孔子不得了，立即轉變成中國古代形上學造詣最精湛的大哲人、大思想家。他解釋《孟子》亦是如此。儘管哲學境界說得很高明，但原義盡失，理學家的成就在哪裡？也被抹煞了。許鍾斗這部書頗有代表性，比朱子《四書集註》釋「明德」爲「靈明不昧之本體」（集注釋〈大學〉「明明德」），就高明得太多了。我是根據思想的考證來否定宋明儒理學化先秦儒家思想，他們這樣解釋的結果，使原義盡失，理學家的成就也看不出來了。思想是進步的，由先秦儒到宋明儒，是中國哲學思想的一大進展，融佛老的形上哲學滲入儒家思想後，哲學境界就很深高了。雖然我持否定的態度，但其中亦有例外者，不可一概抹煞。如《孟子》的「養浩氣」、「盡心知性」、「盡性知天」等等，近人不知其所以，統統以西方哲學中的神秘主義來詮釋，一語帶過，我很不贊成這種作法。甚至解釋王陽明哲學也是一樣，一碰上難題，仍如法炮製——神秘主義，太不懂得王學的奧義了。根據我的研究，如果真正懂得王學的奧義，那《孟子》書中這些難題，也可獲得合理的解釋，再配合《孟子》說的種種修養功夫，孟子思想中有此形上哲學境界，未始不無可能。這麼一來，孟子也罷，陽明也罷，撥雲霧而見青天，神秘主義的法寶也就不必使用了。就功夫境界上看，孟子思想有些處跟老莊有點接近，所以孟子思想中確有理學底形上學的傾向，這是可以斷言的。

以上講明儒許鍾斗的《四書闡旨合喙鳴》，把孔孟思想徹底理學化；理學化的結果，孔孟形上學境界提高了，好多原義也喪失了，尤其以孔子思想爲甚。許鍾斗與朱子學、陽明學均有淵源，因不滿朱子《四書集註》，特寫此書，以匡救朱學之缺失。現在就王學說，把儒家思想深度理學化，爲孔孟思想樹立形上哲學基礎的，又以陽明哲學最爲顯著，如言「天地萬物一體之仁」，即其顯例。孔子哪來「天地萬物一體之仁」的思想？孔子只說：「仁者愛人」，很容易理解。但在理學中就不同了，程明道說：「仁者渾然與物同體」一般人能懂嗎？進一步說，王陽明講「天地萬物一體之仁」，比程明道說的境界更宏闊，就更難懂了。《論語》孔子講「仁」容易懂，爲何程明道〈識仁篇〉之釋「仁」那麼難懂？因爲他把莊周的〈齊物論〉搬出來了，王陽明把仁發揮到極致，境界無限的擴大，所以更難懂了。這就是理學跟孔孟思想不一樣，有很大差別。因爲理學經過佛老思想的薰陶，大量汲取佛老的形上學，再回頭來解釋孔孟思想，把孔孟思想中的形上學境界提高了，換句話說，理學和王學爲儒家孔孟思想樹立形上學基礎，也可以說是理學和王學對儒家思想的貢獻。

三、「舜禹有天下而不與焉」的詮釋
——爲政治人物開出高明哲學境界來

王陽明强調「舜禹有天下而不與焉」這句話，自有其時代背景使然。朱明政權專制獨裁、黑暗腐化、宦官專權，激起王陽明的反感和憤怒，只好借題發揮，才把孟子記述堯舜禪讓的故事搬出來，給當權的政治人物一副清涼劑。尤其陽明遭張忠、許泰之變（誣陷王守仁謀反）後，特寫「舜禹有天下而不與焉」以自白，未始不無此種心理傾向。這句話，再明白地說，與其說「舜禹有天下而不與焉」，不如說「我王守仁有天下而不與焉」，更爲恰當。王守仁有天下爲何而不與焉呢？因爲他有享樂的藝術人生和證成「真我」的宗教人生，權力欲、財富欲早就沖淡了，甚至沒有了，他還要「天下」（代表權力、財富）來幹什麽？他很可以告訴朱明政權的宵小之輩說，我對權力、財富的欲望早就沒有了，還要這「天下」來幹什麼？對當時的政治人物如元老重臣楊廷和之流無異是一副清涼劑。把陽明所處的政治環境、時代背景明白後，對「舜禹有天下而不與焉」這句話，更有深刻認識了。而陽明的隱衷，又不能明白道出，只有借題發揮。再就孟子記述堯舜禪讓故事本身說，可信度究竟有多少？尚待歷史考證，我們不去管它。現在要說的是，王陽明把他自己湛深的良知哲學貫入孟子記述的堯舜禪讓故事中，當然增色不少，禪讓政治哲學基礎又有了。什麼哲學基礎？就是前面講的藝術人生境界和宗教人生境界。必須具備這樣高度哲學修養，權力、財富等欲望才有沖淡淨化之可能。如用陸象山的話說，叫做「學苟知本，六經皆我注腳」。這可視爲陽明以良知哲學詮釋《孟子》之顯例。就這方面說，王陽明又比王安石〈辭官詩〉「永憶江湖歸白髮，欲回天地入扁舟」的境界高得太多太多了。王安石官場失敗的感觸，頗有魏晉名士的風格，陶淵明就是最佳榜樣；可是理學家如王陽明則不然。事功烜赫，政治事業達到巔峰狀態，因有道德人生作主導，還要繼續幹下去，爲全民謀福祉，爲國家作柱石，既無權力的戀棧和糾纏，又無消極的人生態度，比失意宰相王安石歸隱林下高明得太多了。王陽明爲政治人物開出高明哲學境界，無論現在與未來，對政治人物均有莫大的啓迪。

四、爲民主政治樹立形上哲學基礎

王陽明由於政治環境、時代背景的激發，又有「拔本塞源論」的創見，載《傳習錄》答顧東橋一書。在這封長信中，王陽明闡述他的民主政治思想。大家都知道，中國民主政治思想發源於孟子。孟子說：「民爲貴，社稷次之，君爲輕」，雖然是民本主義，但中國民主政治思想卻從這裡發軔了。惜乎，孟子沒有樹立高深哲學境界，只是講講而已。其次是〈禮運〉大同章特別提出「公天下」的主張說：「大道之行也，天下爲公」。這不能不說是〈禮運〉作者的創見。孫中山深受其影響，愛題「天下爲公」四字，可見孫先生嚮往之一斑。惜乎〈禮運〉的大同思想跟孟子一樣，沒有高深哲學基礎，及到王陽明起來，精神面貌就全然不同了。他把孟子的民主政治思想和〈禮運〉的大同思想結合起來，用他的良知哲學注入「公天下」的民主政治思想中，於是中國民主政治思想煥然一新，使中國民主政治思想從此有了高深的哲學基礎，這應是王學的一大貢獻。我們不可等閒視之。民主政治思想是擋不住的時代潮流，今後中國無論若干年後，總要走出自己的民主道路來，這又是我們深信不疑的。

提到民主政治，現今當然以美國作代表，美國的民主思想是不是很完美呢？那也未必盡然。

按民主思想是以「自由」、「平等」、「博愛」爲其三大支柱，當然很理想，但實際運作起來，就大大變質了。以美國爲例，當權者是爲自己政治利益、少數資本家的經濟利益打算的，根本沒有「天下爲公」的思想。美國的大資本家就是當權者的後台，無論民主黨還是共和黨，都有資本家撐腰，資本家又是唯利是圖的，只考慮自己利益，絕不考慮全民的利益，貧富差距極爲懸殊。所以美國的民主政治是由資本家操縱的，表面看起來很民主，很公平，實際上也是問題重重的。如果不這樣，實在沒有更好的辦法。所以英國前首相邱吉爾語重心長地說道：「民主政治不是好的政治，但沒有更好的政治前，我還是相信民主政治」。西方民主政治已走到盡頭，看不出什麼前景了。假使西方民主政治把王陽明的民主政治思想融貫進去，並以良知哲學爲實踐之標尺，可使西方民主思想大放異彩，從此民主政治也有高深哲學基礎了。

五、「滿街都是聖人」是什麼意思？

王陽明《傳習錄》中有「滿街都是聖人」的話，這是王陽明弟子說的。我們舉目一望，滿街都是俗人、凡人，哪來什麼聖人呢？但陽明弟子這麼說，陽明又是認可的。試問這項哲理怎麼解釋？在孔子時代聖人的標準定得很高、很高，要做聖人是很難很難的，幾乎不可能。可是，自王學興起後，聖人的標準就大大地改變了。孔子儘管道德很高，才智超群，還是沒有以聖人自居，據《孟子》記載：子貢問孔子道：「夫子聖已乎？」孔子回答：「聖則吾不能，吾學不厭而教不倦也」。子貢說：「學不厭，智也；教不倦，仁也。仁且智，夫子既聖矣。」由他們師徒的對話，聖人的標準不就定出來了麼？從此儒者認定「仁智兼盡」，才是聖人。可是這標準定得太高，有幾個做到啊！到了孟子時代標準又改了。孟子先定一個標準說：「聖人者，盡乎人倫者也」。要盡乎人倫，要達到實踐倫理道德的最高要求，才是聖人。這個標準就連孔夫子也做不到，所以孟子這個聖人標準就更難作了。過後，孟子又說：「大而化之謂之聖」，我們平常說的「大而化之」這句話，就是從《孟子》來的。孟子這句話實在說得很籠統，令人很難捉摸，不過，孟子定的聖人標準跟孔子不一樣，倒是事實。到了荀子聖人的標準又變了，荀子博學，更重視苦學、力學，他崇拜夏禹，夏禹是位苦幹君主，可爲後世楷模，當然是聖人啦！所以荀子說；「塗之人可以爲禹」，意思是說，販夫走卒只要像夏禹王那麼苦幹，就可以成聖人了。這個標準仍舊很難啊！在孔、孟、荀時代聖人的標準不一樣，孔子定的標準已經很難做；孟子定的標準更難做到，而且很空洞，不具體；荀子定的標準要像夏禹一樣，夏禹只有一個，沒有第二個，也做不到。孔孟荀以後兩千多年來沒有一個聖人出現，有的話，只有孔子一人是大家公認的。

到了宋儒，理學興起，聖人的標準徹底改變了。從周濂溪起，經過二程兄弟，到南宋陸象山，和明朝王陽明，把聖人的標準徹底改變，重新建立一個新的標準來。這個新的標準，宋儒並不十分顯著，到了王陽明特別强調：「箇箇人心有仲尼」。仲尼是孔子的號。詩的意思是說：每個人的心中都有聖人的存在，都可以做聖人。果真如此，那聖人的標準就很低，就很普遍了。這一點很重要，可以說是理學與先秦儒學的絕大差異處。王陽明既然講「箇箇人心有仲尼」，每個人的心中都有孔子的存在，都可以做聖人，這就對了，做聖人不難了。孟子說：「人皆可以爲堯舜」，堯舜是古代的聖人，孟人儘管這麽說，究竟怎麽做法？也没說出實踐方法來。現在王陽明說「箇箇人心有仲尼」，情況就全然不同了。試問聖人到底怎麽做呢？惟一的有效途徑，就是「悟良知」。只要悟得「良知本體」，從此顯現出形上光明靈知之本體世界，這便是聖人了；不過，這只是「超凡入聖」的初階，以後還有多少功夫在。說實在的，王陽明的聖人觀，確實比孔、孟、荀進步得太多了，容易得太多了。陽明師弟倡「滿街都是聖人」之說，就是這個意思，這麽解釋的。自信我的解釋絕對正確，絕無誤差。那末，理學、王學中的聖人，與孔子的聖人觀有没有關聯呢？當然有。如以陽明自身作標準，仁智兼盡，恐怕王陽明不見得比孔老夫子差嘛！問題的關鍵是，仁智兼盡，有幾人可能？現在陽明不從才能知識著眼，要從「仁的道德觀」用力，去加番修證功夫，只要悟得「良知本體」，就是聖人。這就容易得多了，至於才能知識不在考慮之列。有方法，有步驟，有目標，所以王學中的聖人觀是可以實現的。而且社會化、大衆化，做聖人，人人都有份，給予社會大衆無窮的嚮往，使人人都可達到一理想人生境界，既有「樂」的藝術人生，又有實證「真我」的宗教人生，就大群人生說，實在是莫大的貢獻，也是王陽明的良知哲學對先秦儒學的莫大貢獻。這一面，我們必須要肯定，要宏揚，它對世界人類的精神生活、心靈生活貢獻太大了，可以取代西方的宗教。

理學家又創「完人」之說，完人即變相的聖人。不管完人還是聖人，或者超越現實人生的理想人，在王學標準規範之下都有實現的可能。已如前面所說，對先秦儒家、甚至中國文化思想都有重大貢獻，絕不可等閒視之。這個道理怎麼說呢？要從社會大衆的世俗人生講起。我們把世俗人生看成一台戲，道理就更明白了。一般人忙忙碌碌過一生，最後無聲無息地就在人間消失，只有幾個唱主角的，威風八面，其他都是配角，甚至是看戲的觀衆，没有什麼地位可言。人生看穿了，就是這樣，没啥意思。現在理學家如陽明先生，卻爲渾渾噩噩的世俗人生找出一條光明大道來，去實現我們的理想人生，去做一個完人，不與草木同腐，在人間消失，這就要靠王陽明講的良知哲學了。唯有悟良知，才是要著。只要下番功夫，悟得良知本體，光明現前，就有無窮無盡的樂的享受，不必唯利是圖，爲名啦，爲利啦，去惡鬥，去掙扎。到了這時，你的人生境界不同，就跟世俗一般人不一樣了。什麼不一樣？有你絕大發現，當然不一樣。例如：王門的泰州學派使王學儘量社會化，大衆化，竟有農夫、陶匠、樵夫這些屬於下層社會的，也受良知哲學的薰陶，也成了陽明學者，去追求他們的理想人生。不僅農夫、樵夫、陶匠如此，即殘障的啞巴亦可入王學之門。王陽明征「思田」，在回軍途中，碰上一個啞巴楊泰和，略識文字，陽明和他筆談的結果，這個啞巴大有所悟，也進入王門了。由這則故事及泰州學派向社會大衆一面的發展，都可作一理想人——完人或聖人，在王學中不管理論或實踐都是可能的。從此「滿街都是聖人」的王學標誌，也就廣爲流傳了。

六、良知哲學可爲中國人文宗教樹立堅實哲學基礎

中國人文宗教一詞，創自錢賓四先生，但人文宗教的內涵是什麼？他似乎沒有說清楚，我們現在用王陽明的良知哲學來詮釋，意義內涵就很明白了。明代有儒、釋、道三教圓融之說，儒家以孔子爲教主，與釋、道並稱，亦不恰當。釋道二家是出世的宗敎，孔子是入世、淑世的思想，怎麼能相提並論呢？清末康有爲竟提倡孔子思想爲「孔教」，近乎荒謬。錢穆有鑒於此，才有「中國人文宗教」之說，這就對了。惜乎意涵方面，他只認識到兩千五百年前的思想，兩千五百年以後中國思想的演變，他似乎未曾深究，所以人文宗教高層次的思想境界，他就沒法深入了。

生死問題是人生大事，有生就有死，孔門大弟子子路早就觸及到這個問題，所以《論語》記

載子路「敢問死?」孔子似乎避而不談,只答:「未知生,焉知死?」孔子對死的看法如何?後人無法忖測,但生死問題,確是人生的大問題,早在孔子之前的叔孫豹就有番創見,解決了古代中國人的生死問題,此即「三不朽論」的發明。他說:「太上立德,其次立功,其次立言」是謂「三不朽」。最高是立德,孔老夫子就是立德的不朽,這是大家公認的。其次是立功的不朽,只有歷代出名的帝王將相才有這個能耐,所謂「一將功成萬骨枯」,又是歷史的寫照。至於立言的不朽,範圍比較大一點,但真要立言傳之後世,也是很難的啊!所以三不朽是爲少數人設想的,一般社會大衆是沒有份的。再就三不朽本身說,真的做到了,也不過得到後世人的崇敬,時時紀念他們,「活在人的心裡」。「死都死了」,跟後世又有什麼關係?說得露骨點,很不現實,這些都是「三不朽論」的最大缺陷,嚴格地說,沒有解決生死問題,可是「國學大師」錢賓四先生根據「三不朽論」推陳出新,特創「人生觀就是人死觀」的新說,立意雖善,道理欠妥。試問一切努力奮鬥,都是爲身後設想,所謂「千秋萬歲名,寂寞身後事」,又有什麼意思呢?

「哲學大師」牟宗三對此問題似乎沒有正面意見,只從側面著墨,想把宋明理學與基督教融合在一起,成爲中西合璧的中國化的基督教,或者可以解決生死問題。我看牟大師太天真了。他對西方基督教的教義當然很了解,但對宋明理學究竟是套什麼學問,他還未深入到理學的核心層。如果他真知朱子的「虛靈不昧之本體」(釋〈大學〉之明德,見《四書集註》)和陽明的

「昭靈不昧之本體」（釋〈大學〉之明德，見〈大學問〉一文）到底是個什麼東西？我想牟大師就不會抱持中西會通的見解了。前面闡釋陽明師弟「滿街都是聖人」的底奧，牟大師如果懂得了，絕不會發生這種誤解。

宋明理學包括陽明良知哲學無不深受佛老思想的影響，把這屬於宗教方面的生死問題徹底解決了。因爲在哲理上更深入、更普遍，就高層社會人士言之，叔孫豹的「三不朽論」，可以概括進去，就低層社會大衆來看，亦可囊括無遺，也就是說，人人都有份。什麼份？做聖人——完人——理想人的份。在哲理方面，可參看前面詮釋「滿街都是聖人」的話，這裡不贅述。一句話歸總，只要證得「良知本體」，就是宗教人生的展現，人人都可實證「真我」，完我「真我」，覓得了人生的最後歸宿。再加工磨練，直到「心如太虛，本無生死」的境界，應算大功告成，沒有生，沒有死，不再受生死問題的困擾和糾纏，是多麼逍遙自在，多麼完滿無缺啊！不要「活在世人的心裡」，更不要寄諸來世，又是多麼現實啊！換個說法，就是以出世的態度做入世的事業，王陽明在這方面最具有代表性。而王門的泰州學派更把它普遍化、社會化全部實現了。這就是陽明良知哲學爲中國人文宗教樹立了堅實哲學基礎，惜乎近代中國人太不理解王學了。

七、王學的缺失

王陽明的良知哲學自然對中國思想有它重大貢獻，但亦有其缺失。缺失在哪裡？我們在本講的結尾中必須指出來，以免左偏右袒，遺誤後學，同時也是學術公平的態度。陽明自身是具足外王事業才能知識條件的，且極爲卓越，罕與倫比，可是在王學中就看不出來了。陽明曾說過：「麒麟重德不重力」，「精金祇重成色不重份量」。這些都是比喻詞，明白地說，我王陽明的良知哲學，只重內聖的修養，不重外王事業的才能知識條件。前邊已經說過，自有其時代背景、政治環境使然。但時移勢異，時空轉變，及到後世，就毛病百出，這是一面。

其次，在認識上亦有偏差，王陽明跟陸象山一樣，主「心即理」說。由於認識上的偏差，把天、人、事、物四大思想領域之理混淆夾雜，往往求事物之理於吾心，實屬一嚴重錯誤。王陽明重視人品道德，重視內聖的修養，在外王知識才能方面就看輕了。王陽明除愛說「心」外，有時亦常言「理」，凡是天理、人理、事理與物理他都提到了。天理是什麼？就是「良知本體」的化身；人理是什麼？就是人倫道德之理則；事理是什麼？就是事物的關係法則，也就是今天法學院、商學院講的種種原理原則。這些「理」，在宋明理學中，從朱晦庵、陸象山到王陽明，都是混淆夾雜不清的，朱子從外在事物中去找天理，當然此路不通，王陽明往往從自己心裡去求事理與物理，也是一條死胡同。事理與物理，屬於社會科學和自然科學，不屬於良知哲學。由良知哲學怎能發展出科學來？但良知哲學可以指導科學發展的方向，這是我們可以確定的。但從良知哲學中發展不出自然科學來，也是我們可以斷定的。陽明說：「致吾心良知之天理於事事物物，則事事物物亦得其理矣」。這話就犯了認識上的一大錯誤。

王陽明重內聖而輕外王，應是不爭的事實。何以會如此？完全由於政治環境的影響，在王陽明時代，朱子當令，做官的都從朱子學入門，他們算不得什麼學者，只是靠朱子學奠基，去求功名、富貴，是十足的官僚，爲明朝政治腐敗原因之一。像三朝元老楊廷和，就是從朱子學出身的，也是出色的知識分子，他不算大奸大惡，但在官場中卻老奸巨猾到極點。宸濠之亂，他的原形畢露，他是牆頭草，兩邊倒的角色。他與宸濠暗中勾結，又穩坐大學士的寶座。在他的如意盤算中，如宸濠能作明成祖朱棣第二，他有擁戴之功，還可希圖恩寵，加官進爵；如宸濠失敗，在糜爛的政局中，仍可鞏固權位，好官自爲。這就是大學士楊廷和的臉譜，王陽明當然知之甚稔，不便明說，只好借題發揮。楊廷和對王陽明打擊很大，他的門弟子參與宸濠戰役的，戰績功勛，一概抹殺，並製造冤獄；陽明封新建伯，不給「丹書鐵券」，無異伯爵空頭銜，這些都是政敵楊廷和的傑作。政治鬥爭夠殘酷了，古今一般。明世宗立，老友大學士席書推荐陽明「入閣拜相」，元老重臣楊一清從中阻撓，其事遂寢。（楊廷和因反對大禮議，已去職回家，這時元老當權的，楊一清是第一人。一清排擠陽明入閣甚力，陽明的權力巔峰，也就被卡住了。）

王陽明的麒麟重德不重力，精金只重成色不重份量等比喻，都是借題發揮，都是有所指的。我們研究陽明哲學，對陽明當時所處的政治環境瞭解後，那《傳習錄》中這類語重心長的話，更可深入理解。他一再反對朱學，乃時代背景使然。可是王陽明以後，甚至到今天，五百年來，時空在變，世事在變，他那重德不重才的觀念，也就發生種種流弊，以後王學空疏之病，即由此鑄成。同時，王陽明所以重內聖輕外王觀念的形成亦可找出原由來。但學術思想的形成，有利就有弊，黃梨洲在《明儒學案》中描述明末王學末流的弊端，以及顧炎武的大肆抨擊，如本書篇首之所說者，又是陽明當年想像不到的。

由於王陽明重內聖而輕外王，藝術、宗教和道德人生境界最爲凸顯，藝術人生有了，宗教人生有了，可是科學人生境界似付缺如，這是王學美中不足之處。直到一百年後，李二曲才把王學的缺陷彌補起來。拙著《李二曲研究》，台灣商務印書館再版，可以參閱。

總而言之，學術思想有得必有失，好像成了必然的規律。如王陽明的良知哲學對中國思想確有其重大貢獻，如本講之所說者，它的缺失嚴重，又是無可奈何的事。我們對王學既能深入研究，又能持平論斷，也就不失爲「學術爲天下公器」之基本態度了。

第八講　王學之傳承，演變與發展（上篇）

以上各講是從王學自身著眼，把王學的深度，廣度，程朱陸王的異同，以及王學與禪宗，華嚴，老莊的思想關聯和儒家孔孟的思想關聯等等，統統講出來了。從這一講起，換個角度，從陽明的身後來看王學如何傳承的？如何演變與如何發展的？這些問題都是我們研究王學所必須知道的。這裡，先講王學的傳承問題。

所謂王學的傳承問題，就是指王陽明的弟子們如何繼承良知哲學、傳播良知哲學和發揚良知哲學等問題。根據黃梨洲——黃宗羲《明儒學案》的記載，計有：①〈浙中王門學案〉（浙中學派），②〈江右王門學案〉（江右學派），③〈南中王門學案〉（南中學派），④〈楚中王門學案〉（楚中學派），⑤〈北方王門學案〉（北方學派），⑥〈粵閩王門學案〉（粵閩學派），以及⑦〈泰州學案〉（泰州學派）等，真可說陽明弟子滿天下。在中國歷史上，孔子講學門弟子三千，成就的人才，就有「大賢七十二」。孟子在世風光一時，他的門弟子也不少。所謂「後車數十乘，從者數百人，以傳食於諸侯」，比起孔子來就顯赫得多了。惜乎孟子門下沒有什麼出色的人才。荀子雖然聲光暗淡，不能與孔子、孟子相比，但他造就了兩位傑出的門生，一是韓非，集法家思想之大成，一是李斯，輔佐秦始皇統一中國。韓非、李斯對中國政治思想及秦漢以來兩千餘年的政治制度，均有莫大的影響。而且荀子學派的影響力一直達到漢初及以後，如漢文帝有位宰相叫張蒼的，就是荀子的學生。我們可以這麼說，儘管董仲舒建議漢武帝「罷黜百家，表彰六經」，表面上，儒家思想占了優勢，作政治上的主導力，實際上，統治中國的，從秦漢迄於清代兩千餘年來，都是法家思想和法家制度主宰一切。因爲偌大的中國，如果没有法家思想和法家制度，是無法管理龐大的中央政府和地方政府的。儒家思想在政治上只是一種調和作用。「由於儒表法裡」的緊密結合，使君主制的中國才能持續兩千餘年之久，孔子與荀子（指韓非，李斯）對中國無論在思想上、制度上，都有它們重大的貢獻，都是不可缺少的。至於孟子的哲學思想和政治思想，亦有它的啓迪作用，更宜重視，不可偏廢。因宋明儒尊崇孔孟而輕視荀子（陸象山除外），我的態度是孔、孟、荀一體尊重，没有軒輊。而孔子思想占一中心位置，這又是大家公認的。

至於門弟子之衆多，影響面之深遠廣闊，第一個是孔子，第二個便是朱子——朱熹，第三個就是王陽明了。即孟子、荀子也難和他們（指朱子和陽明）比擬。等而次之的，如漢唐以來的史學家司馬遷，經學家董仲舒、鄭康成，文學家司馬相如，哲學家揚雄，古文家韓愈等等，論哲學境界之高遠宏闊，他們都不能與朱、王相提並論，這是我們必須認清的。朱子學術思想對元、明、清三代的影響着實普遍深遠，王陽明雖然桃李滿天下，亦望塵莫及，爲什麼?我們一定要知道。原來朱、陸（象山）兩派在南宋時代是平衡的，對等的。到元代初期就發生了劇烈變化。朱派學者許衡（許魯齋）與元世祖忽必烈有特殊關係，爲左丞相，他建議元世祖把朱子學定爲官學，爲士子必讀之書，硬性規定要求取功名——秀才、舉人、進士，朱子的《四書集註》非讀不可。這麼一來，影響可大了。元代如此，明代亦然。即就王陽明而論，他也是讀《四書集註》考取進士出身的。（現今北京國子監有辟雍殿堂，乾隆皇曾親臨講學，聽衆官員士子三千餘人，開帝王講學之風，也是一大盛事。殿堂左邊陳列歷代進士、狀元牌坊照相放大影片，赫然發現其中一牌坊頂額上書「榜眼王守仁」五大字（按：《陽明年譜》記載，陽明會試第二名）——進士第一名狀元，第二名榜眼，第三名探花——爲王門之光榮。王守仁之父王華爲狀元出身。無怪王陽明的良知哲學始終跟著朱子兜圈子，陽明亦說：「此一亦述朱，彼一亦述朱」可知朱子學勢力之龐大；但是，我們必須認清，這是欽定官學使然，即學術與政治結合，並非朱子學自身有這麼大的力量。

由明代到清代，朱子學始終居於學術領導地位，跟孔子一樣，私家講學的王陽明曾受政治迫害（明世宗初期，權臣桂萼、張聰等，因陽明不爲己所利用，遂目良知學爲「僞學」，大肆攻擊。陳建的《學蔀通辨》就在這一政治背景下寫成的。）及到乾嘉時代，王學早就式微了。朱子學又怎麼樣呢？凡是要獵取功名的，必讀程朱之書，尤其是朱子的《四書集註》非讀不可，只有把朱子的《四書集註》讀熟了（士子熟讀朱子《四書集註》未必瞭解朱子的哲理。）才有應試的資格和學力。因此，在當時，朱子的地位僅次於孔子。元世祖忽必烈把孔子的地位抬得很高，尊爲「大成至聖，先師孔子」，並加文宣王之封號，孔子身後之榮寵，達到了極點，而朱子地位又僅次於孔子。徑過元明清三代，尤其明清兩代，凡是習儒學的，大都與朱子學有關，凡是做官的，也與朱子學脱不了關係。可見朱子的門弟子雖然衆多，但他的學術思想之所以影響元、明、清三代之久，完全由於政治勢力造成的。這與王陽明比較就完全不同了。朱子學是官學，只要想做官，就得跟著朱子走；而陽明學是私學，與官方没有關係，是社會各階層熱心嚮往，自願跟著王學路線走的，所以陽明門弟子滿天下，不管他生前還是身後，都可與孔子比擬，不多遜色。至於欽定爲官學的朱子學，就傳播學術的品質來看，差得就很懸殊了。因爲讀朱註出身、擠進官場的，不一定懂朱子哲學，只熟讀註文而已。

王陽明卅七歲謫貶貴州修文縣龍場驛丞，是卑微的九品芝麻官，又身處瘴癘之鄉，在九死一生中，悟得良知本體，以後，即與朱子分途，找出自己的學術路線來。即應貴州提學副使（相當於今天教育廳副廳長）席元山的邀請，第二年便去貴陽講學，建築龍岡書院，從學者甚衆，爲陽明講學事業的開端，惜乎門弟子中多半默默無聞。王明陽與席元山論「知行合一」說，即發軔於此，與上年龍場驛「悟良知」有緊密關聯，爲研究王學所必須深究的。我們從《傳習錄》上卷可發現徐愛問學。徐愛可算有記錄可查的，陽明早年的一個門弟子。但此人造詣平平，《傳習錄》就很少提他了。王陽明否極泰來，官運亨通，劉瑾被誅，陽明平反，得吏部尚書楊一清大力提拔，由九品芝麻官的驛丞，幾年功夫，就做到南京鴻臚寺卿——部長級的閒官；又得兵部尚書王瓊的推薦，遂外放方面大員「南贛巡撫」。當然，這段時間門弟子就更多了。接著平宸濠之亂，再升江西巡撫，事功烜赫，名震天下，問學之衆，門生之多，恐怕就難以數計了。大亂平定，升南京兵部尚書，封新建伯，回老家越中——浙江餘姚講學，其門弟子之多，南來北往，煞是驚人，就連孔子恐怕也自愧不如了。年紀大的有王心齋、年紀輕的有王龍溪，年紀最小的也有，像王心齋的兒子也帶來受教。老老少少這麼多學生，王陽明怎麼教得了呢？當時有兩個大弟子代陽明擔任講席，稱爲「教授師」，一個是王心齋，一個是王龍溪。如果十來歲的小學生來了，就由教授師講課，如果是年輕人來了，也由兩位大弟子指點入門路徑；如是中年人來問學的，最後才由陽明畫龍點睛，指出良知哲學的奧旨所在。這樣分級授課，才解決了講學上的難題。因此陽明的弟子中亦甚複雜，有年紀小的，有年紀大的，有士子舉人的，有進士出身的，也有做官來問學的，「往者不追，來者不拒」，孟子講學的風格，又在王尚書的府第中出現了。

王陽明生前身後門弟子衆多，已如前面所説，黄梨洲著《明儒學案》時把它們歸納爲：①浙中學派，②江右學派，③南中學派，④北方學派，⑤楚中學派，⑥粤閩學派，⑦泰州學派等。這七個學派中，浙中學派以王龍溪爲代表，江右學派以羅念菴爲代表，泰州學派以羅近溪爲代表，最爲出色。繼承王學，傳播王學者，縱然有這麼多學派，我們只須把這三個重要學派代表人物的王學詣境，作提要鉤玄地講述出來，那王學的繼承、傳播和發揚，也可明白大概了。

一、浙中學派以王龍溪爲代表

㈠王龍溪的生平事蹟：

王龍溪、名畿、字汝中，號龍溪，浙江山陰人。生性聰慧，狂放不羈，嘉靖年間進士出身。龍溪晚年名氣很大，門弟子也多。他少年中舉，恃才傲物，目空一切，視越中無一人。後來發現陽明深不可測，自愧不如，才甘願受教稱弟子。中進士後，授南京職方主事，又遷武選郎中。因與宰相夏貴溪不和，遂辭官歸里，隱居林下四十餘年，無日不以講學爲使命。由南京至北京，以及江南各省，從陽明學者甚衆，講壇林立，紛紛邀請龍溪爲宗主，直到八十歲時，才結束了他一生的講學事業，歸故里，八十六歲去世。

㈡王龍溪以「徹悟」爲主

龍溪云：「師門嘗有入悟三種教法：從知解而得者謂之解悟，未離言詮；從靜中而得者，謂之證悟，猶有待於境；從人事練習而得者，忘言忘境，觸處逢源，愈搖蕩愈凝寂，始爲徹悟。」王龍溪以「徹悟」爲主，自信於良知哲學之奧義大徹大悟也。

實際上，王龍溪之主「徹悟」，據我看來，不外於動中時時呈現本體之意。因爲於動中或人事磨練中去下功夫求取「本體」，即乃師「有省良知」之意，屬陽明成學第二階段的功夫境界之展現。王龍溪有句話，叫做「行住坐臥，皆在覺中。」，即在人事動態環境中時時呈現良知本體之意。如此一來，我們日常生活，無論靜態或動態，無不處於靈覺（即良知本體呈現之意）中，不管行也罷，住也罷，坐也罷，臥也罷，只要良知本體時時都能呈現，也就是龍溪所講的「行住坐臥，皆在覺中。」的意思了。那麼，功夫真能做到這一步，是不是最高境界呢？據我的了解，這還不是最高境界，要達到最高境界，還需要再下功夫。像華嚴的「一多相涵」，禪宗的「破生死關」，王陽明的「草木瓦石皆有良知」，蔣道林的「分付萬桃岡上月」等等，才是最高境界，王龍溪似乎還没達到這一步。王龍溪的最高境界（指實際造詣言）就是在動態環境中徹悟良知本體面已。

㈢王龍溪對「良知」、「知行合一」、「致良知」、及「良知本體」之詮釋，兼評張横渠之「太和」。

1.龍溪云：「良知即是獨知，獨知即是天理。獨知之體，本是無。無……本是徹上徹下。獨知便是本體，慎獨便是工夫。」

王龍溪這幾句話講得很好，措詞精簡，釋義明確，對於良知本體之意涵可以説比王陽明《傳習錄》裡面講得更清楚。

2.龍溪又云：「知行有本體，有工夫。……本體原是合一。知非見解之謂，行非履蹈之謂，只從一念上取證。『知之真切篤實處即是行，行之明覺精察處即是知』。知行兩字，皆指功夫而言，亦原是合一的」。

王陽明講「知行合一」有本體，有工夫，有時指本體言，有時指工夫言，但從本體上講，原是合一的。今天一般人講「知行合一」，經常引用王陽明這句話。多係誤解、曲解。從形上學方面講，很深奥，從形下學方面講，像如何孝敬父母？噓寒問暖，照顧周全等等，只要知道就能做到，當然是「知行合一」的，不過是最淺顯的一層道理。如深一層去研究，決不是這麼簡單。要從形上學本體方面去講，「知行合一」的哲理可就高深了。

有位川籍老教授，與我很熟，據説他曾經是共産黨的托派，爲了躲避追殺，便投靠國民黨，做了中宣部副部長。過後又代部長。他以老共產黨員的身份在國民黨内講「三民主義」，講到「知行合一」時，他說：「知行」實際上是分段進行的，好多事情，我們知道了，就能做到；做到了，也就能知道，這是合一的。但知與行在某些情況下卻是不能「合一」的。如有些事情我們知道了，未必能做；做了過後，未必能知。這些都是從形下學的經驗世界，對知與行做出種種的解釋，是很不完全的。王陽明的本意不必如此。

王陽明的本意是什麽?他用「知之真切篤實處即是行，行之明覺精察處即是知。」一句話，便準確地刻畫出「知行合一」的哲理和本體世界。所謂「明覺」一詞，源於程明道。程明道在〈定性書〉中有「明覺爲自然」的話，意思從本體放出光明來，即是「明」；「覺」是指靈知智慧之意。只有從形而上的光明本體來看，才能真切了解「明覺」二字的意義。所謂「精察」，就是指精確的觀照和省察，反觀默識，決不虛假。所以就形上學的立場來看，亦即從良知本體上來看，知與行的確是合一的。有知就有行，有行就有知，知行不可分離。須知這裡的「知」字，並不僅指我們的經驗知識，而多半指超經驗知識領域的「明覺」或智慧。故就本體世界而言，知與行是合一的，是没有區別的。如說知是本體，那麼行便是工夫，本體與工夫合一，知與行也就合一了。

「知」不是指我們今人說的識見和知識，是從本體上說的。就本體而言，它需要證驗功夫才能做到，只要工夫踏實做下去，光明本體就會現出來。如王陽明三十七歲在龍場驛悟道，他悟得的就是這個東西、這個光明本體。他三十八歲去貴陽講學，與貴州提學副使席元山論「知行合一」，載於《王陽明年譜》，乃陽明創「知行合一」說之始，可見他當時已經憬悟到知與行從本體上看就是合一的。在王陽明之前，有朱子講「知先行後」說，程伊川講「知行並進」說，這些都不是從本體上說的，都是從形而下的經驗知識說的。王龍溪則是從形而上的本體來理解和詮釋，與陽明本意吻合，今人對「知行合一」的認知和理解，與程朱接近，與王學相乖，就非陽明本意了。

3.對於「致良知」，龍溪云：「致良知，只是虛心應物，使人人各得盡其情。……如明鏡當空，妍媸自辨，方是經綸手段。纔有些子才智伎倆，與之相形，自己光明，反爲所蔽。」龍溪釋「致良知」境界很高，我們從體用關係來看，就容易明白了。例如一個很有權威的人，如王陽明掛帥出征一般，徹底擺脫了權力地位的束縛，能虛心應物，從而使他的部將士卒人人都能滿足他們的欲求，調適他們的心理，即可團結軍心，加强戰力。此時的主帥，心態又怎麼樣呢？猶如明鏡當空，本體自現，部隊的點點滴滴，瞭如指掌。反過來說，如果沒有致良知的功夫，在處理軍務過程中，稍有過失，或玩弄權術，那良知本體必然受其蒙蔽，就不復見其光明了。這是就境界的體用關係與人事的體用關係一起說的。

現在僅就境界體用關係説，與寂照關係又是密切關聯的。講境界體用關係便離不開寂照關係。在這個境界中，無論體用也罷，寂照也罷，處理實際事務，如果欠缺知識、才能的配合，終究會出問題的。因爲良知本體與寂照關係，只能把事物原樣顯現出來，其間的複雜關係，處理原則，就非這種光明智慧所能爲力了。其中缺的是什麼？就是知識、才能的配合。王陽明因爲政治因素，當時對知識、才能深惡痛絕，但知識、才能等條件對他而言，在悟得良知本體前早就具足了。像他掛帥出征，很快削平大難，全賴他的周密策畫和卓越指揮。而他的軍事才能，與他年輕時代讀盡兵家秘笈，又是分不開的。然而，陽明在他的哲學思想中卻隻字不提。我們今天講王學，就該指出來；不然的話，會讓人覺得王陽明在軍事政治上的卓越才能，都是天賦的；實則不然，都是從後天學習得來的。陽明未入仕途前，是博覽群書的，像軍事、政治、經濟、教育、文化等等，都有廣泛的涉獵，深度的理解，只是在他的良知哲學中不講而已。由於當時政治因素，王陽明憤憤地説：「知識愈豐，才智愈强，愈足以濟其奸，逞其惡。」這些話，在陽明當時所處的政治環境中是有所指的，決非無的放矢。（按：王陽明在平宸濠之亂前，大學士楊廷和爲保持祿位，與宸濠暗中勾結，及大亂平定後，楊廷和又多番阻撓和打擊，造成陽明弟子冀元亨的冤獄，以及有功不賞、和陽明封爵虛晃一招種種亂象，陽明當時怎能明説？只好借講學之便，發抒個人憤懣而已。）由於無可抗拒的政治壓力，才憤憤不平地説出這些話來。陽明這種論調，對王學的傳播和發展是極爲不利的。縱觀古今人物，要成就一番事業，沒有足夠知識與才能的配合，是不可能的。王學的偏病即由此造成。

4.接下來再看王龍溪對「良知本體」的理解。如說：「……識得本體，原是變動不居，雖終日變化云爲，莫非本體之周流矣。」

王陽明所講的良知本體，在靜態的一面，李二曲曾以「虛明寂定」四字概括其特性，如謂「定若山嶽」這正是靜態的描寫。及到以後功夫愈深，境界愈高時，本體自身便會自動變化，流轉不息。例如王陽明就本體的特性答覆門弟子說：良知本體是周流六虛的，是變動不居的，載於《傳習錄下卷》。在陽明看來，良知本體就是「易」的化身，它可流轉不息，充塞宇宙，這可說明「良知本體」的另一特性。當它達到最高境界時，便可充塞宇宙，流轉不息。而龍溪所言，與乃師之說正相吻合。

5.另外，龍溪對張橫渠認氣爲道有正面的批評。如云：「張子《正蒙・太和篇》尚未免認氣爲道，若以清虛一大爲道，則濁者、實者、散殊者、獨非道乎?」龍溪這一批評，確有充分理由。因橫渠反對佛老之道，特創此說。他認定在無形太虛中，浮游的一大氣團，就是道。此說極難成立。按照橫渠的說法，以一無限大的清虛之氣爲道，那麼其它重濁的、發散的氣，能說不是道嗎?龍溪這一責難，雖橫渠復生，亦難以自解。

原來張橫渠也是從佛老思想入手的。他經歷「出入佛老，返諸六經」的過程後，認定佛老的本體是虛無的，這是他的認識不足。他要求「實理」，才有「認氣爲道」之說，才脫離了理學的正統。理學開山祖師周濂溪是不反對佛老的，邵康節卻有微辭。程明道對佛老思想持接納的態度，程伊川卻評佛老「自私」，只爲自己了生脫死，卻沒有爲人群打算。由伊川的批評，可以看出他的造詣很深。據我的研究，他已達到華嚴「事理圓融無礙」的境界，即禪宗「涵蓋乾坤」的境界，所以他對佛老本體思想的瞭解是很深刻的。張橫渠則反是，他對佛老之道——本體思想的認識有限得很，連華嚴的「理法界」都不甚解，那禪宗的「悟道」就更不必說了。所以王龍溪批評張橫渠「認清虛之氣爲道」是錯誤的。（按：王船山作橫渠《正蒙注》，亦犯同樣的錯誤。）橫渠在理學中雖然聲望很高，與濂溪、康節、明道、伊川、並列爲「北宋五子」，但就理學傳統來看，是極不相稱的——象山、陽明何以不提張橫渠，就可看出其中消息了。

我認爲王龍溪對張橫渠的批評是正確的。因爲橫渠的基本觀點，無論從本體或工夫上講，都站不住腳，只是個人臆見而已。他雖然反對佛老思想，卻又愛抄襲佛老神秘的東西來裝點門面，如說：「太虛神體」就是從佛家搬來的。哲學大師牟宗三不解其中底細，對此擊節讚賞，認爲神妙無窮；如果沒有佛老的功夫，那來什麼「太虛神體」呢？張橫渠很像西方哲學家，只愛一味苦思力索，並不着重功夫的證驗，不解本體的真實情況，我對橫渠臆見不敢苟同，我持否定的態度。

㈣對龍溪理學詣境之品評

王龍溪說：「一念微明，常惺常寂。……了此，便是徹上徹下之道。」所謂「一念」，就是指一個念頭，這個念頭，就是本體的代號。當作功夫時，假念變成正念，正念就是本體。「微明」是指本體初現光明的意思。「寂」就是李二曲所說的「寂若夜半」之寂，乃本體特性之一。「惺」呢？「靜中不昧曰惺」，是指似睡非睡的狀態。明白這些後，一旦功夫到家，便是「徹上徹下之道」。王龍溪在說他的經驗之談，並不高明。他强調良知本體之發用流行，似只達到乃師「應用良知」階段的功夫。

王龍溪說良知本體如何發用流行的道理，用現代語來說，所謂發用流行，就是一種成熟的理論或思想向外作多方面的發展、擴張和應用，於乃師陽明比較對觀，還不是良知哲學的最高境界。王龍溪隱居林下四十餘年，講學之日久，其詣境比乃師陽明先生還差一大橛啊！

在浙中學派中，王龍溪居於領袖學者地位，對乃師之學確有發揮，但論功夫詣境，與陽明先生還是有很大差距的。

二、江右學派以羅念菴爲代表

江西又稱江右，王陽明一生功業發煌於江西，門弟子江西亦最多，若沿黃梨洲「江右王門」的命名，可稱江右學派。江右學派人物衆多，如鄒東廓——鄒守益，聶豹——聶文蔚，號雙江，均親炙陽明之學，政治地位之顯赫，或亦有超過陽明者。但論王學詣境之高下，後起之秀的羅念菴，又比他們高多了。故江右學派以羅念菴爲代表。

㈠羅念菴的生平事蹟

羅念菴名洪先，字達夫，號念菴，江西吉水人。嘉靖八年，舉進士第一（俗稱狀元），授翰林院修撰。十八年拜左春坊左贊善（皇太子屬官）。世宗常不御朝，先生與司諫唐順之等奏請皇太子攝政，世宗怒之，皆削籍爲民。三十七年嚴嵩爲相，起用唐順之爲兵部主事，次及先生，先生以志在林壑報之。四十三年去世，年六十一。先生之學，始致力於踐履，中歸攝於靜寂，晚徹悟於仁體。聶雙江（聶文蔚）以歸寂之說號於同志，唯先生獨心契之。於是闢石蓮洞居之。默坐半榻間，不出户者三年，事能前知。鄧定宇曰：「陽明必爲聖學無疑，然及門之士，概多矛盾，其私淑而有得者，莫如念菴，此定論也。」

㈡羅念菴釋陽明龍場悟境及「致良知」並評王龍溪之缺失

1.王陽明龍場悟境，羅念菴說：「不肖曾以主靜爲談良知者告，必有致之之功，非經枯槁寂寞之後，一切退聽，而天理炯然，未易及此，陽明之龍場是也。並以此悟爲王學入手處。」

羅念菴這一說法，千真萬確，如不經過一番堅苦功夫的磨練，那王陽明的龍場悟境，也就展現不出來了。「天理炯然」是陸象山的話，我們如果不用一些證驗功夫，那王陽明的龍場悟境就很難瞭解。如想走捷徑，不跟着王陽明路線走，亦想龍場「見道」的悟境出現，更是難上加難。簡單地說，要浸入陽明哲學中，找出門徑來，必須從「主靜」工夫入手。

2.王陽明的「致良知」，羅念菴是這麼解釋的：「致良知者，致吾心之虛靜而寂焉，以出吾之是非，非逐感應以求其是非，使人擾擾外馳而無所歸以爲學也。」這裡主要在講本體的體用關係和寂照關係。「虛靜而寂」就是寂照關係，再開出體用關係。人間的是非問題，道德判斷就出現了。不管內在心境或外在環境，都是就人的自身而言，是非善惡，道德判斷，都是存在的。用自己的是非標準去判斷外在人、事、物的種種複雜關係，真要去實踐，也不容易，其中牽涉專業知識問題。如用寂照關係可把宇宙萬物原貌顯現出來，但宇宙萬物的關係法則，如果沒有科學知識的驗證，沒有專業知識的研判，好多事物我們是不可能瞭解的。所以把知識學問撇開，我總覺得有問題。羅念菴又說：「夫知，其發也，知而良；則其未發，所謂虛靜而寂焉者也。吾能虛靜而寂，雖言不及感，亦可也。」羅念菴這幾句話，是沿程伊川路線，把〈中庸〉「已發」「未發」（〈中庸〉首章說：「喜怒哀樂之未發，謂之中，發而皆中節，謂之和」。爲伊川解釋體用關係之所本。）扯出來解釋良知哲學的體用關係。羅念菴的意思是說，只要良知本體展現體用關係時，發生道德的指導作用（指價值判斷，是非判斷）是絕對善良的，這叫做「已發」。已發就是「用」。有用必有體，於是談到「體」的問題來。羅念菴說的那個「虛靜而寂」，就是「體」，什麼體？良知本體是也。這裡就牽涉感應關係。羅念菴雖然不談感應關係，但感應關係已包括進去了。爲什麼？因爲「即體顯用」感應關係就顯示出來了。我這樣詮釋，羅念菴這幾句話的玄義，也就明白了。

3.評王龍溪之缺失。羅念菴答王龍溪書有云：「『操則存，舍則亡。』（《孟子》語）非即良知而何？終日談本體，不說工夫，才拈工夫，便指爲外道，恐陽明先生復出，亦當攢眉也。」羅念菴批評王龍溪這幾句話，最得力，最中肯，亦最正確。王龍溪之理學詣境所以不及陽明，羅念菴即指出其疵病之所在。所以指責龍溪只談本體怎麼樣、怎麼樣，不談工夫怎麼做法，恐怕陽明先生再世，也不首肯啊！

㈢羅念菴以歸寂爲主

聶雙江爲江西「歸寂」說之創始人。據雙江自言，他曾在獄中「閒久靜極，忽見此心真體，光明瑩徹，萬物皆備」云云。何謂「光明瑩徹」？意思是說，這個藏於吾心之本體，陡然顯現出來，光明透頂，煞是驚奇！爲什麼呢？《孟子》所謂「萬物皆備於我」的景象已出現了。於是欣喜道：「此未發之中也。守是不失，天下之理皆從此出矣」。已如前說，以此本體釋〈中庸〉「未發之中」，源於程伊川，後成爲理學家的共同見解。至於經工夫之磨練，使此本體常明不失，是否「天下之理皆從此出」，這就值得考慮了。雙江固然不背「致良知之天理於事事物物，則事事物物皆得其理」之薪傳，但我們今天看來是大有問題的，最多只能產生道德的指導作用；至於事事物物之關係法則，所謂原理原則者，絕不可能求得。這是陸王派主「心即理」說在認識上的一大錯誤，我們今天必須指出的。

聶豹出獄後，乃與來學者立靜坐之法，使歸寂以通感，執體以應用。故以歸寂之說號召同志，唯念菴獨心契之。是知雙江、念菴皆走陽明龍場悟良知之老路，與王龍溪之「徹悟」極爲不侔。由此可知，所謂「歸寂」之說似有三義：一是靜中悟得良知本體，爲王學入門工夫。二是雙江「歸寂以通感，執體以應用」已將乃師成學二、三階段歸併一路。三是黃梨洲說念菴「晚徹悟於仁體」，似已達到王學之極詣。

四對念菴理學詣境之品評

已如前說，陽明弟子滿天下，最出色者，有浙中學派王龍溪、江右學派鄒東廓、聶雙江、羅念菴、以及泰洲學派王心齋等數人。龍溪隱居林下，講學四十餘年，聲光最爲顯著。心齋亦講學不輟，且將良知哲學普及社會大衆。宋明理學發展到王陽明，流傳極廣，普遍及於下屬和社會各階層，如陽明巡撫江西時，所屬司法人員亦用良知哲學審案，及征思田回軍途中，又有啞巴楊泰和來問學，孔子講學以來，除陽明而外，似絕無而僅有。及到大弟子之一的王心齋，講學就更普遍了。由於王心齋出身鹽丁，讀書有限，本屬社會下層人物，所以他的門弟子或再傳弟子中，農夫有，樵夫有，陶匠也有，都是王心齋講學的成就，值得重視的。本來極高深的良知哲學，卻被心齋簡單化，社會化，普遍及於社會大衆，人人都懂得。這固然是王心齋善於言說、深入淺出，也是陽明先生的良知哲學對社會教育的貢獻。

現在又回頭來說聶雙江的「歸寂」問題。聶雙江，官居北京兵部尚書，與乃師地位相若（按：陽明平宸濠後，以功封新建伯，升南京兵部尚書。南京各部尚書，均係閒職。）獨創「歸寂」之說，於王學不無重大發揮，然而登峰造極者，或只念菴一人而已。聶雙江主「歸寂」之說，於王學確有重大發揮與貢獻。由「歸寂」的功夫，使良知本體悟得了，發光了，放熱了，凝聚而不失，不言體用關係、感應關係，而體用關係、感應關係自含於其中，良知本體之發用流行，是非之判斷，道德之指導，亦可渾涵於其中。至於陽明言良知本體之「變動不居，周流六虛」，這一面聶雙江似未涉及，卻只強假「歸寂」的一面，以後還有更高的境界，他就避而不談了。老實說，能達到王學最高境界的，似只有羅念菴一人。

三、泰州學派以羅近溪爲代表

(一)泰州學派創始於王心齋

王心齋，名艮，字汝止，號心齋，江蘇泰州安豐場人。鹽丁出身，「居仁三月半」，心體洞澈。（即見道之意），自此行住語默，皆在覺中（即無論動態或靜態環境均能呈現本體之意）。聞陽明在江西講授良知哲學，與他所創的格物說極爲類似。於是着古衣冠往江西拜見王巡撫，陽明待以上賓之禮。一再辯難，終爲陽明所折服，遂執弟子禮如初。陽明謂門人曰：「向者吾擒宸濠，一無所動，今卻爲斯人動矣。」陽明歸越，心齋從之，來學者多由心齋指導，謂之「教授師」。已而嘆曰：「千載絶學，天啓吾師，可使天下有不聞者乎」？於是回歸故里，自創蒲輪，招搖道路，行走都下（指北京）以講學爲務。

當時陽明之學謗議蠭起，而心齋衣冠服飾言行舉止不與人同，於是京都士人以怪魁目之。同門在京師者勸之歸，陽明亦移書責之，先生始返會稽。陽明以心齋意氣太高，行事太奇，痛加裁抑，及門三日不得見。陽明送客出門，心齋跪道旁，曰：「良知過矣」。陽明不顧而入。心齋隨之庭下，厲聲曰：「仲尼不爲已甚！」陽明方揖之起。陽明征思田（即思恩、田州），亂平班師回朝，病故於軍中，心齋迎哭至桐廬，經理其家而後返。開門授徒，遠近皆知。同門會講者必請心齋主席。陽明而下，以辯才推龍溪，然有信有不信；唯心齋於眉睫之間，省覺人最多。謂百姓日用即道，雖童僕往來動作處，指其不假安排者示之，聞者爽然。嘉靖十九年十二月八日卒，年八十五。

王心齋的〈淮南格物說〉亦甚有名。它的大意是說：格物即格吾身，只要身安就是格物。達到身安，於是心也安了，由心安可求取心中之樂。王陽明講格物，就是「格心」；王心齋講「格物」，就是「格身」，與〈大學〉「格物」的本義都不一樣，此理學與儒學之絕大差異處。由心齋之格物說，遂有〈樂學歌〉之作。心齋强調一個「樂」字，只發揮了理學中的藝術人生境界，而宗教人生境界與道德人生境界，均付缺如。他由居仁功夫證得來的，不外此形上光明本體，與陽明同，其差異者，乃陽明以此釋「致知」，釋「良知」，心齋以此釋「格物」而已。

王心齋對「天理」的意涵，亦有他的說法。如云：「天理者，天然自有之理也，才卻安排如何？便是人欲。」又說：「人性上不可添一物。」由此可見，心齋認爲人性就是良知本體的化身，如六祖慧能所說：「本來無一物，何處惹塵埃？」意思一樣，只是措詞不同罷了。程伊川說「人性中何曾有孝悌來？」亦可作如是現。錢賓四先生不解此中奧義，認爲伊川大發怪論，未免太淺視洛學了。王心齋能把深奧的哲理，講得淺顯明白，容易瞭解吸收，所以心齋講學，可以普及社會大衆，如前所說，有樵夫朱恕，陶匠韓樂吾，田夫夏叟等，都爲心齋門下直接或間接受教化而成良知之學者。而他們都是社會大衆中的低層人物，文化水平都很低，在當時，卻能證會心齋所講「格物」之說，無論在動態或靜態環境中，都能呈現各自的、光明的良知之本體，爲「超凡入聖」之階梯，實在是王學在當時能普及社會大衆的主要原因。

前幾天偶爾瀏覽《明清實學簡史》一書，（葛榮晉教授主編）發現有一部份明清學者，把王陽明罵得很厲害。我没有看內容，只看看目錄和標題，我就知道了。這些人對王學了解嗎？我肯定地說，他們不瞭解。王陽明掛帥出征，用兵如神，這些人，哪一個有王陽明的本領？經我多年思考，王陽明絶非一簡單人物，不是一般批評者所能理解的。他對禪宗哲理造詣極其湛深，那些批評者對禪理一竅不通，他們指責的都是皮毛。王陽明的學問深玄莫測，就連他的門弟子們都難窺知其究竟。我們今天不能把陽明的門弟子們估計得太高，認爲他們都懂王學。據我看來，他們有些還没入門，根本不懂啊！我可舉個例子來說明。我去年冬天在人大講〈由破解王學難題探討中國核心思想〉時，引述一則故事，是這樣說的：陽明《傳習錄上》記載蕭惠問死生之說，陽明回答他：「知晝夜即知死生」。蕭蕙糊塗了，追問道：「晝夜豈有不知乎」？這跟死生問題有何關聯呢？陽明斥責道：你是夢晝，不是知晝，要「通乎晝夜之道而知」，才瞭解死生問題啊！

陽明的解答，我肯定地說，蕭蕙不懂。王陽明門弟子滿天下，學術水平有高的，也有低的，經過幾傳以後，到了明朝末年，這種情形，越是顯著。如明崇禎時，有周鼎石其人，也是王門學者，一次帶了不少門弟子，去廣東韶州曹溪寺請教禪宗高僧憨山大師，也問的是死生問題。憨山大師的答覆跟王陽明一樣，「通乎晝夜之道而知」，再沒有第二句話解釋，周鼎石也就不便再問下去了。我相信周鼎石對這個死生晝夜問題還是不懂。

由這則故事可以說明一件事實：我們不要把王陽明的弟子們看成跟乃師一樣高明，經過幾傳以後，有些冒牌王學者對陽明之學實在懂得太少了。幾十年前我還沒有想到這一點，現在才明白，他們中間有些人實在並不怎麼樣，造詣很平常。當然，也有造詣較高的，也有跟王陽明不相上下的。譬如〈楚中學派〉的蔣道林，就是一最佳例證。他寫的〈絶筆詩〉「分付萬桃岡上月，要須今夜一齊明。」比王陽明似乎還要高明些。所以說，一個大師，縱然桃李滿天下，但其學術水平，造詣深淺，有高有低，是很不一致的。這一點，我們研究陽明弟子造詣時，也是須要了解的。

(二)羅近溪的生平事跡

王門弟子中，羅近溪沒有直接受教於陽明，而是由王心齋傳顏山農（名鈞），再由顏山農傳羅近溪，顏山農爲一傳，羅近溪爲二傳，於陽明已是三傳了。羅近溪光大心齋之門，使王學大放異彩。

羅近溪名汝芳，字惟德，號近溪，時人稱爲近溪先生，江西南城人，嘉靖三十二年進士，知太湖縣，擢刑部主事，出守寧國府，以講會鄉約爲治，丁憂起復，江陵（張居正，湖北江陵人）問山中功課。先生回答：「讀《論語》、〈大學〉，視昔差有味耳。」江陵默然。

補守東昌，遷雲南副使，整修境內水利。莽人掠迤西，迤西告急，先生下教六宣慰使，滅莽，分其地。莽人恐，乞降。轉參政。神宗萬曆五年，進表，講學於廣慧寺（在北京）朝中士人多從者。江陵惡焉，給事中周良寅劾其事，畢不行。潛住京師，遂勒令致仕。歸與門人走安城，下劍江，趨兩浙、金陵，來往閩廣間，益張皇此學。所至弟子滿座，未嘗師席自居。萬曆十六年從姑山崩，大風拔木，刻期以九月朔（陰曆初一）觀化（即坐化、坐亡之意。）諸生請留一日，明日午刻乃卒，年七十四。

在羅近溪的小傳中，最堪注意的，羅近溪不僅有「坐亡」的功夫，與李延平（朱子之師李侗）一般無二，而且更能控制生死，來去自由，這在高僧中也是很少見的。今天碰上這個問題，還不足爲奇嗎?西化中國哲學思想的先生們，其淺薄無知固不足道，即使力主中西思想會通的如「哲學大師」牟宗三先生，遭遇這個不可解的難題時，也該徹底反省了。

關於這個控制死生的難題，我已講過好幾次了。當禪宗修證功夫衝破第三關後，便可「了生脫死」，才會有這個本領，說走就走，說留就留。我在台灣有個高足弟子林金鶴居士，年紀約七十歲左右，她的道功很高，「六通具足」。他曾對我說：她早該走了，爲了傳道，他還要留下來。記得她初次來我家時，她住台北士林，我住新店，由士林來新店，車程兩小時。途中對她的學生陳君說：「林教授家只有他們倆夫婦，兒女都成人了，在外面工作。」陳君不信，到時看看再說。及到我家，詢問後，果真如此，其料事如神，學生不解。飯後，她附耳低聲說道：「你的經濟問題始終沒有解決」。我很驚奇，這就是他的「天眼通」「他心通」智慧的顯現。閒談時我說：「林居士，你來我家還要坐公車。你能不能來無蹤，去無影，不乘公車，直到我家？」她笑而不答。

這些奇異往事過去了，時來運轉，財星高照，短短數年間，「富起來了」。我又對她說，我的經濟環境好轉了。她順口回答：「我早就知道了，要惜福。」這仍是她的神通智慧的展現。一次，她叫她的大弟子劉君，開車接我夫婦去宜蘭礁溪山中講道處——中國道教研究學院，她的女弟子某君對我說：「今天要來幾位客人，仙佛（她的門弟子對她的尊稱）早就知道了，吩咐她們預備素席，歷歷不爽。山中桓盤兩日，她對我說：「去年四月，在東京街頭，她的日本弟子某議員發現了，直往前趕上去，和她招呼，雖快步前行，總是趕不上，陡然間人影不見了。去年此時去過東京沒？」她答道：「去年此時她在台北啊！」這就是第五通「神境通」或「神足通」的展現。其實也沒什麼神秘的，不過她的化身——分身一時顯現罷了。要對中國道教修證神仙的哲理有深入研究，也就不稀奇了。這種神奇事跡怎麼解釋？西方哲學顯然無能爲力，只有在禪學裡面，才有很好的解釋。她的修道功夫到這一階段，就會分身顯現於人間。按照哲理說，就是本體的變化，甚至千變萬化，不拘一格。我講良知本體時，就提到本體「變動不居，周流六盧」的問題，但王陽明的道功是不是跟林居士一樣？我就不得而知了。修到這一境界，佛家叫做「佛」，道家叫做「仙」，理學家則稱爲「聖」。其實就是這個形上光明本體的無窮變化，只是各家命名不同而已。諸位如問：我是不是在講哲學呢？我肯定地答覆，是在講哲學，卻不是講西方哲學，而是講中國道佛二家和理學家的哲學。爲了別於西方哲學，似可命名爲「超哲學的哲學。」它是超越觀念之上的，超越唯心唯物，唯理什麼什麼的，它不用邏輯推衍，而是靠實證功夫得來的。如把中西哲學作一對比，真有天壤之別，惜乎近代中國學人都把它忽略了。忽略不要緊，中國哲學的真相全部喪失了，中國哲學的精神在哪裡？價值在哪裡？即使大師們也是一片茫然。中國思想文化要影響廿一世紀，那就可難了。這不是我的牢騷語，是直抒胸臆，有不得已也。我兜了這麼一個大圈子，再回到本題來。

羅近溪這時的道功，無疑地已達到禪宗「破三關」後的終極境界，可以控制生死，來去自如，說走就走，說留就留，只有理學家如羅近溪這個人才有這項本領，我們只有望洋興嘆，作

「文字波若」詮釋了。所以明末禪宗高僧憨山大師對羅近溪最爲推崇，說道：「羅近溪爲近代第一了手人也！」禪宗高僧對理學家如羅近溪先生這麼推崇的，絕無僅有，實在不多見啊！

第九講　王學之傳承、演變與發展（下篇）

㈢黃梨洲對羅近溪理學詣境之品評

黃梨洲說：「先生之學，以赤子良心不學不慮爲的。」可知近溪之學，不失陽明嫡傳，其學脈完全來源於陽明。所謂「赤子良心」，就是陽明的「良知」；良知是不學不慮的，與《孟子》本義無殊。所謂「的」或「學的」，就是學說宗旨或中心思想的意思。梨洲又說：「以天地萬物同體，徹形骸，忘物我爲大」。前一句話與陽明「天地萬物一體之仁」，意義是一樣的，前面（第八講）已經講過，來源於《莊子·齊物論》的萬物一體思想，又與華嚴哲學關係密切，已把孔子底「仁」的觀念提升到形而上的、光明的本體世界了。同時孟子底「良知、良心」等是非判斷力、道德的指導作用，均賦予形上哲學基礎，也就是說，由原來的經驗世界已躍升到形而上的、光明的本體世界。這是理學與先秦儒學的絕大差異處。再就此本體世界說，證道者的形體早已退避於無形，他人不知，惟己獨知。再就客觀世界言，此證道者的形體仍有其客觀的存在，故不可謂之「消融」，只能說是「退避」或「退隱」。而梨洲用一「徹」字，含有「消融」的意思，如就主觀的證道者說，亦未嘗不可。因「忘物我為大」，物我雙忘，主客觀世界皆消融於無形，其所見到的（慧眼之見），只此無限大的光明本體而已。我們為了哲理的詮釋，才立主觀客觀之假名，實際上，只有這個形上光明本體世界，哪來主觀客觀的畫分呢？

梨洲又說：「此理生生不息，不須把持，不須接續，當下渾淪順適」。其中「此理」二字，須特別注意。象山說：「此理充塞宇宙」，故知「此理」，就是本體的異名。「生生不息」來源於《易傳》，所以如此認定，理學中的宇宙觀才能形成。我們對此問題持懷疑態度。宇宙如何形成？至今科學尚無定論，我們只可求諸科學的實證，不可訴諸哲學的玄想。宇宙萬物生生不息，乃自然現象，至於此光明本體是否生生不息？恐怕就難下定論了。其下文說：「不須把持，不須接續，當下渾淪順適」，皆指功夫純熟，本體自然顯現之意。陳白沙所謂：「功夫自然，本體自然」，可作最佳注腳。所以稱為「渾淪順適」者，形容此光明本體之樣狀渾淪一團，可「周流六虛」，順適無礙也。梨洲又說：「功夫難得湊泊，即以不屑湊泊為功夫」。仍是白沙功夫自然之意，只措詞不同罷了。「胸次茫無畔岸，便以不依畔岸為胸次」。證至此境，哪來胸次？哪來畔岸？梨洲善於描述，把極難形容的本體世界，狀以具體的事物，便於言說罷了。梨洲又說：「解纜放船，順風張棹，無之非是」。仍喻功夫自然之意。梨洲又云：「學人不省，妄以澄然湛然為心之本體，沉滯胸臆，留戀光景，是為鬼窟活計，非天明也」。這是黃梨洲引述羅近溪告誡學道者的一番話。它的意思是說，學道要徹底，要直探本源，切不可誤入歧途，要走正道，才能達到理學之極詣。近溪說的警惕語，不外陽明「存省良知」階段可能出現的情景，不易詮釋，乾脆用禪宗修道的功夫階段，就好說明了。禪宗的初關「悟道」——「即心即佛」，使「澄然湛然」之「心本體」大放光明，是「道」嗎？是「佛」嗎？絕對是，所以六祖說「即心即佛」。但須明白，這只是悟道的初基，還須繼續奮進。衝破第二關——金鎖玄關，達到「涵蓋乾坤」的境界。這階段要緊的是做「保任功夫」。企求其所證悟的本體能繼續顯現，叫做「指月」。「月」喻本體，有真有假，不易辨識，故有「魚目混珠」之喻。在此證悟過程中，如果以類似光燦燦的東西」（光燦燦的，即澄然湛然之意喻本體，羅近溪語。），視爲心之本體，横梗胸次或留戀這個東西，念念不忘，乃修道者之大忌，絶難衝破第二關，禪宗叫做「墮入鬼窟活計」，已誤入歧途，再要衝破「天明」的第三關「生死關」，就更不可能了。（按：近溪以「天明」一詞喻禪宗破二關或三關，我無法懸斷）。近溪教人成德達材，邁入聖域，可以說夠懇切、夠周到了。

以上所說，乃黄梨洲對羅近溪理學詣境的種種描述和我的詮釋。總括地說，不外陳白沙的「功夫自然，本體自然」和王陽明的「天地萬物一體之仁」的終極境界；但下文一轉，又道出近溪舌若蓮花，善於取譬的教學方式來。如云：「論者謂（王）龍溪筆勝舌，近溪舌勝筆，微談劇論，所觸若春行雷動，雖素不識學之人，俄傾之間，能令其心地開明，道在眼前，一洗理學膚淺套括之氣，當下便有受用，顧未有如先生者也」。接著梨洲又批評道：「然所謂渾淪順適者，正是佛法一切現成；所謂鬼窟活計者，亦是寂子（和尚）速道莫入陰界之呵；不落義理，不落想像，先生真得祖師禪之精者」。案：佛家「真如本體」與「渾淪順適」之良知本體，意涵一般，與「佛法一切現成」，恐怕就有距離了。二者之間不可用一等號，梨洲失察，把理學與佛法混在一起，是有問題的。至於祖師禪以「棒喝機鋒」出名，其中亦有至理存焉。近溪教人之親切處，亦與祖師們不同。如《盱壇直指》記載：近溪臨池為書，有問良知者。近溪靈機一動，即指案上硯池說：良知（本體）不是別的，就「是這箇圓陀陀光爍爍的東西」。何等具體！何等親切！這是羅氏特殊教法，與祖師們棒喝迥異，梨洲不察，既不深解禪學，於理學亦格格不入矣。

梨洲又云：「蓋生之之機，洋溢天地間，是其流行之體也。至流行而至畫一，有川流便有敦化。故儒者於流行見其畫一，方謂之『知性』。若徒見氣機之鼓盪，而玩弄不已，猶在陰陽邊事，先生未免有一間之未達也。」黃梨洲這一段考評是大問題的。為什麼？已如前說，程伊川釋《易傳》把「生生不息」或「生生之機」滲入理學之形上學中，未必妥當。《易傳》說：「天地之大德回生」，這是把宇宙道德化的說法，以今人科學眼光觀之，宇宙萬物之生生不息，純係自然現象，有什麼「大德」可言呢？跟聖人扯不上關係。《易傳》作者道德化宇宙，固不必說，程伊川進而把它形上哲學化，謂此本體生生不息，為宇宙萬物生成之根源，太違背科學理論，我們應予駁正，不可再胡謅下去。黃梨洲視伊川之說爲金科玉律，故有「蓋生生之機，洋溢天地間，是其流行之體也」。這一觀點對不對？不對！這是陳舊的、錯誤的。試問：良知本體能周流於具體的形而下的物質世界嗎？於陸王派的理學、禪宗、華嚴哲學都不通。「至流行而至畫一」，在物質世界中，如何求得各個生命之畫一？足證黃梨洲對華嚴哲學一竅不通。又把《孟子》「川流敦化」攪和在一起，亦不妥。如照黃梨洲的觀點：「儒者於流行見其畫一，方謂之知性」。我可以肯定地說：絕不可能「知性」——見道之意。梨洲作《明儒學案》時，徒逞文字辯論功夫，究竟如何「知性」——「見道」？似未深切理解，才造出這種貌似深玄，實則不通之理論來。至於「徒見氣機之鼓盪，而玩弄不已，猶在陰陽邊事，先生未免有一間之未達也」。言下之意，他的理學詣境比羅近溪還要高明，他的見解言說比羅近溪還要通達，未免低估對方，太不自量了。

最後梨洲又辨儒釋云：「夫儒釋之辨，真在毫釐。今言其偏於內而不可以治天下國家（王陽明持此觀點），又言其只是自私自利（程伊川持此觀點），又言只消在形跡上斷（陸象山持此觀點），終是判斷不下」。按黃梨洲之意，他的理學造詣識見比王陽明、程伊川、陸象山還要要高明多多。可嘆的是，我們這位理學化的史學家，你對理學、禪學、華嚴哲學，尚有「一間之未達」啊！陽明、伊川、象山對禪宗的批評，你恐怕還不了解他們的真意，你的認識心，還是模糊的。你造的形上學，似通非通，難得後世學人的認同，我現在告訴你吧！

王陽明對佛老的批評是：「佛老不能爲天下國家」，似乎認爲就是你說的，「偏於內而不可以治天下國家」。我們偉大的史學家，你搞錯了，王陽明不是你說的意思。以陽明詣境之高卓，還不深切了解佛老思想嗎？照陽明的意思說，佛老的形上學儘管了高曠敻絶，沒有儒家經世之學的配搭，所以不能治天下國家。直到五百年後的今天，我們還是認定陽明的批判是正確的。程伊川批評佛老只是爲己，只是自私自利，莊子之學，確是如此。老子之學也有用世的一面，而且比儒家孔孟還要高明。佛家成佛作祖，了生脫死，實乃中國哲學思想的偉大創見。沒有汲取佛老的精華，哪來理學？況且大乘佛教悲天憫人，普渡衆生，哪能說它自私呢？它們是宗教，不是儒學，不可混爲一談。這是伊川的門户之見，不必深論。陸象山說「只消在形跡上斷」，意思仍指形而下的經世之學，他們欠缺或不足。與陽明意思一般，只是措詞沒有那麼醒豁罷了。陽明、伊川、象山判斷儒釋的界線大體說來，是無可非議的。（程伊川有點例外），我們的偉大史學家梨洲先生，你懂不懂啊！你緊接下文發表你的高見說：「以愚論之，此流行之體，儒者悟得，釋氏亦悟得」。請問：梨洲先生，在生生之機的物質世界，你能悟得什麼「體」啊！即使承認你悟得這個「虛體」，又有什麼大事出現？才能探究得發用流行。恕我愚昧，我不懂，不知道你說的是什麼？你在下文答覆我說：「今觀流行之中，何以至散漫無紀？何以萬殊而一本？主宰歷然。」我們偉大的史學家，你又錯了。你沒有生在今天，你太缺少科學知識。我告訴你吧，這是自然規律、自然法則，才會造成有秩序的自然世界、物質世界。至於說到「萬殊一本」的理論，是明代中葉理學家羅整菴——羅欽順，憑他廿年的實證功夫，把華嚴「一多相涵」的哲理汲取過來才鑄成的，當然在北宋程明道也提過。你不真解華嚴哲理，你那「萬殊一本」的說法，只是文義的抄襲，並無實質意義。你如真懂華嚴哲學，你的基本論點必須徹底修正。爲什麼？因在物質世界、自然世界，是絕對悟不出「萬殊一本」的哲理的。你似乎跟着朱子的老路走，你對程、朱陸王的研究似乎並不怎麼深入，才犯了認識上的絕大錯誤。你的下文又責禪宗、捧《莊子》說：「釋氏更不深造，則其流行者亦歸野馬塵埃之聚散而已。」按：「野馬塵埃」，指浮遊空中之氣體，見《莊子·齊物論》。《莊子》擬人化的「道」——即此形上光明本體，史學家的黃梨洲未必真正理解，真正深解《莊子》的，不是魏晉玄學家、史學家、文學家，而是禪學家和理學家，因爲鑄成《莊子》之道的《莊子》功夫，全被禪學家、理學家汲取了，採用了，所以他們深解老莊。至於「野馬塵埃」——浮遊空中之氣體與莊子之道如何關聯？梨洲亦未必真知其閫奧。故梨洲引述《莊子》語來難釋氏，未必洽當。至言「釋氏更不深造」云云，不免自視太高，太不自量了。梨洲結語云：「故吾謂釋氏是學焉而未至者也。其所見固未嘗有差，蓋離流行亦無所爲主宰耳。若以先生爲近禪，並棄其說，則是俗學之見，去聖亦遠矣」。如照梨洲觀點認爲「釋氏（主要指禪宗）是學焉未至」，那梨洲底可實證的形上學的造詣，豈不凌駕禪宗祖師之上嗎？唉！梨洲先生，你在班門弄斧，太無自知之明了。至於「離流行亦無所爲主宰」的基本觀點，實乃不通之論，物質世界的自然現象，誰來主宰？如肯定有的話，那跟西方耶教上帝造萬物的宗教觀點就没什麼差别，我們今天仍持否定的態度。近人程政忠教授（？）於佛學實證功夫用力甚深，他批評説：「程朱近華嚴，陸王近禪宗」，就形上學立場言，極爲中肯，但自形下經世之學而論，又有霄壤之别。最後我的考評是：史學家的黄梨洲，如深解程朱、陸王、禪宗、華嚴、甚至老莊，並對羅近溪有「坐亡」的本領及控制生死自由的「到家時節」的極詣功夫，有透徹的解悟，那你對近溪理學詣境的批判，自然會徹底改觀。你被近人梁任公捧爲「清初三大儒」，與顧炎武，王夫之齊名，你身後的學術權威，誰敢非難？你的學術地位，誰敢動搖？恕我不敏，抱持「學術爲天下公器」之基本態度，對你有不少責難，我只好説聲抱歉了。

附記說明：

一、對黃梨洲新造宇宙觀之非難

就黃梨洲的觀點說，此生生之機。洋溢天地間，就是流動不息的良知本體的作用。此流動不息的作用，最後必回到「畫一」的良知本體上。這一觀點，乍看之下，甚似華嚴「一多相涵」的哲理。而《孟子》說的「小德川流，大德敦化」的話、梨洲引來解說各個流動不息的生生之機；而此生生之機、又必匯聚於「畫一」——良知本體的這一焦點上。儒者像梨洲先生這位史學家，見到這「畫一」的焦點，便謂之「知性」（「見道」之意）。再照黃梨洲的意思說，他認為一位造詣高深的理學家，必在他所認定生生之機流動不息的過程中，見到一個「畫一」的東西，這就「知性」了——「見道」了。梨洲這樣的詮釋，貌似深玄，有點像華嚴「一多相涵」的哲理。所謂「一」，就是指「畫一」的「一」，即良知本體——「真如本體」；所謂「多」，則是指林林總總宇宙萬象各個無窮的本體。而此各個無窮的本體與證道者的本體一般無二，可以相互涵攝，故稱「一多相涵」。而理學家「一本萬殊」的哲理，即由此而來。黃梨洲能識到這裡嗎？只逞其生花妙筆，胡說一通。我看陽明龍場「悟得良知」——龍場「見道」，究竟見個什麼「道」？黃梨洲未必真正了解，我原來把他估計太高了。我常常愛引用陽明弟子蔣道林的「分付萬桃岡上月，要須今夜一齊明」的詩句，來闡釋華嚴最高境界的哲理，黃梨洲的說法，貌似玄遠，實際是錯誤的，他對華嚴並不了解。他認定要從物質世界生生之機流動不息的過程中，去求「畫一」的良知本體；一旦求得了，才叫「知性」或「見道」。黃梨洲步朱子的後塵，不僅識見不足，實踐起來，根本行不通。他對陽明如何「見道」？羅近溪如何「見道」？這些理學入門的第一關──初階悟境，他都模糊不清，近乎一片茫然，還奢談什麼「流行」？什麼「知性」？我們偉大的史學家太沒自知之明了。既對華嚴哲理一無所知，怎麼可以隨便亂說呢？他對羅近溪的考評，我不敢苟同。如不真解羅近溪極高深的理學諳境，能隨便評斷他還不「知性」嗎？梨洲既不解華嚴哲理，對禪宗「破三關」的悟境，更是一無所知。羅近溪證驗功夫的極諳，非但有「坐亡」的本領，更有控制生死的能耐，只有從禪理中才能獲得解答，他卻避而不談。他寫《明儒學案》，敘述羅整菴花了廿年功夫，才悟得「一本萬殊」的哲理，這是從華嚴來的，不過加以功夫證實罷了。他卻避重就輕，一筆帶過。既對禪宗、華嚴不甚知曉，還敢議論「釋氏學焉未至」，其勇氣可嘉，卻解悟不足，先生休矣！梨洲新造的宇宙觀，我持否定的態度。

二、宇宙形成及生命起源之科學研究

理學中的宇宙觀，要從理學祖師爺周濂溪—周敦頤說起。他青年時代作的〈太極圖說〉，可作程朱派愛論宇宙人物來源問題的代表。〈太極圖說〉云：「無極而太極。太極動而生陽，靜而生陰。一動一靜，兩儀立焉。動靜交感，萬化生矣，人物出矣。……」於是宇宙便形成了，人物便生出來了。周濂溪這段語最值得注目的有幾個問題。試問：「太極」到底是個什麼東西？答曰：不是別的，就是我常說的這個形上光明本體的化身。有何證據？〈太極圖說〉後文有「主靜（自註：無欲故靜。）立人極焉」一語，就是唯一的根據。因爲着重「主靜」功夫之修證，這個形上光明本體就會出現了。這是功夫的修證問題，不是邏輯思辯的問題。只要去實踐修證功夫，任何人都可獲得同樣的答案。這就是理學近乎科學的地方，也是理學價值之所在。但是它的下文一系列的推演解釋，如說「太極動而生陽，靜而生陰」等等說法，我就懷疑了。他的意思不外是說，這個光明本體經過動靜過程的變化，就產生陰陽二氣，再由陰陽二氣的交互變化，於是宇宙便形成了，林林總總的萬物也就生出來了。我不信。我對這由本體推演的宇宙論，向來是持懷疑的態度。可是黃梨洲連這推演宇宙論所依據的「本體」觀念，似乎都不甚清楚，只把《易傳》的「生生之機」拿過來裝在他的思想架構中，認定眼前所見的物質世界、自然世界的生生不息，就判定有個「（本）體」的主導作用在支配宇宙一切的變化。這項假設未免太大膽了，所以稱爲「新造的宇宙觀」。他的說法太背離濂溪以來的理學傳統，我不敢苟同。其實不管新也罷，舊也罷，宇宙的形成，萬物的生成，生命的起源，絕不是這麼簡單的，哲學方法的冥想是不能解決問題的。我們必須用科學探討的成就，或可對這個難題的解答，求得一些答案。

試問：宇宙是怎麼形成的？答案一，「宇宙爆炸說」。好像古人說的「混沌初開」的景象，經過一次大爆炸，宇宙便形成了，數不清的星球也浮遊太空了。經過進一步研究，又產生「宇宙膨脹說」的理論，跟愛因斯坦的「相對論」有密切關聯。愛因斯坦相對論的公式是這樣的：。$E=MC^2$，E代表能量，M代表質量，C代表光年的速度。在太空中，物質的質量乘光年速度的平方，就變成了能量。充滿太空的，不是什麼「本體」而是能量，能量有增有減，於是宇宙之全量，既有膨脹的部份，也有收縮的部份。因此，我們肉眼所見的宇宙太空是圓形的，實際上是橢圓形的。這是用相對論來詮釋宇宙形成的最新說法，是否如此？還待科學的繼續探討。

其次，說生命的起源。我在台北看電視「地球探秘——生命的起源」的節目，覺得很有意思，一直聚精會神地看下去，發現科學對地球生命起源的最新詮釋，我今天講出來，你們也可大開眼界。試問：地球上這麼多生命是怎麼來的呢?這與理學、佛學和老莊所講的完全不同。根據科學的解釋，地球上本來没有生命的，那這麼多生命又是怎麼來的呢?根據現代科學的研究是起源於火山的爆發。經在某處（地名記不清楚）海底火山爆發的長期研究結果，發現火山口附近一帶的海水有攝氏兩百度以上的高溫。這一高溫的海水域，如何會有生命的存在，我們據常識判斷簡直不可想像。可是，奇蹟就出現了，就在這一高溫的作用下，一些浮游於水中的物質便發生了劇烈的變化，由一些無機物變爲有機物。這些有機物，當然就有生命了。而這些有機物不是別的，經試驗的結果，就是「碳氫化合物」。這就是生命的起源。就此推演解釋，地球上從此就有生命了。有了生命以後，經過長期的進化過程，於是最高智慧的人類也就出現了。所以宇宙的形成及生命起源的問題，我相信科學的解釋，理學家的解釋，我是持懷疑的態度。不過以人爲中心，可用特定方法證出此形上光明本體來，確是值得肯定，是不可懷疑的。這是我對理學宇宙觀和科學宇宙觀的基本看法，對現代研究中國哲學思想者不無參考價值。

三、羅近溪釋良知及前知

羅近溪釋「良知（本體）」，最通俗、最具體，令人心領神會，不須解說。如《近溪語錄》——《盱壇直指》有故事一則，這麼說：近溪正擬臨池爲書，有人問道：何謂良知?近溪即指此硯台說：「這箇圓陀陀、光燦燦底東西，就是良知」。因硯台是圓的，其中溶入墨汁，精光四射，故如是云。良知本體，無具體形象可擬，很難形容，近溪卻以眼前實物狀之，真是刻畫入微，惟妙維肖。又有捧茶童子正端茶來，近溪即興說道：「捧茶童子是道」。這話又該怎麼講呢？別人聽了覺得很奇怪，捧茶童子有什麼道呢？但近溪卻說，捧茶童子其實也有道；他若沒有道的話，那茶就會倒了。因他端茶也須恭恭敬敬地、一心一意地端茶，如不這樣，茶必然會倒掉。這是什麼意思？是在講理學的「主敬」功夫。從端茶童子的端法，就可體會出來，這是一種修養功夫——「主敬」或「居敬」的功夫。人或疑之，認爲學道必須競競業業地證會始得，童子有何道耶？近溪答曰：童子端茶，必競競業業，茶才不至於傾覆，我們做功夫亦必須如此。由這則故事，可知泰州學派講學風格之一斑。

對於「前知」功夫。羅近溪也有很好的解釋。〈中庸篇〉有「至誠之道，可以前知」一語，我們如仔細分析〈中庸篇〉講的「前知」與理學家的「前知」功夫，根本是兩回事。理學家的前知功夫，與道家、佛家說的「神通智慧」一樣，絕無差別，是憑湛深的功夫證驗出來的。羅近溪揭穿了這個秘密。他說：凡深造有得之士，無不具足前知功夫。理學家把它儒學化，稱爲「前知」，佛家、道家則叫「神通智慧」。我愛講邵康節的故事，即康節確有「神通智慧」，什麼「神通」？「宿命通」。王陽明曾批評康節「泄漏天機」。邵康節把他自己身後二十年的事，一一告訴來訪的歐陽棐（歐陽修之子），故陽明如是說。這項功夫，理學家多半秘而不宣。但王陽明自己不知不覺也泄漏天機了。如《世德紀》記載：陽明「征思田」戰事結束後，安定地方規劃完畢：囑某守將云：某處關塞，形勢險要，須擇精兵六百駐守，二十年後安南必有內亂發生，邊塞須駐兵，以防不測。二十年後，果有安南王室之亂，正如陽明所預言。這時陽明早已去世了。由於他的「神機」妙算，才保住了邊關的安全，不被侵擾。

陽明班師回朝，病故於南安（江西）。臨終時門弟子問道：老師，你要走了，有什麼遺言嗎？陽明回答：「此心光明，夫復何言！」這裡說的「光明」二字，一般人可能誤解，絕不是一般所講「心地光明」的意思，而是說他的良知本體發射出來，靈光照耀的意思。所以才這麼回答。陽明去世後，靈柩運回浙江，經南昌、九江，由長江順流而下，即回浙江。遇逆風，船不能行，於是門弟子設祭禱告：老師，你的靈柩逆風不能行，一定要順風才能運回故里，希望刮順風，就可起程了。赤壁之戰，諸葛亮祭東風，那是羅貫中的神話。現在王門弟子要他老師刮順風，果然，祭拜以後，風向立刻轉變，東風來了。難道這不是陽明身後大顯神通嗎？

關於前知或神通，羅近溪毫不避諱，坦白說出來。就佛家言，道功越湛深，神通越廣大，及到功行圓滿，五通——「神境通」及六通——「漏盡通」都已具足，就可成佛作祖。羅近溪是就理學家的立場解釋前知的。不必說，他自己也有這項功夫。近溪釋前知云：「問：有人習靜，久之遂能前知者，爲不可及。曰：不及他不妨，只恐及了倒妨也。曰：前知如何有妨？曰：正爲他前由靜中呈現之慧光；「無明之明」，乃開悟後之光明本體可普照什方也。

譬之暗室張燈，自耀其光，而日麗山河，反未獲一覩也已。」近溪所謂「有明之明」，似指開悟

有個目的了，所以有妨。蓋有明之明，出於人力，而其明小；無明之明，出於天體，而其明大。

㈤對近溪理詣境之品評

在理學中，從程明道開始，就有「理一分疏」或「一本萬殊」的說法，依照華嚴哲學來講，「一本」就是指修道者的本體，「萬殊」則是指林林總總的宇宙萬象。如何能達到「一本萬殊」的境界？這就要靠禪宗功夫來證實了。禪宗的修道功夫到了破三關時，就會出現「涵蓋乾坤」的景象。怎麼會「涵蓋乾坤」呢？意謂宇宙萬象可從修道者的本體中顯示出來，所以叫「一本萬殊」。再就宇宙萬象說，宇宙萬象統統可攝入證道者的本體中，所以又叫「萬殊一本」。以上所說，是就禪宗功夫和華嚴哲來解釋的。明代中葉的理家羅整菴，用功廿年，才深切體悟「一本萬殊」的奧義。程明道讚嘆張橫渠的〈西銘〉深具「理一分殊之旨」，我看未必然。〈西銘〉開頭說：「乾稱父，坤稱母」，這算本體嗎？（按：理學家確以《易經》乾坤二卦喻本體，近乎牽強。）只能勉強說，跟「一本萬殊」的哲理有點近似罷了。按：一本萬殊之說，是理學家汲取禪宗「涵蓋乾坤」的哲理，如上引羅整菴的功夫經驗，即可明證。至於華嚴「一多相涵」的哲理，亦可詮釋理學家「一本萬殊」的義趣，但哲理境界可高了，張橫渠連邊都沒沾上，程明道的功夫

境界是否至此？我不得而知。理學家汲取佛家思想精華，多避而不談，改頭換面，儘量儒學化，我認為這是理學家不夠光明處。華嚴「一多相涵」，乃中國佛學之最高境界，與禪宗「破三關」——「生死關」，意義無殊，功夫至此，已入佛境。近溪能控制生死，刻期觀化，與高僧「坐亡」一般。就釋家言，謂之佛，就儒家言，謂之聖，已達到佛學、理學的終極境界。然而梨洲還說近溪尚有「一間未達」，釋氏「學焉未至」。皆因梨洲於禪學、於理學並未深究，只湜其文字功夫，才有這種似是而非的論調。明末憨山大師云：「羅近溪，近代唯一了手人也！」可謂的評。憨山大師才是深知近溪理學詣境的方外人。至於梨洲所論，不過皮相之見而已。

四、明末王學之流弊及王學東傳日本

(一)明末王學之流弊

王學流弊在哪裡？前面講得很多，應從王陽明本人說起。王陽明極為傑出，乃命世之才，絕不多見。掛帥出征，戰無不勝，攻無不克，將張良、韓信、諸葛亮的才智集於一身，既有神通智慧，又精通武略，可說文武兼備，在政治上、軍事上，是超人一等的角色。他的學識淵博，才智超群，做起外王事業——儒家的治平事業，為孔孟所不及。由於政治因素的嚴重影響，對撥亂反正、振衰起弊的經世之學，在他思想裡沒有占一重要的位置，於是陽明哲學這方面條件極不凸顯，才造成王學之流弊。探本溯源，王陽明在知識等方面似不無矯枉過正之嫌。

因此，陽明講學，不重視知識才能，造成王學之重大缺失，已如前說。陽明大弟子王心齋、王龍溪、聶雙江、鄒東廓、私淑弟子羅念菴、心齋再傳弟子羅近溪等等，其缺失與陽明如出一轍。陽明在世時，即有人目王學爲禪學，尤其泰洲學派的禪味最濃。本來，「程朱近華嚴，陸王類禪宗」。類似禪宗，亦不足爲病，惟其輕視知識才能，演變至明朝末年，即呈兩種病象：正如黃梨洲所說，三三兩兩，會於水邊林下，談心說性，流爲狂禪。由於王學輕視知識才能，於是王學即流爲空疏之學。如明朝亡國時，有位鄒御史寫出這樣沉痛的詩來：「平生袖手談心性，臨危一死報君恩」。此詩又作：「愧無半策匡時難，惟有一死報君恩」。鄒御史以死報國的表現，最具有代表性。代表什麼？王學太空疏了！

王學毛病或流弊就出在這裡。其實陽明自身絕無此病，陽明先生實在很傑出，在中國歷史上是了不起的將相之才，才能知識學問都是一流的，由於他在講學時不強調、不重視這方面的必備條件，才造成他的弟子們一代傳一代都不重視，這一嚴重流弊即由此形成。但是學術有利必有弊，古往今來皆如此，縱使王學弊竇叢生，但是，它對中國哲學思想的重大貢獻，是可以肯定的。中國先哲愛以「聖人」作爲人生的努力目標，孟子說「人皆可以爲堯舜」，我們只可看成是理想，是中國人嚮往、追求的目標。聖人的人格標準，便成了人生一大理想。每個人不可糊裡糊塗過日子，不管做大官的，還是平民百姓，都應有一個值得嚮往的遠景，古今人都應這樣。現代人無論事業上有多大成就，這個理想還是應該有的。國學大師錢賓四先生把我們中國人嚮往的聖人，改稱「理想人」，理學家又叫「完人」，其實完人、聖人意思一般。釋家叫做「佛」，道家叫做「仙」，儒家叫做「聖」。不管怎麼稱呼，總不外讓人有一個嚮往、追求的目標，要在現實人生之外尋找一個目標，而不要只在現實人生社會中專門爭權奪利。這是孟子「人禽之辨」的焦點及其精義所在。

可是提到聖人，問題又來了，各人的標準不一樣，孔、孟、荀和老莊的聖人標準極爲懸殊。漢唐時代没有多大變化，及到宋朝，理學興起後，聖人的標準完全改變了，也可以説徹底改觀。雖然改觀了，内涵不同了，在王陽明以前始終是朦朧的，好像戴了神秘面紗似的，他的真面目看不清楚。及到良知哲學昌明後，這層面紗便拆除了。什麼是聖人？良知本體就是聖人。換句話説，這個形上光明本體，便是聖人的具體内涵。人人具此本體，故人人都可成聖人。這是就理論上説。如從實踐功夫説，只要每人都下番實踐功夫，證得良知本體的存在，都可以作聖人。王門師弟講：「滿街都是聖人」，就是這個道理。因爲孔、孟、荀所講的聖人標準做來實在太難了，除孔、孟、荀有此能耐外，一般人是没有份的。現在王陽明汲取佛老思想，加以湛深的證驗功夫，於是超凡入聖的境界也就出現了。只要每個人能夠達到這個境界，能夠證出光明本體來，立登聖域，就成聖人了。如王心齋門下農夫、陶匠、樵夫等，連大字都不識幾個，都可作王門中的聖人。這套良知哲學對現實人生社會到底有什麼好處呢？如果人人有此理想目標，作爲現實人生的嚮往，正如朱子說的，不要「日坐利慾膠漆盆中」，一面趨向理想目標，一面各守崗位奮進不已，作良民，作良吏，作模範企業家、政治家，一切現實困難問題都可以解決。陽明良知哲學雖然有它的缺失和弊病，但在這一面確有重大貢獻。藥到病除，不失救時之良方，現實社會各個層面種種疑難雜症都可清除了。

話得說回來，我們如冷眼旁觀，今天的問題實在很多，幾乎積重難返，無可奈何。試問：毛病出在哪裡？我認爲最根本的是教育問題。從民國以來快一百年了，無論那個政黨掌握大權，無不强調思想路線和知識路線，思想路線似乎已走到盡頭，無能爲力了；知識路線，卻是世界潮流，方興未艾。如以王學作標準來看，王學着重內聖修養，民國以來偏重外王的知識才能。兩者如緊密配合，截長補短，便可相得益彰。然而事實上正好相左，王學的偏病已如前說，造成空疏無用之學；最多只作一個大好人，「愧無半策匡時難」的大好人。但是路向一轉，只偏重知識才能，結局又怎麼樣呢？陽明先生五百年前就看得清清楚楚，正是如他憤憤地說：「知識愈豐，才智愈强，愈足以濟其奸，逞奸其惡」。這是陽明時代的寫照，不幸的是，五百年後的今天，似乎又出現了。歸根結柢，正本清源，毛病出在近百年來的教育問題上。以明眼人看來，這二者密切配合，正可補偏救弊，相得益彰，惜乎當政者見不及此，背道而馳，才造成今日之種種病痛。

我們再緊貼王學自身說，王陽明偏重內聖的修養，可以培養好人—理想人，但是僅僅做好人，是不能救時濟世的，所以孟子說：「徒善不足以爲政，徒法不能以自行」，不無至理存焉。惟有健全的人事和健全的法制才是必備的條件，二者缺一不可。縱然成就「滿街都是聖人」，又能奈大局何！因此，明崇禎帝在煤山（即今北京北海公園內之景山）上吊時，那位鄒御史寫下的詩句，也夠沉痛了，這就是「徒善不足以爲政」的寫照。可是另一面，明朝政治之貪污腐化，黑暗已極，又是「徒法不能以自行」的說明。可見內聖修養與外王事業是必須緊密配合的。王陽明由於政治因素的影響，强調內聖修養，忽視外王事業，才造成王學的偏病，是不足爲法的。現在就鄒御史以死報國的節操來說，我很不以爲然，一死就能解決問題嗎？我極力反對這種作法，說什麼「不成功，便成仁」，這是末路一條。我希望都能成功，不要成仁，因死於大局無補，所以鄒御史的詩句我不欣賞。由於他沒有本領，沒有識見，才造成悲慘的結局；假如他有王陽明的才具，就不會這樣了。

此外，明朝的帝王那麼多，沒有一個值得我欣賞，而且令人極端反感。比如明太祖朱元璋，當和尚出身，又當强盜，最後當了皇帝，還算有智慧，精力過人；因胡惟庸之亂，廢宰相制度，帝權、相權一把抓。四子燕王朱棣，奪得寶座後，就是明成祖，很有作爲，可是第三代以後就不行了。以後他的皇子皇孫，個個都是昏君、闇主，明朝的政治可以說，黑暗腐敗到極點。明武宗是「太保皇帝」，王陽明平宸濠就碰上這位太保皇帝。明世宗撿便宜當了皇帝，猜忌賢良，宵小用事，王陽明征思田，就是碰上這位混蛋皇帝。王陽明有功不賞，身後還奪去封爵、官銜，就是這位昏君的傑作。過後又用奸相嚴嵩，明朝的政治就不堪聞問了。明穆宗好一點，可是壽命不長。明神宗糟到極點，混了四十幾年，朝政一榻糊塗，幸好有張居正撐持大局，天下沒有大亂，可是建州衛的努爾哈赤已經崛起關外了。他的兒子明光宗，好色無度，只做了一個月的短命皇帝。光宗的兒子熹宗，只會作油漆工，專門在皇宮裡蓋小房子，粉刷宮殿，實在太不像樣了。大權落在宦官魏忠賢和奶媽客氏手裡，明朝的勁敵皇太極建立起大清帝國，虎視眈眈，隨時準備入關了。末代皇帝明崇禎，他比他的哥哥明熹宗好一點，卻昧於知人，一味剛愎自用，不納大臣的忠言，（指左都御史劉宗周的建言），以致亡國。所以說，明朝除明太祖朱元璋、明成祖朱棣外，沒出一個像樣的皇帝，都是闇主昏君在位，我很反感。這樣的腐敗政權，早該滅亡了，若不是理學家們苦苦支撐的話，亡國之速，就不必等到崇禎了。這樣腐敗的政權，實在沒有捍衛的必要，鄒御史以死報國，實在太不值得了。這樣腐敗政權，必有能人取而代之。什麼「反清復明」!?什麼大漢衣冠!?朱明政權早就該亡了。

㈡王學東傳日本

明朝亡國後，朱舜水東渡日本乞師，王學即隨舜水傳至日本。以後舜水留日講學不歸，日本王學由是興起。其門弟子中有中村藤樹其人最爲出色。演變到近代，日本人篤信陽明「知行合一」之説，由是造成日本明治維新，本書首篇已經提及。有日本學者評云：中土得王學枯禪的元素，以致亡國；日本得實行的元素，造成明治維新。此話有片面理由，但不可全信。

朱舜水是明王室的後裔，名子俞，號舜水，也是明末陽明學者之一。明亡以後，清軍入關，朱舜水東渡日本去乞師。我讀初中時，國文老師李迺賓先生講述這個故事，聽得津津有味，至今不忘，對舜水其人也很佩服，但後來看法改變了。諸位想想，明朝亡了，跑到日本去乞師，有什麼用？像日本這麼個小國，跋山涉水，經過朝鮮半島才到中國，對抗興盛的大清帝國，根本無能爲力，所以向日本乞師，根本不可能，同時，日本決不可能提供什麼援助。我又是對日抗戰一代成長的中國人，我是在日本飛機轟炸下倖存的，所以像朱舜水向日本乞師，我很不以爲然；對日本不好的印象，我很難改變。現在我認爲乞師日本，簡直是一種恥辱。與其到日本乞師，還不如像王夫之、黃宗羲、顧炎武等人一樣鬧革命，自己尋找解決的辦法。朱舜水向日本乞師，是一回事，順便把王學傳至日本，又是一回事，前者我取否定的態度，後者則取肯定的態度，他對王學東傳日本是有貢獻的。

五、陽明身後知音李二曲

「關中大儒」李二曲，青壯年時代只佩服兩個人物，一個是諸葛亮，一個是王陽明。什麼原因呢？李二曲在明崇禎上吊之前，他的父親是一名武官，戰死在襄陽。李二曲陝西盩厔（今名周至）人，家境赤貧，無以為生。當時關中地區飽經流寇之亂，燒殺擄掠，慘不忍睹。這時李二曲只有十六歲，目擊這種慘狀，就下決心說，一個讀書人，如果不懂軍事，不懂策略，不會作戰禦敵的話，碰到這種難局，便一籌莫展。於是他跟王陽明一樣，少年時代讀盡兵家秘笈。以備非常。諸葛亮，陽明用兵極為類似，所以他佩服諸葛亮和王陽明。

(一)劉蕺山排斥佛老，反使理學失真走樣，晦暗不明

劉蕺山名宗周，明崇禎時官拜左都御史，相當於國府監察院院長，政治地位很高。惜乎崇禎剛愎自用，昧於知人，不採納他的濟時策略，以至亡國。劉蕺山是明末深造有得的理學家，他標立「慎獨」為其學說宗旨。其實，蕺山之「慎獨」與王陽明之「致良知」實質意義並無不同，只愛標新立異，自立門户罷了。劉蕺山衛道精神極為强烈，對佛老思想反對得最厲害，他雖然造詣很高，但把理學作種種歪曲解釋，我不認同。由於極端排斥佛老，使理學儘量理儒學化、孔孟

化，反而昧失理學之本真。如他解釋高景逸（高攀龍）「心如太虛，本無生死」的名句，就把《孟子》「舍生取義」一語扯在一起，因釋爲劉氏新義：「只見一義，不見生死」。這一解釋違背了理學的原義，也證不到「心如太虛，本無生死」的境界。因景逸原句是以此形上光明本體爲基軸，而劉蕺山之釋本體，大乖原義，理學真相也就昧失了。

另外，劉蕺山釋程明道說的「寫字不是爲字好，只此是學」一語，亦問題多多。因明道這句話乃言「主敬」功夫之範例。蕺山卻改爲：「寫字就是爲字好，不然，學個什麼？」這一解釋，使明道言「主敬」功夫之含義全部喪失，僅舉這兩個例子，一言本體，一言功夫，經蕺山詮釋後，本體不見了，功夫不見了，致使理學晦暗不明，造成嚴重後果。

㈡黃梨洲走史學路線，了解理學深度不足

黃梨洲師事劉蕺山，由理學一變而爲史學。其於理學、佛學之解悟，總覺深度不足。近著《宋學探微》一書及講學諸著，批評甚多，不備舉。

㈢李二曲最推崇諸葛亮和王陽明

李二曲名顒字中孚，陝西盩厔（今名周至）人。「山曲曰盩，水曲曰厔。」門人因稱二曲先生，又號土室病夫。明末遺老。崇禎末年，目擊流寇之亂，身受荼毒。認爲儒者若不文武兼備，即難以平暴亂，挽危局。已如前說，他對諸葛亮、王陽明極爲推崇。二曲重事功這一面與陸象山極爲接近。

㈣二曲彌補陽明之缺失，使王學內聖外王兼備，王學發展至此，才徹底完成

二曲教人有《體用全學》一書，主張「明體適用之學」。以《陽明集》、《龍溪集》、《象山集》等闡明吾心之本體，是爲體中之明體；又以《朱子全集》、《伊川集》、《大學衍義補》等爲明體之功夫，而以「適用」爲標尺。因二曲享高壽，（得年七十九），理學詣境之卓絕，或勝過陽明，學問之淵博，又超越朱子而主「適用」，因倡「明體適用之學」，其門弟子稱爲「內聖外王之學」或「全體大用之學」。王學流弊及其缺失，至此一掃而空。故二曲始爲陽明身後的知音。而宋明六百年理學發展至此，才算徹底完成。我的著作《李二曲研究》一書、台灣商務再版，你們可以參閱。

第十講　由王學深入研究、探索中國思想種種難題

——全書總結

今天第十講是全書總結，畫龍點睛，諸位仔細聽聽。本來講王陽明哲學到前一講就結束了，又擬一講題，完全是我個人的構想。因爲四十年前，蔣介石先生提倡王學，王學在台灣成爲顯學。台灣的王學專家寫的東西，多半我都看過，很少有滿意的。而這幾十年來，自信有湛深的研究，不僅把陽明哲學本身好多難題都解決了，給你們講得很清楚，進一步我還要把陽明哲學再擴大，擴大到整個中國思想、中國哲學，再仔細看看，還有些什麼難題呢？我肯定是有的，只因爲有些難題平時没發現，不認爲是難題罷了。比如研究理學的只管理學，研究佛學的只管佛學，研究老莊的只管老莊，研究先秦孔孟的只管講孔孟，這些專家學者們把理學、佛學、老莊、孔孟，甚至法家思想等等連貫不起來，我卻把整個中國思想連貫起來了。我的視線比較寬闊，所謂站得高，看得遠。因爲看得遠，就有這麼一個構想：把王學種種難題解決了，給你們講清楚了，再來看整個中國思想裡王學占有的重要位置，就以王學作標尺，可以看出中國思想裡還有些什麼難題？難題在哪裡？這些難題又該如何解決？我研究幾十年，自信把這些難題摸學清楚了。我把這

些難題發現後，順著王陽明哲學向上探索，那麼，這些難題該如何解決呢？本講自有答案。我們要借古鑒今，我們不僅看過去的，還要看今天的，更要看將來的。假如王學對今天，對將來中國思想沒有什麼關聯，沒有什麼用處，沒有什麼價值，這套學問即使講清楚了，也沒意義，徒勞無功。這就牽涉到今天中國思想路線該如何走的問題。這個思想問題，又是個最現實的問題。今天這麼多朋友，老、中、青三代都在研究，研究以後思想路線該怎麼走？總要有個結論罷。要給今天中國思想開出道路來，這可不容易。一定要把中國思想研究到某種程度，才能為中國思想找出一條路子來。既要博古，又要通今，才有此可能。我這一講，就作上述思想開拓的嘗試，如何？如何？就要看今人和後人的評斷了。

一、研究中國思想難題在哪裡？

這一講為全書之總結，標題是〈由王學深入研究、探索中國思想種種難題〉，內容相當多，現在先講第一個問題：研究中國思想難題在哪裡？

中國思想以先秦諸子最為出色，博士班要講，碩士班也要講。自先秦諸子以下，就是兩漢經學、魏晉玄學、隋唐佛學、宋明理學和清代考據等等，其中最有價值的，一般認為是先秦諸子，幾十年來學者下的功夫不少。先秦諸子，不外儒、道、墨、名、法等五家，陰陽家沒啥價值，可剔除。還有兵家很重要，孫武、孫臏祖孫兩代在兵學方面都有煇煌成就，我很重視。其次是兩漢經學，兩漢經學中最有思想價值的，像〈大學〉、〈中庸〉、《易傳》、〈禮運〉、〈樂記〉等。這些文獻，經思想考證，都是漢儒作品，假托孔子或孔門弟子所作，便於流傳而已。再次是魏晉玄學，我認爲魏晉玄學價值很有限，他們講的玄理，跟老莊絕對不一樣。要把老莊哲理真正理解了，魏晉玄學也就通了。老莊方法重功夫，玄學方法用「名理」，方法不同，境界各異。老莊之道是實證出來的，玄學家講的那一套，不過玄思的、意象的一精神境界而已。魏晉人把玄學混成老莊，因爲他們不真解老莊；近人視玄學爲「新道家」，也犯同樣的錯誤。它只貌似老莊，所以它的價值很有限。又次是隋唐佛學，境界可高了，哲理可深了。又次是宋明理學其境界、其哲理高卓精深處，與佛學老莊一般無二。清代考据學者不懂哲學，我多有批評，考據方法對思想考證，亦有用處，但份量有限。所以中國思想從先秦到宋明，其中儒、道、佛三家及法家，乃中國思想的骨幹；墨家重科學，早已絕跡，鑄成中國思想無可彌補的損失。今天講中國思想主流，應指儒、佛、道三家，還有法家，地位非常重要。一般人講儒家思想就不大講法家，我卻很重視法家思想，爲什麼?雍正帝説得好：「儒家治國，道家治身，佛家治心」。這話大體上講得不錯，不過「儒家治國」就須斟酌了。從秦漢以來，到今天爲止，台灣的蔣介石，大陸的毛澤東，他們用來治國的是什麼呢？是法家思想和法家制度。從秦始皇統一中國起，制度方面就是法家創造的。漢代承襲秦代的制度，中央政府的三公九卿，都是秦朝的制度，演變到隋唐，分成六部尚書，一直到清代爲止，官制名稱相沿不替，即使到了民國，不過更名爲部長而已。上有三公，宰相，更爲行政院長或國務院總理，太尉是管國防軍事的，即今天的國防部長、總參謀長，還有御史大夫，約略相當於今天的人代會委員長、即國府的監察院長。這就是由秦代到現在中央政府的構架。至於地方政府，秦代創立郡縣制度，全國畫分卅六個郡，郡下面是縣。郡有郡守，相當於今天的省長，還有郡尉，就是今天的省公安局長，是管理地方治安的。郡轄若干縣，大的縣叫「令」，小的縣叫「長」。縣令、縣長由秦代沿用迄今。還有縣尉，就是縣公安局長，也是管理地方治安的。另外，還設有刺史，是監察地方的，官位不高（官秩六百石，相當於大縣縣長。）以小官監察大官，成績好，可直升郡守（官秩二千石），官制是寓有深意的。這樣龐大的中央政府和各級地方政府，各種制度都由法家設計運作，徹底實施，中央、地方才能連成一體，政務推行才能暢通無阻。諸位想想：如果沒有法家建立各種制度的話，偌大的中國，怎麼能夠統一？怎麼能夠治理呢？單拿秦始皇來講，統一六國後，全國這麼大，要把中央政令傳達各地方，從東到西，從南到北，一個歐洲那麼大，怎麼辦？孔子倡的禮樂那一套行不通，若果沒有法家制度的創作，真是不可想像。孔子強調禮樂制度是沿用周代制度的，在魯國那個地方，或者可以推行，還有他的學生們的支持；可是在全國就行不通了。不是說禮樂不重要，要真正推行政令，就得靠法家的制度。儒家禮樂是柔性的，法家制度是剛性的。用儒家禮樂可收攬人心（儒家仁義觀念比禮樂還重要），調劑身心，當然很重要。但這不是真正統一中國的有效辦法，真正有效的還是要厲行法家的制度。而法家思想着重賞罰的功效，信賞必罰，立竿見影。漢武帝做得很徹底，漢宣帝也做得不錯。唐太宗做得最出色，無愧開國的君主。法家思想在中國歷史上起了很大的作用，我們講歷史，這方面不可抹殺。這是法治主義的優點。

孔子是倡德治主義者，主張以禮樂治國，以德服人，所以他說：「道之以德，齊之以禮，有恥且格」。如果孔子能見到此後龐大的中央政府和各級地方政府，他不贊同的「道之以政，齊之以刑」的主張，勢必改觀。最高執法者，如果賞罰不分明，執行不嚴格，要貫徹中央的政令是不可能的。所以從秦漢到清朝，甚至民國以來，法家主張賞罰嚴明，單在政令推行上就起了很大的作用。我重視法家思想和法家制度，理由就在這裡。在台灣那邊，有人批評說，統制中國的，表面上是儒家，實際上是法家，「儒表法裡」，一點不錯。儒家在政治上只起調劑的作用。要儒法並用，才把這個大中國治理得很好。當然，這是指往事，講歷史，今後的中國，治理的方針又不大一樣了。

一般人對法家印象都不好，不大提，實際上很重要，絕不可忽視。那麼道家跟佛家又怎麼樣呢？道佛二家，我們中國人向來都很崇敬的，民間好多人信奉佛教和道教，早已成為一般民眾的宗教信仰。所以儒家、道家和佛家是中國思想的主流，其中，儒家為中國思想的中心。其它如墨家、名家早已絕跡了。墨家演變很特殊，到西漢時代，墨家變成地方上的豪强，如朱家、郭解之流最具有代表性。遊俠尚義，是他們的風格。再演變成地方勢力，橫行霸道，為害無窮。另外，墨家遊俠與神仙思想結合，演變成劍仙俠客，縱橫江湖，成為社會上的神秘人物。本來墨家是重科學的，中國科學的創始者是墨子和墨家學派，但後來，整個變了，墨家的思想絕跡了。

由墨家衍生出來的名家，創造邏輯觀念，為中國邏輯的起源。有人說，孔子主張正名，應為「名家」之始，也說得過去。公孫龍子與惠施可作名家的代表。公孫龍子的〈白馬論〉、〈堅白論〉、〈指物論〉，均能表顯名家的特色。惠施部份著作見於《莊子·天下篇》。名家思想，荀子繼承了一部份，以後就絕跡了。還有兵家思想，最具實用價值。（按：據錢穆《先秦諸子繫年》的考證，無孫武其人；但據最近出土的孫臏墓中文物顯示，除《孫臏兵法》外，確有《孫子兵法》等文獻，彌足珍貴。）。剛才提到孫武、孫臏，他們祖孫兩在中國歷史上都有輝煌的成就。歷代用兵，對內安邦定國，對外抵禦强敵，端賴《孫子兵法》的威力。中國這麼大，如果没有兵家的戰略、戰術作指導，中國怎能抵禦外侮呢？這是我重視兵家思想的理由。據資料記載，《孫子兵法》早就譯成多國語文，傳遍世界了。所以我們應注視的是儒、道、法、兵，及後來的佛家思想；但法家和兵家在形上哲學上，似付缺如，所以我們只講儒、道、佛三家思想。儒、道、佛三家思想在今天中國人心目中都占有很重要位置，影響力極爲深遠廣大，所以作學術研究要特別深入，務必要了解它們的眞相及其價值，才能明確判斷和預測，今後中國文化思想的走向，開拓新的文化思想領域。文化與思想必須有目標，有理想，不斷向前推進，才不會安於現狀，保持現狀。「保持現狀，就是落伍」，又是千眞萬確的。比如說，今天大陸經濟非繼續發展不可，但老是這樣發展下去可能又有問題。什麼問題？美國人就發生問題了。美國經濟力量不是世界第一麼？可是美國就發生問題了。我去年在北京跟一個老朋友談話，他確有見地，他說：「發展經濟硬體和軟體須同時兼顧，硬體就是發展經濟，軟體就是發展文化。這兩方面都很重要，缺一不可。軟體文化可跟硬體經濟發展找出一條正確道路來。不然的話，後果是值得憂慮的。」我接着說：你的見解很高明，今天，美國就是一個例子。美國資本家那麼有錢，可是美國人就沒有文化遠景。在文化上美國人很幼稚，很膚淺，建國僅兩百多年歷史，屬西方文化系統，中國文化吸收了一部份，但不高明，始終給美國人開不出文化遠景來。美國人今天似乎沒有這個能耐。儘管名牌大學那麼多，科技很發達，像哲學系啦！東方文化中心啦！就沒有這種哲學（指王學、理學等）爲他們的文化思想開出一個遠景來。回頭來看我們自己，儒家思想的價值可以開拓文化理想，它可以主導中國思想向前推進。儘管我對儒家思想有些批評，對孔子也有微詞，但批評不是對孔子不尊重，而是進一步發掘儒家思想的偉大價值，能主導中國思想向前推進的，全靠儒家思想，這一點要搞清楚。道家思想、佛家思想也有它了不起的價值，我很尊重；但是它有個限度，儒家思想同樣也有個限度。試問：限度或缺失究竟在哪裡？下一步再說。

第四項儒、道、佛三家思想真相是什麼？今天我們講儒、道、佛三家思想。儒家孔子、孟子思想真相是什麼？各說各的，看法不一樣，但總該有個真相嘛！孔孟的真實面貌是什麼？今天似乎還不很清楚，還不明朗。另外，就是道家老莊。老莊今天大陸上是否研究？我不知道。台灣方面，我知道。研究老莊的總是愛拿西方哲學來解釋。糟糕透了。一句話歸總，就是西化老莊。不僅西化老莊，而且西化中國思想。這種西化手法，是從清末民初嚴復——嚴幼陵開始的。第二個是胡適之，胡博士。第三個就是北大、清華的名教授馮友蘭先生。馮先生是我的私淑老師，可以做西化的代表人物。西化結果怎麼樣？中國思想有沒有價值？不知道。你們看馮友蘭早年寫的《中國哲學史》就是這樣。他的《中國哲學史新編》我没看過。他早年寫的書，大概四十多歲吧，把《中國哲學史》講完了，以廖季平殿後。廖季平是四川井研人，人稱「廖經師」，我看他是個老學究，什麼經師呀？馮友蘭識見不足，把這樣的學究搬出來殿後，真大殺風景。最後中國思想真相是什麼？價值是什麼？我看馮先生一片茫然。他的書，我青年時代讀得很多，等我年紀大了，造詣深了，再來看他的書，總覺得馮先生有問題！他的《中國哲學史》講來講去，没什麼價值。《中國哲學史新編》出書了，他的完結篇遲遲未能發行，（按：最近已在廣州出版。）我在海外早就看到了，也沒啥稀奇，中國需要「民主」嘛！還是五四運動那一套，可見馮先生的思想，沒有怎麼進步啦！

單就民主思想說，馮先生似未作深入研究。民主思想也非西方的專利品，早在孟子書裡民主就萌芽了。以後陸象山、王陽明、黃梨洲在這方面有深入思考。我稱陸象山「荆門之政」爲講理政治，極富民主色彩。王陽明更爲中國式的民主思想奠定了高深的哲學基礎（如〈拔本塞源論〉。）還有明末清初黃梨洲，把明朝昏君暗主批評得很厲害。他的《明夷待訪錄》說：「天下者乃天下（人）之天下，非一人之天下也」。這句話講得很對，他是針對姓朱的當皇帝說的。他把孟子民主思想作進一步發揮。這就是民主嘛！以後到了孫中山倡「天下爲公」，民主思想更明朗化了，制度化了。民主思想當然對，但是中國這麼大，實行民主的條件不夠，決不能把美國那一套搬過來。如果有人搬過來的話，那就糟透了。爲什麼？台灣要獨立了，西藏要獨立了，中國前途不可想像。而內部各省亦問題重重，爭民主，爭權力，怎麼辦？如爲中國前途設想，實在是一大難題。

我爲這個難題曾作深入思考，是站在今天中國人立場來看問題，絕無私心、絕無偏見，既要顧全大局，又要體察民情，順應民心，更要面面俱到，經過深思熟慮後，才說出我的看法來。民主只宜作，不能唱，尺度放寬點，在一定範圍內有言論、出版的自由，沒有恐懼的自由，這就是民主了。實行民主要慢慢來，不可「大躍進」，等中國富强了，一切條件具備了，民主風吹來，擋也擋不住，把陽明、中山思想融貫在一起，再加國人的實踐功夫，不僅可以超越美國的民主，更可爲世界樹立民主風範，做個好榜樣。那時，中國新文化就可影響世界了。

現在回頭來講儒、道、佛三家思想問題。儒家孔子比較容易講，《孟子》，如視爲神秘主義部份可就難了。《荀子》沒有甚深哲理，沒有神秘處，講來也容易。可是老莊就難了。老莊之「道」究竟是個什麼東西？它的真相如何？價值如何？無處不是問題。這幾十年由理學向上探索，自信還懂得幾分。至於佛學的禪宗、華嚴嘛，佛學家講的，本位主義不免太濃厚，講得太消極了，距離現實太遠，也有問題。什麼「清淨法身」，什麼「性海圓明」，什麼「圓成實性」？有幾個懂得？佛家的「道」究竟是個什麼？法師、居士們能夠貫穿起來加以說明嗎？能夠深入淺出使它社會化、大衆化，一般人都懂得嗎？即使道行很高的佛家大德，有幾個能夠把他大徹大悟的玄義密旨說得清楚的？「成佛」的真相，站在哲理立場講，究竟是個什麼樣子？什麼哲理？恐怕佛學家們也感爲難了。這就是要搞清楚佛家思想的一大難題。至於台灣各大學以前講禪學的老教授們，他們究竟懂得幾分禪理，我也開始懷疑了。要精通禪理就這麼難，由儒、釋、道三家思想融合而成的宋明理學，要深入研究，了解它的真相是什麼？價值是什麼？這套學問又是怎麼鑄成的？恐怕就更難了。就拿王陽明哲學來說吧！過去台灣由於政治因素而成爲顯學，現在大陸由於中國思想文化的熱潮，也成爲顯學。過去台灣研究的跟大陸很不一樣，大陸研究的，標新立異，無奇不有，熱鬧非凡，真有百家爭鳴的景象，可謂旖旎盛哉！但是王學的真相是什麼？價值是什麼？陽明卅七歲龍場「悟良知」，究竟悟得的是個什麼東西？要解答就更難了。恕我很不禮貌地說，都是「强古人以就我」，自說自語罷了。蜚聲港台的「牟大師」就是如此，其他的人就不如說了。擺在眼前的，王學、理學的真相是什麼？價值是什麼？它對今天中國思想文化的發展方向有什麼啓發？它主導中國思想文化怎麼走？無處不是難題。這些難題如果不能解決，著作再多，也無足輕重，無濟於事，只是各說各語，誇多鬥靡罷了。

以上難題夠多了，不必再舉了。要破解這些難題決非易事，即使窮畢生之力，也未必獲得圓滿解答。諸位同學，我現在告訴你們一條捷徑，一個秘竅和有效方法，你們要解決這種種難題，也就容易得多了。

二、要探索上述種種難題，必須先從孔子成學階段說起

在中國哲人裡，把自己成學階段說得最完整的，最早就是孔子。據《論語》記載：「吾十有

五而志於學，三十而立，四十而不惑，五十而知天命，六十而耳順，七十而從心所欲不踰矩」。孔子自述他的成學階段最完整，但不很清楚。爲何不清楚？「知天命」以後，就令人糊塗了。什麼叫「知天命」？什麼叫「耳順」？又什麼叫「不踰矩」？如果把這些問題解決了，孔子畢生的造詣，孔子思想的深度也就明白了。這三個問題解得最爲玄妙的，是理學家，可以朱子《四書集註》爲代表，但那是理學化的孔子，理學化的儒學，我不贊成。先秦儒學必須與理學劃分得清清楚楚，才知道由孔子到宋明儒是中國思想的一絕大進展。因爲孔子思想的形上學中是沒有什麼理字成份的。古老的神權思想，才是他的主要來源。我這樣研究並未貶損孔子的崇高地位，而是還原孔子的真面目。要還原孔子的真面目，又必須明白他一生的事跡。這方面，錢穆的《先秦諸子繫年》最有參考價值。先要把孔子一生事跡弄清楚，再回頭來看他的成學階段，就容易明白了。

孔子是宋國人，是殷朝的後裔，到他上幾代遷往魯國，已經是破落户，所以家裡很窮。少年時代什麼苦差使，什麼低級工作都幹過，故說：「吾也賤，故多能鄙事」。在這艱苦環境中能力求上進，就很難得了，所以說：「吾十有五而志學」。因孔子祖先曾做過宋國的大夫，屬貴族階級，才有讀書的機會。讀的什麼書？不外周代流傳的《禮、樂、詩、書》吧！老師是些什麼人？就不必追問了。孔子最重視的，是《禮》——周代的各種制度和一般禮儀。這些學會了，就可改變工作。幹什麼？做魯國太廟的司儀員，所以說「三十而立」，就是「立於禮」。三十以後，孔子就開始講學了，一面講學，一面讀書，教學相長，學問大進，到了四十，思想成熟，深經世故，故說：「四十而不惑」。孔子此時及以後是不是很老練呢？未必然。用以後的事蹟可以證明。到了「五十而知天命」，就費解了。首先要了解「天命」的確切意義，才能解決「知天命」的問題。「天命」觀念，是一個古老觀念，《詩經》裡說：「天命靡常」即是其例。我在前幾講已提到過，「天」字金文，是個「巨無霸」，是人格神的化身。這位人格神有主宰世人的命運，可以福善禍淫，故稱「天命」。孔子對世事無可奈何，或無法解釋的，一切歸之於「天命」。這是十足的神權思想，沒什麼哲理可言。我們單看一「天」字，就更容易明白了。如說：「天之將喪斯文也」，「天之未喪斯文也」，都是這一意義。非但如此，進而「知我者，其天乎」，更像西方的上帝和耶穌了。再看孔子的事蹟，大概四十七、八作「中都宰」——是個縣令，解除「士」的身份，做官了。以後官運亨通，大概五十左右，先作司空，後作司寇，代季桓子輔佐魯定公與齊君會於夾谷，收回失地，孔子紅得發紫，怎麼解釋？這就是「天命」使然，也就是「知天命」。（按：理學家以「聞道」——「悟道」來解釋知天命，是理學化孔子，我不贊成。）

「六十而耳順」又該怎麼解釋呢？首先要了解什麼叫「耳順」？如就孔子這段經歷事蹟言，就是「逆來順受」。大家看看孔子下列事蹟。

孔子輔佐魯定公收回失地後，風光一時，似乎大權在握，建議季桓子「墮三都」——解除孟孫、叔孫、季孫三家割據的地盤，使魯國恢復統一。結果判斷錯誤，武力統一失敗，孔子的政治事業一敗塗地。（按：孔子四十而不惑，似乎未作到）。碰上齊人「饋女樂」（齊國施美人計加反間計，離間孔子）季桓子陪魯，定公觀樂，三日不朝，孔子就這麼離開魯國了。孔子這一斷然處道，頗直非議。如果孔子真要施展政治抱負——行道的話，魯國是最好的機會。以司寇攝相的餘威，培植班底，加强實力，促使魯國內部的統一，未始不無可能。無乃孔子計不出此，憤而去魯，似爲不智。即使要去魯，周遊列國，也該先洞察列國政治情勢。當時唯一可去的大國，只有晉國和楚國，晉國趙簡子執政，人才濟濟，孔子要去，當然不受歡迎。楚國是楚昭王在位，人才衆多，孔子去得了嗎？政治上的排斥作用，他都不瞭解，他的「四十不惑」，我更懷疑了。去衛國有什麼用？路過宋國，司馬桓魋要殺他，只得微服而行，才躲過一劫。最後到陳國，住了六年，能行道嗎？碰上晉楚交兵，爭奪蔡國，發生「在陳絶糧」的窘境。子路發火了，説道：「君子亦有窮乎」？孔子自寬自解地回答：「君子固窮，小人窮斯濫矣」。這不是「逆來順受」是什麼？我們可以想像，刺耳的牢騷語還很多嘞！孔子寧願窮到底，硬到底，一切處之泰然，還不算「耳順」嗎？再説明白點，一切難聽的牢騷語、諷刺話，都變成順耳之言了。這方面固然也可以表現孔子處逆境的最大忍耐力，但也夠苦了。周遊列國十四年，最後不是冉求爲將，建議季康子迎孔子歸魯，恐怕要客死衛國了。孔子作戰長於謀略，他在外這樣「飄泊」歲月，苦熬苦撐，大不值得，太失算了。「臨事而懼，好謀而成」，我更懷疑孔子没做到。這位孔聖人的政治智慧，我要大打折扣。六十八歲回到魯國，魯哀公給他「國老」的特種待遇，晚境生活算很優裕。到七十三歲去世爲止，删《詩、書》、訂《禮、樂》、修《春秋》，就在這段時間。德高望重，講學不輟，門弟子衆多，一切稱心如意，當然可以說「從心所欲，不踰矩」。《論語》還記載，陳成子弑簡公，孔子建議魯哀公伐齊，未免想得太簡單，也算從心所欲吧！我們這樣解釋孔子成學階段或成學經歷，似乎平淡無奇，但切近事實，孔子的真面目，也可看出幾分來。宋明儒把孔子理學化，反而罩上一層面紗，看不清楚了。

我們把孔子成學階段明白後，最難解的「知天命」、「六十耳順」、「七十不踰矩」等等問題，也有合理的答案了。孔子很像孫中山，要安邦定國，開創新局面，似無此能耐；治理國家，安定社會，則是他們的專長。這是我對前後兩位哲人才器的評估。

孔子的政治事業是失敗的，他對文化思想的鎔鑄——集古代中國文化之大成，是絕對成功的。這一面，我們是可以肯定的。孔子在艱苦環境中熬出來，以「仁」爲中心的學說也建立起來，不失爲儒家的開山祖師。儘管他的形上學極富神權思想、無甚可取；但是，以仁爲中心的經世之學，卻爲後世儒家學者奠定了結實基礎。這一方面，我們是可以斷言的。總括地說，就孔子的形上學方面看，完全繼承了古老的神權思想，似無創獲，但是以仁爲中心的經世之學，可就出色了。從這一點可以展示孔子思想的深度。又從仁的中心點向周遭放射，擴及於政治、軍事、經濟、社會、教育、文化各層面，是爲孔子「禮樂之治」的具體實施，又可看出孔子思想的廣度。在思想上有此深度和廣度，就可樹立一個標準了。用此標準來衡評孟子，孟子形上思想較孔子大有進展，逐步脫離神權思想，似有一新的思想正在萌芽，但經世之學廣度不足。荀子思想，似乎只有廣度，又缺乏深度。孟荀思想經我這樣簡單考評，也就容易探得他們的真相了。

三、以孔子成學階段衡評漢唐諸儒思想

我們以孔子成學階段做作標尺，可以衡評漢唐諸儒思想。就漢代來說，有無名氏作的《易傳》、〈中庸〉等篇。《易傳》、〈中庸〉、〈大學〉、〈禮運〉以及〈樂記〉等篇，最爲出色，漢儒都認爲是孔子（如《易傳》、〈禮運〉兩篇）、孔子門弟子曾參（如〈大學篇〉）、孔子之孫——子思（如〈中庸篇〉），及孔子後學（〈樂記篇〉）所作，但經嚴格的思想考證，均係漢儒作品，當然可以與孔子和孟子學派扯上關係。爲便於流傳，才冒名僞托而已。秦始皇焚書之後，先秦古籍真僞難辨，才造成這種冒名僞托的風氣，我們不去管他。現在來看漢代有名的學者，一個是董仲舒。董仲舒是漢武帝的大臣，作《春秋繁露》一書，最爲有名，其價值如何？恐

怕還須重新評估。董仲舒的名句是：「正其誼不謀其利，明其道不計其功」。這兩句話是否完全正確？還引起後儒的非議，是值得商榷的。

第二個人物就是揚雄。揚雄是四川成都人，西漢末年王莽時代聲譽很隆，富於文采，「賦」寫得好，但思想上並不怎麼樣。揚雄有兩部書叫做《法言》和《太玄》。他這兩部書是怎麼寫成的呢？他說：效法《論語》寫出《法言》。又效法《易》寫出《太玄》。單憑這兩句話，我就把揚雄看扁了。凡是有價值的思想不是效法、模仿得來的，是經過長期的思想融會貫通鑄成的，怎麼能效法呢？孔子的思想就是這麼形成的，怎麼可以效法抄襲呢？揚雄因爲效法《論語》才寫出《法言》來，這是「仿製品」，没什麼價值；他又效法《易》寫出《太玄》來，仍是仿製品，更没什麼價值。揚雄的識力太差、不解思想形成的過程，才道出他寫書的破綻來。所以揚雄的思想，以我們衡評的標準來說，似乎一文不值，胡說一通。但揚雄在漢代很有名，你們看中唐詩人劉禹錫作〈陋室銘〉說：「南陽諸葛廬，西蜀子雲亭」。「南陽諸葛廬」是指諸葛亮隱居的隆中，「西蜀子雲亭」則是指揚雄（號子雲）在成都的亭院。劉禹錫這位詩人對揚雄這麼敬佩，跟諸葛亮並駕齊驅，實在擬於不倫。揚雄怎麼能跟諸葛亮比擬呢？我覺得劉禹錫的識見不足，揚雄「劇秦美新」，更值得後世非議，揚雄其人、其學，都有問題，我們必須加以批判。第三個是東漢末年的鄭康成——鄭玄，他集兩漢經學之大成，在經學裡，負名一時。劉備就是他的學生，鄭康成注《三禮》——《儀禮》、《周禮》（即《周官》或《周官經》）與《禮記》，很有名，在今天《十三經注疏》中可以找到他的注釋來。解釋古籍有貢獻，但在思想上沒有多大價值。另外，如司馬遷、班固，成就在史學方面，思想上是沒有什麼地位的。還有司馬相如，成就在文學方面，思想上是不沾邊的。漢朝看了，再看唐朝人物。錢穆先生說得好：一流人物到禪門中去了，二流人物才作官。的確，唐明禪宗出了很多人物，雖然是和尚，但在思想上卻很有成就。相互對比，唐朝的政治人物就差多了。出名的宰相很少，可是佛門中如六祖慧能、馬祖道一等等，都是極為傑出的人才，是不可多得的。代表儒家思想的只有韓愈一人。韓愈對儒、道、佛三家思想知道的很有限，你們看韓愈的〈原道篇〉，載在《古文觀止》裡，想必你們也讀過。韓愈那篇大章文實在不高明，只懂佛老思想一點皮毛，可是他的衛道精神極為強烈，排斥佛老不遺餘力。韓愈只是一位古文家，思想上沒有多大份量。此外，唐代的儒家學者，就數不出什麼人物了。漢唐代表儒家學者的人物，提到董仲舒、揚雄、鄭玄、韓愈等，都是極負盛名的，但在思想上都沒有什麼地位。如以孔子的思想來衡評，就顯得他們不合標準，沒甚份量了。其次，就說宋明儒，出了不少哲人，不少思想家，但可與孔子相提並論的，兩千年來也只有王陽明一人最為傑出。我們為何這麼推崇王陽明呢？因為陽明的成學階段與孔子同，思想深度廣度同時具備，尤其在深度方面，雖孔子亦望塵莫及，形而下的經世之學之篤實，用兵作戰之神奇，除諸葛亮堪稱伯仲外，孔子在這方面亦大爲遜色。如孔子用兵「墮三都」，一敗塗地，就是一個顯著的例子。孔子在用世一面缺陷很多，我們藉此機會一一指出來，可以說明這位大聖人不是真的「仁智兼盡」，在智的方面，還是欠缺的。孔子尚且如此，漢唐諸儒就更不必提了。

已如前說，王陽明成學的階段，經研究整理後，畫分得清清楚楚，思想的深度廣度均可顯示出來，和孔子有些近似，而深度過之。自陽明起，使孔子以「仁」爲中心的思想發揮到極致，達到一最高境界，並爲先秦、兩漢儒家思想奠定深厚哲學基礎。最顯著的如〈禮運篇〉「天下爲公」的民主思想，經陽明良知哲學融貫後，可使中國民主政治，西方民主政治大放異彩。而王學的真相與價值，也就顯示出來了。

四、由王學上溯佛家思想，即可探得佛家思想的眞相與價值

由王學可以上溯佛家思想，以陽明成學階段爲標尺，即可探得佛家思想的真相。佛家思想如禪宗、華嚴、天台、甚至唯識，究竟講的是什麼？實在令人迷惘，不僅「哲學大師」講不清楚，即講經的法師、居士們也未必講得很清楚。凡是懂禪宗的，未必通華嚴；懂華嚴的，亦未必通天台與唯識，毛病出在哪裡？就是不通啊！哲理還沒貫通，才造成只知一宗，不通他宗的偏病。這

叫「一曲之士」，不叫「通人」。如果王陽明哲學真正「通」了，回頭來看禪宗，一定通曉無礙。爲什麼？陽明的「龍場悟道」，無異禪宗的「打破漆桶」！王學從此入門，禪宗也入門了。如果這一關通不過，講的王學、禪學都是皮毛，甚至是亂說。在形上本體世界，陽明思想逐步向上躍升，以致登峰造極，禪宗思想形成亦必如此。既然通了禪宗，華嚴的「理法界」就是「打破漆桶」，還不明白嗎？不過兩者的差異處，在理論與方法（功夫）之不同，華嚴重哲理的解析，禪宗重功夫的驗證，殊途同歸，必然同時達到中國佛學的最高境界。通了華嚴，天台的「一心三觀」的詮釋，亦可同樣炮製，其「中道觀」，就是最高佛境，與華嚴、禪宗絕無軒輊。唯識比較特殊，是印度來的，重印度邏輯分析，缺禪宗的修證功夫。其第八識「圓成實性」，經過「轉識成智」後，即變成「大圓鏡智」，也就達到了佛學最高境界。佛學種種名相，什麼「清淨法身」、「千百億化身」哪，什麼「真心」、「平常心」、「真我」哪，什麼「一多相涵」、「事事圓融無礙法界」哪，……等等，說穿了，都是一個東西，中國佛學的最高境界，王學、理學的最高境界。我們解悟至此，明通至此，佛學的真相還不明白嗎？其價值如何？也只就各個不同立場來評斷了。

五、由王學上溯老莊思想，以禪宗為橋樑，即可探得老莊思想的眞相，評估其價值

我們由王學可以向上探索老莊思想，中間以禪宗思想作橋樑，即可求得老莊思想的真相。這條探討路線，是我自己發現的。老莊的玄義密旨是很不容易明白的。魏晉玄學家只知老莊的皮毛，以後好多註疏家及清代考據學家也是一樣。據我研究的結果，認爲真解老莊的，只有禪學家（包括佛學家）、理學家和仙學家。爲什麼？因爲他們用的證驗功夫——研究方法和老莊無甚差別，甚至是直接承襲老莊而來，不重視功夫路線者是不會深知其中閫奧的。我這一研究方法的發現，是值得諸位嘗試的。

一般研究者，多以歷代註釋爲主（少數佛學家、禪學家、理學家除外），注疏家多半只能解釋文字的意義，至於老莊哲理，他們並未深究。即以國學大師錢穆的《莊子纂箋》爲例，他的這部著作，最具有代表性；但是我發現錢先生對莊學的理解，只能及於表層，其思想核心，錢先生似乎還沒觸到啊！尤其莊子之「道」之「內涵」，並未明白說出。莊子以擬人化的手法作象徵性的描述，比如〈逍遙遊〉的「至人、神人」、「聖人」等，難道真有其人嗎？不過莊周言「道」之化身而已。明白了這一訣竅，莊學就可入門了。又如〈齊物論〉開場白即提出「南郭子綦」這

個人，難道真有其人嗎?不!莊周化身而已，這是寫文章的手法高明，如直書「莊周曰」，也沒啥意思，文章就不含蓄了。還有〈人間世〉以下各篇，塑造些人物都是些殘缺不完的、奇形怪狀的人物，莊周卻把這些人物捧得很高，爲什麼?得道之士嘛!根據近幾十年來，我所聽到的仙家得道之士，好些外貌形象不堪入目，與莊周塑造的人物有些類似。所以讀到這些「畸人」不可輕易放過，那對《莊子》哲學的瞭解就更深入了。還有言修道過程，總是借「畸人」之口道出，更不可輕易看過，這就是莊周化身在說話，在言「道」了。如洞知這些秘竅，研究《莊子》思想就很深入了。

其次說《老子》。《老子》筆法與莊周不同，他是直書胸臆，把他的悟境直接寫出來，就難易度說，就比《莊子》容易讀了。老子言「道」，總覺神秘兮兮的，「不可道」!「不可道」!其實，只要細讀其後文，「道」的意義、內涵如何?口沫橫飛，說得可多了。因爲很難形容，老子乾脆以「無」代之。而老子描述之「道」，是否如此?就要靠他的「致虛極，守靜篤」的功夫來證明，好在我們之前五百年，早有理學家如王陽明和禪學家們證明出來了。這又是研究老學的秘竅。近人愛走西化路線，凡遇難解的、不可解的地方，總以西方神秘主義一筆代過，這只是一種「藏拙」的手法，掩飾其不真懂老學、孟學、王學而已。我們如反其道而行，那《老子》一書的真相，老子的本來面目，也就顯示出來了。知道老莊真相後，判斷其價值，只有看各人立場了。

老實說，近代學人不懂其中秘竅，只圖走捷徑，撿便宜。並未探得門徑，完全「强古人以就我」，自說自話，大放厥詞。遇到不解處，就以西方哲學神秘主義遮掩過去，馮友蘭先生就是始作俑者，其流風所及，演至時下，更爲激烈。這是西化派種的惡果。又有哲學大師牟宗三先生，思考宋明理學——程朱派幾十年，終究恍然大悟，把一切理論貫穿起來了，欣喜若狂地說：「存在主義說『主體性即真理』，（他認爲）就是明道之天理。」我衷心佩服的牟大師，如果你真正懂程明道的「天理」到底是個什麼東西？他用「主敬」功夫怎麼證驗出來的？你在理學功夫上稍稍懂一點，不要視邏輯爲萬能，你就不會這麼比附會通了，那你的著作必須重新改寫，你的看法亦必徹底改觀。

我們如真正懂得幾分老莊，對魏晉玄學的認識亦與時人不同。玄學家王弼註《老子》，郭象註《莊子》是怎麼寫成的？我告訴你秘竅吧。王弼很聰慧，註《老子》也不過一翩翩少年，廿四歲就死了，王弼縱然是天才，但才智還是有限的。他把《老子》言功夫，言本體（道）之具體內涵，一概抹去不提，只逞其玄思之智力，用中國式的邏輯——名理的推演，僅能觸及到老子思想的表層和邊緣，如老子以車輻喻「無」，就大唱玄風，認爲老子之「道」的核心，就是他所理解的了。實則王弼註《老子》，也只知老子之皮毛。郭象註《莊子》，不但皮毛已極，更把莊子哲理顛倒錯亂，爲自己行徑，大開方便之門。如釋〈逍遙遊〉云：「各適其性，所以逍遙也」。這是什麼話？莊周明明以大鵬自喻。大鵬之所以逍遙，由於它的處境是「無所待」——無條件的。（只要去做「其神凝」的功夫，就可徹底明白「無所待」的意義。）小鳥（學鳩）喻世俗一般人，怎麼可與大鵬對比呢？莊周處高曠敻絕之境，目空一切，瞧不起世俗任何人。莊周以外，古今來恐怕沒有第二人了。郭象乃世俗之小人，怎麼能解《莊子》呢？他說：大鵬、小鳥「各適其性，所以逍遙也」。真是胡扯到極點。意謂：你莊周逍遙，我郭象也同樣逍遙啊！這叫「曲學阿世」。（郭象曾作東海王司馬越——西晉八王亂的第八位——的高級幕僚，甚見親信，『任職當權，熏灼內外，』這不是小人行徑嗎？他的《莊子註》，是抄襲向秀的。抄襲他人的著作據爲己有，只有郭象才做得出來。）王弼、郭象曲解老莊，才演變成魏晉玄學，把老莊功夫抽去了，老莊本體（老莊之道）沒有了，唯一出現的，乃一片虛靈的、可意識的精神境界。陶淵明的〈飲酒詩〉「採菊東籬下，悠然見南山。……此中有真意，欲辯已忘言。」最具代表性。唐君毅先生說：「玄學可以提高人的精神境界」。這是唐先生對玄學的價值評估，一點不錯。的確，像魏晉時代，政權由篡奪而來，怕惹人非議，法網特別嚴密；一般士人爲明哲保身，只有逃入老莊，大倡玄風，借曠達以避世，如「竹林七賢」，即當時一輩知識分子之最顯著者。至於晉末王衍之流，身爲宰輔，以「清譚」爲尚，卻又貪婪無厭，爲陽示清白，卻說「去卻阿堵物」，這就成了

「玄學」的冒牌貨。一般沉溺權力、財富之知識分子，借玄學可提高其精神境界，亦發揮了玄學的大用。

六、本篇結論

上邊講了很多話，其目的在發現中國思想種種難題，但由王學深入研究，卻可解決這種種難題，難題解決了，儒、道、佛三家思想的真相也就明白了，那它們的價值是什麼？也就有了答案。去冬我在北大講演的主題，就是講它們的價值問題。道佛思想的價值是什麼？道佛思想可爲現實人生開拓一個超世俗的、超精神的智慧境界。一般世俗人麼？剛才講了清譚宰相王衍的故事，今天有些人，不見得比王衍高明好多。錢哪！權哪！總是分不開，古今都是一樣。中國如此，外國亦然。爲了錢和權的爭奪，就釀成世俗的名利觀念。而這個超世俗的、超精神的智慧境界，正是救時良方。這一境界妙用很多，不好形容，我只好如此說。這一超精神的智慧境界，我又劃分爲藝術人生境界、宗教人生境界、道德人生境界和科學人生境界。藝術、宗教兩種人生境界，完全是形而上的，鑄成了「爲己之學」或「內聖學」的基本內涵；科學人生境界，完全是形而下的，爲「外王學」或「爲人之學」的骨幹；要貫通這形上形下兩個世界，全靠道德人生境界作主導；有了道德人生作主導，不但可以貫通形上形下兩個世界，而且還可主導它循着正軌發展，以科學人生爲骨幹的外王學或經世致用之學，這時就可發揮它的威力了。我這樣劃分，學問這樣配搭，似乎比宋、明、理學家們又推進了一大步。其中藝術人生境界，主要在求超精神的、無條件的精神快樂之享受，如理學化的孔顏之樂、曾點之樂以及莊子的逍遙之樂，就是追求實現的目標。宗教人生境界在求人生的歸宿，解決生死問題，實證「真我」的永恒存在，較世俗徘徊生死邊緣的掙扎，實在是高明得太多太多了。從此脱離生死苦海，解決了人生歸宿問題。這對現實人生有莫大慰藉，令人嚮往。至於去到裡？答案有二：唐朝有位高僧大德説：人從萬物來，復歸萬物去。另有日本修道者説，去到另一個世界，不食人間煙火，没有任何煩惱，還是繼續修道。

其次，説道德人生境界，是以儒家思想爲主軸，可把形上形下兩個世界貫穿起來，與科學人生境界緊密銜接，配合現代知識才能，去做儒家的治平業。就今天的情況説，就是致力各行各業的發展，比如政治事業、工商企業、學術文化事業等等，都是努力的目標。而此種種目標，必趨向一中心點——國家富强、民族融合，以解決政治上的難題。要解決這一難題，又非藝術、宗教人生的爲己之學不可。要能切切實實地爲己，才能真心實意地去爲人；要使不然，爲人實足以利己，不可再蹈「知識愈廣，才智愈强，愈足以濟其奸，遈其惡」的覆轍。王陽明時代的政治病，不可重現於今日。要徹底根治這一政治病，解決政治上的大難題，又非緊密配合爲己的內聖學不可。故理學家的「內聖外王學」，即在現今科學時代、民主時代，仍有它的嶄新意義，莫大的功能作用，須得國人正視的。

下面我們講理學思想、老莊思想可以沖淡政治人物的權力慾。權力慾真的淡化了，政治上好多問題都解決了。羅貫中寫《三國演義》開頭即說：「天下合久必分，分久必合」。這一治一亂循環現象，似乎成了歷史發展的必然。羅貫中還沒把問題看清楚，這不是什麼歷史發展的必然，而是「人治」與「法治」的問題。走「人治」路線，就演變成治亂興衰循環不已的結局；如改走「法治」路線，情況就全然不同了。國家長治久安的基礎，就從這裡栽根了。路線的轉變，又是一大難題。要解決這一難題，王陽明底「舜禹有天下而與焉」的良知哲理，就可用上了。古爲今用，這是一最佳範例。秦漢以來，歷史上兩千多年的大難題，也就徹底解決了。

還有法治與人事必須相輔而行，孟子早就見到了，所謂：「徒善不足以爲政，從法不能以自行」。沒有健全的人事，法治是建立不起來的；沒有法治的規範，人事是要跑離軌道的。有了完善的制度，還要靠健全的人事去推行，制度才能起規範的作用，所以制度與人事是相輔相成的。這是我多年來研究歷史的心得，值得諸位參考。

現在回頭來又講儒、道、佛三家思想。由儒家思想、佛家思想與道家思想融合而成的理學與王學，卻把消極的佛老思想轉變一個方向，來做積極的儒家的治平事業，這叫做以出世的態度，做入世的事業。看來相反又相成，既矛盾又和諧，這是中國哲人的高明處。《莊子•天下篇》倡的「內聖外王之道」，發展到理學家王陽明、李二曲手裡，算徹底完成了，頗值得我們今人重視。由既矛盾又和諧的玄機默運，就展現出藝術、宗教、道德、科學四種人生境界，中國文化理想由此開拓出來。既有高妙的哲學境界，又有科學作基礎的物質世界，舉凡經濟文化、政治文化、國防軍事等等，均可概括於其中。國家富强，人民康樂，又可擁有超現實的人生享受，超越生死的人生歸宿，化人間爲天堂，值得國人追求，世界人類嚮往，比起超强的美國，只顧「和平繁榮」的眼前利益，真有霄壤之隔的差距，就不可以道里計了。

在此，我們要作中西思想的對比，更可顯出中國思想的價值。問題的關鍵在，要把中國思想真的搞通了，西方思想也懂了，兩兩對比之下，就可發現，中國思想有它偉大的價值，爲西方思想所不及。非但如此，西方思想根本没有中國思想這一重要成份，如藝術人生境界、宗教人生境界、道德人生境界等，統統稱爲「人文真理」或「人生真理」。我們可以把西方的科學思想、民主思想、社會思想、邏輯思想等等汲取過來，以補中國思想之不足。在中國思想的大鎔爐中，可鑄成一種新思想，既不同於中國傳統思想，又不同於現代西方思想，中國的新思想、新文化就此誕生了。

還須一提的，什麼社會主義、共產主義、民主主義、資本主義等等，均可投入這一大鎔爐中，使它們改頭換面，變成中國的東西，爲我所用，這叫做「社會主義中國化」，西方思想中國化。歷史上「佛學中國化」，就是我們最佳的榜樣。就拿鄧小平先生倡導的「有中國特色的社會主義」來說吧！視線宏闊，寓意深遠，其雄才大略，煞是令人欽佩；不過，爲了唸來順口，便於記憶，而且要注入中國思想裡，合乎中國人的胃口，用字略加調整，如上所說，改成「社會主義中國化」，那就好唸了。非但唸來順口，而且雅俗共賞。程度高的知道寓意深遠，不講「中國特色」，中國特色就含在裡面了。一般民眾唸來琅琅上口，不須思索，很合中國人的胃口，就變成中國的東西了。中國化的社會主義，只要執行得很徹底，的確可以解決社會貧富問題，可以濟資本主義之窮，開出一條新的道路來。孫中山的《民生主義》就是社會主義，不過哲學基礎不足，要做到中國化的地步，也就完善了。

根據我幾十年的研究，要創造中國新文化、新思想，必須走中西思想融合的道路。時人有主「中西思想會通」一路線者，據我看來，是會不通的。因爲他（指哲學大師牟宗三）對中國思想多半曲解、誤解，有人批評他把中國思想「康德化」了，一點不錯。我們當前只有走中西思想融合的道路，才能在文化思想裏開花結果，創造出中國新文化，新思想來。這是文化思想的鎔鑄工程，十分艱鉅，將來就靠你們來承擔了。

錢穆選輯新書簡訊

全新修訂本 25K

中國學術思想史小叢書

書名	頁數	定價
中國學術思想史論叢(一)	280	220
中國學術思想史論叢(二)	530	370
中國學術思想史論叢(三)	375	300
中國學術思想史論叢(四)	405	320
中國學術思想史論叢(五)	366	290
中國學術思想史論叢(六)	261	210
中國學術思想史論叢(七)	430	340
中國學術思想史論叢(八)	530	370
中國學術思想史論叢(九)	261	210
中國學術思想史論叢(十)	270	220

孔學小叢書

論語新解	600	420
孔子與論語	395	310
孔子傳	245	200
四書釋義	372	300

中國學術小叢書

學術思想遺稿	231	190
經學大要	626	630
學籥	233	180
*國學概論	333	270
中國學術通義	338	270
現代中國學術論衡	297	240

中國史學小叢書

中國歷代政治得失	182	110
*中國文化史導論	249	170
中國史學名著	362	250
*政學私言	262	180
中國歷史精神	208	150
中國史學發微	304	210
中國歷史研究法	207	150
國史新論	336	240

中國思想史小叢書

書名	頁數	定價
甲編		
中國思想史	233	190
宋明理學概述	327	260
朱子學提綱	249	200
陽明學述要	116	110
中國思想通俗講話	126	120
乙編		
靈魂與心	185	160
雙溪獨語	431	360
人生十論	237	200
湖上閑思錄	150	150
晚學盲言(上)	710	530
晚學盲言(下)	648	460

中國文化小叢書

中國文化精神	237	200
文化與教育	364	300
歷史與文化論叢	421	350
世界局勢與中國文化	384	300
中國文化叢談	409	320
中國文學論叢	310	250
文化學大義	204	170
民族與文化	172	170
中華文化十二講	172	170
從中國歷史來看中國民族性及中國文化	144	160

八十憶雙親師友雜憶合刊	428	290

（*者恕不單賣）

國家圖書館出版品預行編目資料

王學探微十講 ／ 林繼平著 .--初版 .--臺北市：
蘭臺出版社，民 90
面；　　公分 .--

ISBN　957-9154-54-6(平裝)

1.陽明學

126.4　　　　　　　　　　90009026

王學探微十講

作　　者：林繼平
美術編輯：黃翠涵
出 版 者：蘭臺出版社
行政院新聞局出版事業登記臺業字第六二六七號
地　　址：台北市中正區懷寧街七十四號四樓
電話(02)2331－0535　傳真(02)2382－6225
劃撥帳户：蘭臺網路出版商務股份有限公司
帳號：18995335
總 經 銷：成信文化事業股份有限公司
地　　址：台北縣中和市橋和路 112 巷 10 號 2 樓
電　　話：(02)22496108
網路書店：www.5w.com.tw
E - Mail：service@mail.5w.com.tw
lt5w.lu@msa.hinet.net
出版日期：中華民國 90 年 7 月
定　　價：新臺幣 320 元

ISBN：957-9154-54-6　